1895

LES ARTISTES CÉLÈBRES

COLLECTION PLACÉE PAR AUTORISATION MINISTÉRIELLE
DU 15 JUILLET 1892
SOUS LE HAUT PATRONAGE DU MINISTÈRE
DE L'INSTRUCTION PUBLIQUE ET DES BEAUX-ARTS

HUBERT ROBERT

ET SON TEMPS

PAR

C. GABILLOT

AGRÉGÉ DE L'UNIVERSITÉ

OUVRAGE ACCOMPAGNÉ DE 57 GRAVURES DANS LE TEXTE
ET DE
12 GRAVURES HORS TEXTE TIRÉES EN SANGUINE

PARIS

LIBRAIRIE DE L'ART

41, rue de la Victoire, 41

PORTRAIT DE HUBERT ROBERT,
par Mme Vigée-Lebrun. — (Musée du Louvre.)

HUBERT ROBERT

ET SON TEMPS

PAR

C. GABILLOT

PARIS

LIBRAIRIE DE L'ART

41, RUE DE LA VICTOIRE, 41

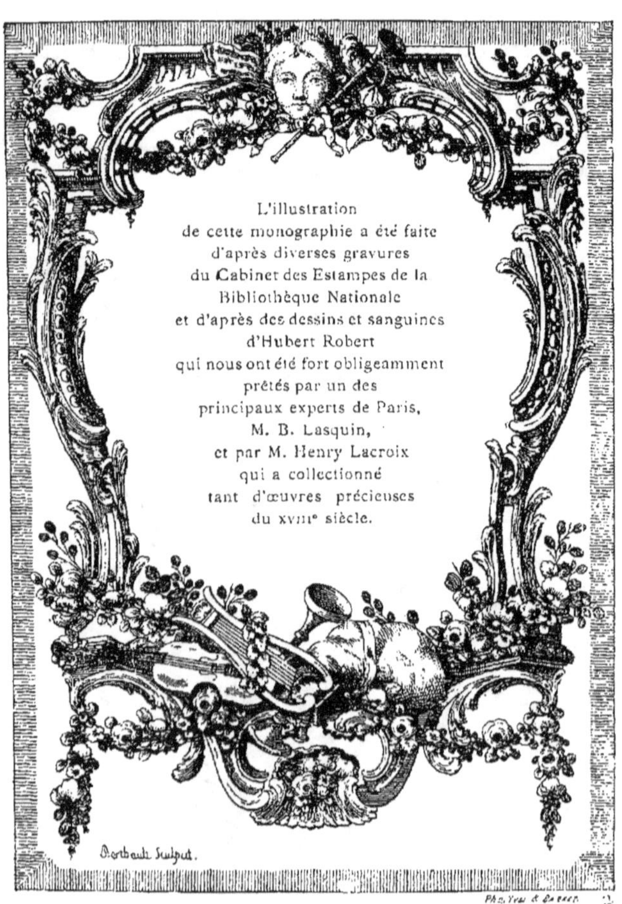

L'illustration
de cette monographie a été faite
d'après diverses gravures
du Cabinet des Estampes de la
Bibliothèque Nationale
et d'après des dessins et sanguines
d'Hubert Robert
qui nous ont été fort obligeamment
prêtés par un des
principaux experts de Paris,
M. B. Lasquin,
et par M. Henry Lacroix
qui a collectionné
tant d'œuvres précieuses
du XVIIIe siècle.

HUBERT ROBERT

ET SON TEMPS

PRÉFACE

Ceux qui ne connaîtraient Hubert Robert, peintre du Roi, que par le poème *l'Imagination* de M. l'abbé Delille risqueraient d'avoir de cet artiste une idée assez fausse. La dramatique aventure du « jeune amant des arts » dans les catacombes de Rome les exposerait à le regarder comme une sorte de Gilbert de la peinture, alors que la destinée du véritable Hubert Robert ne ressemble en rien à celle du poète Gilbert.

Robert fut en effet le plus joyeux, le plus spirituel et le plus inoffensif garçon du monde. Il vécut longtemps, eut du bonheur toute sa vie, et même sa femme le regretta pendant les treize années qu'elle lui survécut. Il fut aussi conseiller de l'Académie de peinture, garde du Muséum Royal, dessinateur des jardins du Roi, et plus tard conservateur du Muséum des Arts. Diderot eut pour lui une estime particulière, et presque tous les hommes marquants de son époque furent ses amis.

Sa fortune artistique satisferait les plus difficiles. Ses dessins, tableaux et panneaux décoratifs eurent un succès prodigieux, si prodigieux même, que cet engouement pour les œuvres d'un peintre d'architecture nous étonne un peu aujourd'hui; non que nous songions à contester sa fécondité ni son talent d'exécution, mais enfin il ne nous semble pas que son genre ait rien de bien passionnant.

Il faut donc, pour le bien juger, replacer le peintre dans la société où il vécut à son retour de Rome, et rechercher quelles étaient les tendances artistiques de cette société. On voit alors, vers le milieu du xviiie siècle, un grand courant prendre naissance, qui peu à peu entraîne irrésistiblement les esprits vers l'antiquité romaine. Ce mouvement a pour cause, sans doute les efforts de quelques hommes convaincus, mais principalement la découverte des villes souterraines d'Herculanum et de Pompéi. Les effets en deviennent évidents aux approches de la Révolution, et l'école classique en est la résultante, mais cette école eût existé sans Louis David, qui n'est nullement un novateur.

Dans quelle mesure Robert fut mêlé à cette évolution de l'art, pourquoi ses œuvres reçurent bon accueil des contemporains, quelle part il prit à quelques-unes des innovations de son temps, c'est ce que je voudrais montrer dans ce volume, et la seule récompense que j'ambitionnerais serait que le lecteur éprouvât à me suivre un peu du plaisir que j'ai eu à essayer de faire revivre l'un des plus spirituels parmi nos maîtres aimables et charmants du siècle dernier.

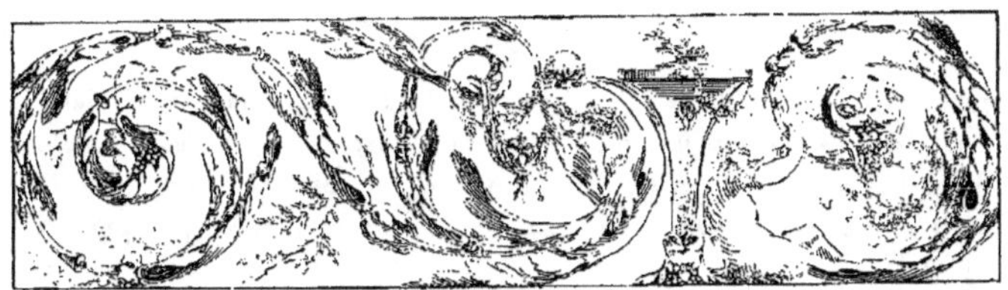

CHAPITRE PREMIER

Introduction : La lutte des anciens et des modernes.
L'évolution de l'art vers l'antiquité dans la seconde moitié du siècle dernier.

Tout le monde connaît, au moins par Boileau, cette fameuse querelle[1] qui, dans la seconde moitié du xviie siècle, s'éleva entre les littérateurs et les divisa en deux camps : les uns soutenant que les œuvres des anciens n'avaient jamais été égalées ; les autres affirmant que ces œuvres étaient inférieures à celles des modernes. Les arts ne se séparent guère de la littérature ; la querelle eut donc son contre-coup dans les arts ; c'est à ce point de vue que nous nous en occupons ici.

Les plus illustres défenseurs des anciens furent Boileau et Racine, tous deux de Port-Royal. Les modernes eurent pour champion Boisrobert et Desmarets, avant que la guerre ne fût ouvertement déclarée, Charles Perrault et Fontenelle ensuite. De ces deux derniers, Perrault, frère de Claude Perrault qui éleva la colonnade du Louvre, est le seul qui nous intéresse. N'en déplaise à Boileau, Charles Perrault n'était pas le premier venu ; littérateur de goût, puisqu'il est l'auteur de ces contes de fées qui ont charmé tant de générations, il pouvait en outre parler d'art avec une certaine autorité, ayant été Contrôleur des Bâtiments sous Colbert et l'un des huit qui fondèrent l'Académie d'architecture. Pour montrer que les modernes étaient supérieurs aux anciens, il écrivit de 1688 à 1696 son *Parallèle des anciens et des modernes*[2]. Ce petit livre mit le feu aux poudres. Perrault disait, non sans raison peut-être, qu'il ne manque aux œuvres modernes que la consécration du temps pour que

1. Voyez Hip. Rigault : *Histoire de la querelle des anciens et des modernes*, in-8°, 1856, Paris.
2. Charles Perrault : *Parallèle des anciens et des modernes*, 1688-96, 4 vol. in-12, Paris.

leur prestige soit égal à celui des œuvres des anciens, mais prétendait, à tort, que le hasard a fait plus des trois quarts dans les beautés qu'on s'imagine voir dans ces derniers ouvrages. Il reconnaissait quelques mérites aux *Noces Aldobrandines*[1], mais elles manquaient de perspective. Le Parthénon n'était pas sans défaut et au fond il n'approchait pas de la Colonnade du Louvre. (Le Parthénon venait d'être renversé en 1687 par les boulets vénitiens; à cette époque on le connaissait encore ne fût-ce que pour en dire du mal; au siècle suivant il sera complètement oublié et on s'en tiendra aux monuments romains.)

Perrault étant du métier, il était difficile aux hommes de lettres de rétorquer ses arguments; aussi ne lui répondirent-ils guère que par des épigrammes. Boileau, dans ses *Réflexions sur Longin*, l'accuse d'ignorance et d'ineptie, et l'illustre Mr Huet, évêque d'Avranche, aujourd'hui un peu ignoré, se borne à critiquer chez l'auteur quelques erreurs de détail. Contrairement à ce qu'on croit d'ordinaire, l'opinion publique ne fut nullement avec Boileau et Racine. Les Jésuites, en rivalité avec Port-Royal, soutinrent les modernes dans le journal de Trévoux; l'Académie en majorité, le Mercure Galant, Bayle même partagèrent les opinions de Perrault. Le grand Arnauld réconcilia celui-ci avec Boileau et la querelle finit par s'apaiser.

Elle se ralluma quelques années après, vers 1715, à propos d'Homère, entre Houdard de la Motte et Mme Dacier. La Motte, ayant fait en vers français une traduction de l'Iliade, où il avait corrigé ce qu'il y avait « de trop grossier dans Homère », la lut à Boileau qui l'en complimenta ironiquement; mais Mme Dacier attaqua avec aigreur l'auteur de la traduction, et non seulement l'auteur, mais toute l'Académie, à laquelle elle reprochait de ne pas défendre les anciens. Fénelon, dans cette nouvelle période de la lutte, joua le rôle de conciliateur. Pourtant Fénelon, « qui aimait cent fois mieux la pauvre Ithaque d'Ulysse que la Rome de Salluste », avait montré, par son *Télémaque,* qu'on pouvait faire de belles choses en s'inspirant de l'esprit antique.

L'Académie et le public étaient encore à ce moment pour les modernes. Les anciens, cependant, finirent par l'emporter en littérature,

---

1. Les *Noces Aldobrandines* étaient une peinture à fresque représentant les noces de Thétis et de Pélée trouvée en 1606, à Rome, dans l'emplacement des anciens jardins de Mécène. Avant les fouilles d'Herculanum et de Pompéi, c'était le monument le plus précieux qu'on eût de la peinture antique. Poussin en a fait une copie.

INTÉRIEUR DE PARC.

Sanguine d'Hubert Robert. — (Musée du Louvre.)

grâce à un écrivain de génie, Voltaire, qui combattit longtemps en leur
faveur et assura définitivement leur triomphe par son autorité.

Dans les arts, il n'en alla pas tout à fait de même.

Vers la fin du xviiᵉ siècle, les artistes s'affranchirent de la tutelle des
anciens, et jusque vers le milieu du xviiiᵉ pensèrent comme Perrault. Un
vent de nouveautés soufflait d'ailleurs d'Italie. L'architecte Borromini
(1559-1667) venait de mettre à la mode les colonnes ventrues et torses,
les façades concaves ou convexes, et sa réputation était devenue euro-
péenne. Le genre de Borromini fut introduit en France par plusieurs de
ses disciples, d'abord par le père théatin Guarini (Modène 1624, Milan
1683), puis par Gilles-Marie Oppenord (1672-1742). Guarini, professeur de
belles-lettres, se livra à l'architecture avec tant de succès qu'il eut une
vogue universelle; il éleva des monuments en Italie, à Turin notamment, à Prague, à Lisbonne, à Paris où il construisit l'église Sainte-
Anne et la maison des Théatins. Oppenord avait été pensionnaire de
l'École de Rome; il eut un très grand talent de dessinateur, et son
influence fut prépondérante en France au commencement du xviiiᵉ siècle.
D'autres suivirent la même voie, comme Juste-Aurèle Meissonnier, de
sorte que l'École borrominienne domina en France pendant presque
toute la première moitié du xviiiᵉ siècle.

Pendant ce temps, Watteau peignait des scènes de la comédie italienne,
des plafonds et des dessus de portes, traitait de jolis sujets de genre qui
n'empruntaient rien à la tradition antique ni même à aucune tradition.
Avec lui commence cette charmante école décorative qui, par François
Lemoyne, Boucher et leurs disciples se continue presque jusqu'à la
Révolution. Dédaignée pendant quelque temps, cette école, la première
en date vraiment française, est aujourd'hui plus en faveur que jamais.
On lui a reproché d'être maniérée; cela ne signifie rien, tout étant
manière et convention en art comme en littérature; il faut dire qu'à côté
de ses qualités d'originalité, qui font qu'elle « sent le terroir »[1], elle a eu

1. Le mot a été écrit, vers 1788, dans *l'Encyclopédie*, par un M. Lévesque, continuateur du *Dictionnaire de Watelet*, agrégé de l'Académie impériale des Beaux-Arts
de Saint-Pétersbourg. Voici le passage :

« L'estimable amateur (Watelet) avait vu l'antique et l'Italie, mais on s'aperçoit
qu'il n'avait pas une étude assez profondément sentie pour Rome et pour l'antique.
Ce n'est pas lui qu'il faut accuser, mais le temps où il avait pris naissance... Les
compositions de nos artistes, leurs agencements, leurs dispositions, leurs expressions,
les caractères qu'ils donnaient aux têtes, tout s'il est permis de parler ainsi sentait
chez eux *le terroir*... J'ai vu des tableaux que tout Paris avait admirés dans une

le tort d'appliquer à la peinture d'histoire les lignes et les procédés du genre décoratif; il faut l'aimer surtout, car selon toute vraisemblance, ce n'est pas de sitôt que nous en reverrons une semblable.

Pour les sculpteurs, le mot vrai ou faux prêté à l'un d'eux « que l'Apollon du Belvédère ressemblait à un navet ratissé », exprime assez bien leur état d'âme. Du moins était-ce un peu celui d'Antoine Coysevox, et beaucoup celui de Nicolas et de Guillaume Coustou, qui reçurent ses leçons. Jean-Baptiste Lemoyne enseignait à ses élèves tout autre chose que le respect de la tradition. Falconnet, l'un d'eux, grand admirateur de Puget, trouvait, même après 1750, que toutes les œuvres antiques n'étaient pas parfaites et consacrait trois cents pages à le montrer, à propos de la fameuse statue équestre de Marc-Aurèle[1]. Quant à Bouchardon, il admirait, il est vrai, l'antiquité, mais ne se gênait aucunement pour l'embellir à sa façon.

Il y a une catégorie de témoins qu'on oublie volontiers dans l'histoire de l'art, soit qu'on les dédaigne, soit que les documents sur eux fassent défaut; ce sont les amateurs, ou, comme nous disons aujourd'hui, les collectionneurs; ils ont cependant une grande influence sur l'orientation du goût de leur époque, et à ce point de vue sont précieux à consulter. Ils ne manquaient pas au XVIIIe siècle, et, pour la plupart, grands seigneurs ou financiers, avaient, nonobstant la boutade de Pidansat de Mayrobert, un sentiment très fin des choses d'art. Les collections, on disait les cabinets, furent à cette époque belles et nombreuses; toutes les grandes familles en avaient, et commencées presque toutes au moins dans la première moitié du siècle. De tout temps, depuis celle du fameux Jabach, le Cabinet du roi, devenu le Musée national du Louvre, a mis ces collections à contribution et s'en est bien trouvé. Sur celles du XVIIIe siècle, les documents sont presque abondants. On a entre autres : l'*Almanach des Beaux-Arts de 1762*; l'*Almanach des Artistes de 1777*; le *Guide du Voyageur à Paris*, par Thierry, 2 vol. in-12, 1787; le *Pro-*

exposition publique, se montrer fades, sans vie et sans couleur dans une galerie d'un palais étranger, quoi qu'on eût pris soin de ne pas leur associer des voisins trop redoutables. »

L'excellent M. Lévesque ne pouvait évidemment prévoir que ce serait justement ce goût de terroir qui nous plairait plus tard.

1. Œuvres de Falconnet. La statue équestre de *Marc-Aurèle*, le *Laocoon*, *l'Apollon du Belvédère*, *les Filles de Niobé* étaient les sujets de bataille ordinaires des critiques d'art du siècle dernier, avant que l'antiquité eût définitivement triomphé.

PORTRAIT D'EBERHARD JABACH,
par Van Dyck. — (Musée de Cologne.)

vincial à Paris, 4 vol. in-12, 1789; le *Voyage pittoresque de Paris*, de d'Argenville, in-8°, 1752 et 1778, et surtout les catalogues de ventes faites dans le courant, notamment dans la seconde moitié du siècle [1]. A consulter ces documents, on a l'impression très nette que les trois écoles, comme on disait alors (école italienne, école française, école flamande et hollandaise), auxquelles il faut joindre quelques espagnols, étaient également estimées et recherchées. Il en sera tout autrement après la dispersion de la société de Louis XVI; pendant la Révolution et après, sous la terreur artistique organisée par Louis David, il n'y aura guère, je crois, qu'un seul homme en France, le marchand de tableaux Lebrun, pour oser soutenir les maîtres hollandais; quant aux maîtres français du siècle, ils seront regardés comme des modèles de mauvais goût, de simples barbouilleurs d'enseignes, tout au plus.

Cependant, même dans cette première moitié du siècle, si franchement novatrice, les anciens ne furent pas complètement délaissés. Il y eut même sur la fin une sorte de réaction en leur faveur.

D'abord, en littérature, la haute influence de Voltaire avait ramené presque tout le monde à la tradition; non que Voltaire s'inspirât directement des Grecs et des Latins, comme l'avaient fait Racine et Fénelon, car il imita plutôt dans ses tragédies les procédés littéraires du siècle précédent [2], mais enfin il imposa le respect de l'antiquité. D'autres

1. Voici quelques-unes de ces collections : *M. de Gaignac*, secrétaire du roi, à l'Hôtel de la Ferté, rue de Richelieu, a chez lui un très beau cabinet des écoles flamande et française et des espagnols, notamment un *Gueux cherchant ses poux*, de Murillo. — *Blondel de Gagny*, place Vendôme, a principalement des hollandais, des espagnols et quelques français (vendue en 1776). — *La Live de Jully*, introducteur des ambassadeurs, rue Saint-Honoré près des Feuillans, a surtout des français et des flamands (vendue en 1769). — *Titon du Tillet*, rue de Montreuil, a quatre pièces de sa maison remplies de flamands et de français. — *M. de Julienne*, aux Gobelins, des tableaux des trois écoles (vendue en 1767). — *Le marquis de Lassay*, près les Invalides, les trois écoles et des espagnols, notamment des Murillo et des Rembrandt. — *Bouret*, fermier général, tableaux de l'école française. — *Mariette*, rue Saint-Jacques près les Mathurins, livres d'art, estampes et dessins d'après les grands maîtres (vendue en 1775). — *Crozat de Thiers*, place Vendôme, trois cent soixante-douze tableaux des trois écoles, une des plus belles du temps, achetée par Catherine II en 1772 par l'intermédiaire de Diderot. — *Le comte de Vence*, rue du Bac, tableaux hollandais. — *Randon de Boisset*, des maîtres flamands et hollandais (vendue en 1777), etc. — Il faut ajouter à cette liste l'incomparable collection des ducs d'Orléans, au Palais-Royal, vendue presque pour rien à des Anglais.

2. Voyez Émile Faguet : *Études littéraires sur le XVIII° siècle*, in-8°, 1890.

PORTRAIT DE LA LIVE DE JULLY,
dessiné par C. N. Cochin le fils.

agirent dans le même sens; Montesquieu, par exemple, en 1734, ramenait l'attention sur les Romains par ses *Considérations* sur les causes de leur grandeur et de leur décadence.

Dans les arts, les architectes, qui s'étaient écartés les premiers de la tradition, furent aussi les premiers à y rentrer.

Jean-Jérôme Servandoni, peintre et architecte, né à Florence (1695-1766), était déjà célèbre lorsqu'il vint en France, en 1724. D'abord peintre avec Jean-Paul Panini, qui probablement lui donna le goût de l'antiquité, il fut ensuite architecte et décorateur. Le portail de la nouvelle église Saint-Sulpice ayant été mis au concours en 1732, Servandoni l'emporta et construisit le portail actuel, qui renferme de jolis détails, quoique l'ensemble en puisse être critiqué. Le chevalier Servandoni eut une grande vogue en France, où il éleva une foule d'édifices petits ou grands, toujours dans le genre antique [1]; mais il aimait trop la décoration théâtrale et son goût n'est pas complètement pur. On pouvait encore à ce moment se permettre certaines libertés avec l'antiquité.

Presque en même temps que Servandoni, et plus strictement que lui, deux architectes français, Jacques-François Blondel (1705-1774) et Henri-Germain Soufflot (1713-1780), revenaient aux principes établis par les anciens.

Blondel, vers 1740, ouvrit à Paris une école d'architecture qui fut très fréquentée et combattit, dans ses articles de l'*Encyclopédie*, l'école de Borromini. Il fut de l'Académie d'architecture, où il professa longtemps avec succès. Il est surtout connu de nous par son *Cours d'architecture*, terminé par Patte, et son ouvrage sur l'*Architecture française* [2], où l'on peut lire ce passage caractéristique des idées de l'auteur : « Il est important de s'élever contre l'abus dans lequel tombent nos architectes, lorsqu'en composant la plupart de leurs édifices, ils affectent de réduire la proportion de leur architecture contre tous les principes établis par les anciens pour déterminer les dimensions constantes des ordres. »

---

1. Servandoni construisit le théâtre de Chambord, pour le maréchal de Saxe; le théâtre de Dresde, l'escalier de l'autel du cardinal d'Auvergne, une chapelle en forme de rotonde chez M. de La Live, une rotonde en forme de temple antique soutenue par douze colonnes corinthiennes, chez le duc de Richelieu, dans sa terre de Gennevilliers. Il fut de l'Académie de peinture.

2. J. F. Blondel : *Cours d'architecture*, 1771, 9 vol. in-8°. — *Architecture française*, 4 vol. in-fol., 1752-1758. On y trouve notamment une description, avec planches, du Louvre de ce temps-là.

Soufflot fut d'abord élève de l'école de Rome, puis voyagea en Grèce et
en Asie-Mineure et y puisa le goût de l'antiquité. Il se fit connaître

PORTRAIT DE VOLTAIRE,
d'après le buste sculpté par Houdon.

par son Hôtel-Dieu de Lyon. Nous le retrouverons un peu plus loin.

A côté de ces artistes, il faut citer deux amateurs très distingués,
qui eurent de leur temps une grande autorité, le comte de Caylus

(1692-1765) et Pierre-Jean Mariette, son ami (1694-1774). Caylus. honoraire amateur de l'Académie de peinture, où il était très écouté, publia, vers 1752, son *Recueil d'antiquités* auquel il travaillait depuis longtemps. Il fonda en 1754 à l'Académie des Inscriptions une médaille de 500 livres pour celui qui aurait le mieux éclairci les monuments de la belle antiquité. Il retrouva, ou à peu près, le secret de la peinture à l'encaustique des anciens; son procédé fut essayé par plusieurs peintres, Vien et Bachelier entre autres [1]. Mariette, connaisseur hors ligne, possédait une splendide collection d'estampes et plus de cinq mille dessins de choix des grands maîtres, et était réputé à l'étranger aussi bien qu'en France. Il publia, vers 1750, son *Traité des pierres gravées*, avec dessins de Bouchardon, où il examine en particulier les procédés des anciens, et collabora avec l'abbé Barthélemy au *Recueil de peintures antiques* de Caylus [2].

Les leçons de ces hommes éminents préparèrent sans doute les esprits à ce qui allait suivre. Elles ne suffisent pas cependant à expliquer cet entraînement irrésistible vers l'antiquité romaine que nous allons observer, quelques années plus tard, en France et dans le reste de l'Europe. Vraisemblablement la lutte entre les anciens et les modernes eût continué avec des alternatives de revers et de succès pour les deux partis, si tout à coup ne s'était produit un événement considérable, dont les conséquences se sont fait sentir dans les arts pendant trois quarts de siècle, et sur l'importance duquel on n'a pas assez insisté : ce fut la découverte des villes souterraines d'Herculanum et de Pompéi, et l'exhumation d'une foule de peintures murales, de statues, d'édifices, de maisons particulières, d'objets familiers, meubles et ustensiles antiques.

⁂

Au commencement du siècle, un habitant du village de Résina, près de Portici, creusant un puits, rencontra quelques débris de statues

---

1. Caylus : *Recueil d'antiquités égyptiennes, étrusques, romaines, gauloises*, Paris, 1752, 7 vol. in-4°. — *Recueil de peintures antiques*, in-fol., 1757. — *Mémoire sur la peinture à l'encaustique*, Paris, in-8°, 1755. Voir à ce sujet les Salons de Diderot. Celui-ci n'aimait pas Caylus à cause de différends entre eux à propos de l'Encyclopédie.

2. Pierre-Jean Mariette : *Traité des pierres gravées*, 2 vol. in-fol., 1750, Paris, imprimerie de l'auteur.

antiques. Le prince d'Elbœuf, général des galères de Naples, acheta le
terrain en 1711 et, pendant plusieurs années, continua les fouilles; mais
au lieu de collectionner ce qu'il trouvait, il en fit don à des personnages
princiers, à Louis XIV, au prince Eugène; à celui-ci, il donna les deux
statues représentant les filles de Balbus, qui sont au Musée de Dresde.

PORTRAIT DU COMTE DE CAYLUS,
par C. N. Cochin le fils.

Vers 1720, le roi de Naples, Charles III, fit arrêter les fouilles particulières, et en 1738 en entreprit lui-même sur une plus grande échelle.
C'était Herculanum qu'on retrouvait ainsi. Les trésors exhumés furent
déposés d'abord à Portici, dans la villa des rois de Naples, et plus
tard au Palais des Études (Palazzo dei Studi) à Naples. Quelques
années après, en 1748, le colonel du génie don Rocco Alcubierre
ayant obtenu de faire des fouilles dans un autre endroit, mit au jour
Pompéi.

Le bruit de ces découvertes ne prit consistance et ne se répandit en Europe qu'à l'époque de l'exhumation de Pompéi. « J'avoue, dit le président de Brosses [1], vers 1750, que je fus fort surpris d'entendre parler à Paris, il y a deux ans, de cette découverte (Herculanum), comme d'une chose tout à fait nouvelle. Ce fut M. de Mairan qui m'en parla le premier. »

Mais alors le retentissement en fut prodigieux.

Il faut se souvenir qu'auparavant on ne connaissait de l'antiquité que quelques statues, un petit nombre de monuments plus ou moins ruinés ; en fait de peintures murales, on n'avait guère que *la Noce Aldobrandine*, deux morceaux tirés du Jardin de Salluste, qu'on montrait au Palais Barberini à Rome, et *les Figures de Cestius*, presque effacées. A Herculanum, à Pompéi, on avait de tout cela et à profusion ; on avait de plus et surtout l'antiquité elle-même, restituée dans toute sa fraîcheur, avec tous les détails de sa vie intime. Car, comme dit l'abbé Brizard [2], dans *le Mercure* de 1787, « le hasard nous avait rendu ces villes dans la même forme, et si j'ose le dire, dans la même attitude où elles se trouvaient au moment de la catastrophe ; c'était en quelque sorte un dépôt fidèle de tous les arts de l'antiquité qui avait été mis à l'abri des ravages du temps. »

De ce moment, Naples acquiert un prestige extraordinaire. L'Italie étant restée la terre classique des arts, on faisait volontiers auparavant le voyage d'Italie ; mais alors on le fait plus que jamais. Peu à peu, le voyage de Naples devient une mode, une fureur, et, le snobisme, comme on dirait aujourd'hui, s'en mêlant, il n'est fils de famille qui ne se croie tenu de le faire [3]. Sans doute, par la même occasion, on allait admirer le Vésuve, car la seconde moitié du XVIIIe siècle ne retrouva pas seulement l'antiquité, elle découvrit aussi la nature ; mais enfin les fouilles

---

1. Charles de Brosses : *Lettres sur l'état actuel de la ville d'Herculée et sur les causes de son ensevelissement sous les ruines du Vésuve*, petit in-8°, Dijon, 1750. Le Président de Brosses avait visité Herculanum en novembre 1739, au moment de la découverte.

2. L'abbé Brizard : *Articles sur le Voyage pittoresque de Naples de l'abbé de Saint-Non. Mercure de France*, janvier, février, mars 1787.

3. Le roi de Naples faisait présent, aux étrangers de distinction qui lui étaient présentés, d'un magnifique recueil de gravures d'Herculanum ; Grosley en eut un, Saint-Non aussi. Saint-Non, qui n'avait pas l'ombre de vanité, écrit à son frère à ce sujet : « Apparemment que je suis sans m'en douter un personnage considérable. »

FRONTISPICE

dessiné par C. N. Cochin le fils et gravé par Choffard en 1775 pour le *Catalogue raisonné*
des Différens objets de curiosités dans les Sciences et Arts qui composent le Cabinet de feu
M. Mariette, Controleur Général de la Grande Chancellerie de France,
Honoraire Amateur de l'Académie Royale de Peinture, et de celle de Florence,
par F. Basan, graveur.

bénéficièrent de cet engouement, si bien que les explorations finirent par s'étendre à toutes les antiquités du royaume des Deux-Siciles.

La liste serait longue de tous ceux qui firent alors le voyage de Naples. J'en citerai quelques-uns comme preuve.

Voici d'abord Abel-François Poisson, marquis de Vandières, puis de Marigny, puis de Ménars, frère de Mme de Pompadour. Vandières ayant obtenu la survivance de Le Normand de Tournehem à la direction générale des Bâtiments, fut envoyé en Italie pour y faire son éducation artistique. Il y resta de décembre 1749 à septembre 1751, époque à laquelle il succéda à Tournehem. On lui avait donné pour mentors Soufflot, Cochin le fils et l'abbé Le Blanc. Cochin fut l'historiographe du voyage [1]; il se montre peu enthousiaste des peintures d'Herculanum exposées à Portici, plusieurs centaines de tableaux dont il trouve les figures mal dessinées; et pourtant Cochin était là dans son domaine; il trouve les sculptures et l'architecture bien supérieure, aux peintures; je le soupçonne ici de subir un peu l'influence de Soufflot.

Après Vandières, on en voit passer beaucoup d'autres dans les lettres que Natoire, directeur de l'École de Rome (1er janvier 1752) écrit à Marigny, devenu directeur des Bâtiments [2].

---

1. Ch. Nic. Cochin le fils : *Voyage d'Italie ou recueil de notes sur les ouvrages de peinture et de sculpture, etc.*, Paris, 1751, 3 vol. in-12 ou 1758, 3 vol. petit in-8°. Cochin fils était un homme de beaucoup de goût; cependant, lorsque le mouvement sera plus prononcé, il fera paraître plus d'enthousiasme pour l'antiquité. Il se proposait, dit Lalande, de retourner en Italie et de refaire autrement son ouvrage.

Vandières succéda à Tournehem à la Direction des Bâtiments (ministère des Beaux-Arts); il ne manquait pas d'esprit, son administration fut éclairée, mais il n'avait pas assez de fond pour penser par lui-même en art, et s'en rapportait un peu à ceux qui l'entouraient. En 1753, il recommande aux élèves de Rome le dessin d'après les grands maîtres; un peu plus tard, il trouvera que Pajou n'a pas assez étudié l'antique. En 1754, il prend le nom de marquis de Marigny; après la mort de sa sœur celui de marquis de Ménars.

Pour Mme de Pompadour, des auteurs fantaisistes et galants ont voulu lui faire honneur du mouvement vers l'antiquité. Il y a là tout au moins de l'exagération. La marquise de Pompadour était artiste; cependant ces gravures, quoi qu'on en ait dit, n'ont guère de remarquable que la signature. Elle avait du goût, mais surtout pour les petites choses, les meubles, les bibelots; elle n'était pas de taille à provoquer une évolution du grand art; comme font toutes les femmes, elle suivit la mode nouvelle, mais elle était aussi bien avec Boucher qu'avec l'antiquité. Elle mourut d'ailleurs en 1764.

2. Archives nationales: *Correspondance des Directeurs de l'École de Rome*, série O 1, 1940-41.

6 février 1754. — Les MM. de Brancas, fils de M. le duc de Loraguait (sic), sont de retour à Rome de leur voyage à Naples. (Natoire ne se piquait nullement d'orthographe ni de littérature.)

POR TRAIT D'ABEL-FRANÇOIS POISSON,
MARQUIS DE VANDIÈRES, DE MARIGNY ET DE MÉNARS,
dessiné par C. N. Cochin le fils.

20 février 1754. — J'espère, Monsieur, que vous ne me gronderez pas, si je viens d'accorder la permission au sieur Doyen pour aller à Naples passer un mois avec M. Boutin qui s'intéresse pour lui.

19 janvier 1755. — M. le duc de Pentiève (*sic*), qui arrive de Naples, vera le premier jour des mascarades.

26 janvier 1756. — M. l'abbé Gougenot et M. Greuze sont de retour à Rome, revenant de Naples.

21 novembre 1759. — M. l'abbé de Saint-Non vient d'arriver avec le pensionnaire Taraval, qu'il se propose d'emmener tout de suite à Naples. (Taraval ne pouvait aller directement à Naples, le règlement s'y opposait. Saint-Non n'alla à Naples que le 17 avril suivant, emmenant avec lui Hubert Robert. En mars de l'année 1761, il y envoya Fragonard, qui fera un deuxième voyage à Naples en 1774 avec Bergeret)

Natoire, lui-même, dans plusieurs lettres, exprime le désir d'aller à Naples : je voudrais bien aller à Naples, si ma santé me le permet ; il faut que vous me permettiez d'aller à Naples, je choisirai pour cela le moment où la direction ne souffrira pas de mon absence.

C'est encore l'abbé Morellet, en 1758, qui laisse partir son élève pour rester quinze jours de plus à Naples et jouir de la vue du Vésuve et des « beaux spectacles que présentent les antiquités de Pouzzoles et de Baïes ». C'est Randon de Boisset qui fait deux voyages en Italie, 1752 et 1762, et en rapporte des marbres antiques. C'est Watelet en 1763, avec Mme Le Comte et l'abbé Copette ; Duclos en 1765 ; l'abbé Barthélemy, que le duc de Choiseul, ambassadeur à Rome, avait emmené avec lui ; l'astronome La Lande, etc. Je ne rappelle ici que quelques-uns de ceux qui, les premiers, firent le voyage.

Tous ceux-là n'étaient que des curieux. Mais, en 1756, arrivait à Rome l'homme qui devait être le pontife et l'apôtre de ce nouveau culte de l'antiquité, l'Allemand Jean Joachim Winckelmann (1717-1768). En 1758, Winckelmann fait son premier voyage à Naples. En 1762, deuxième voyage à Naples, et lettre au comte de Brühl, où l'auteur oppose ses idées à celles des antiquaires napolitains. Troisième voyage à Naples, en 1764, avec le comte de Brühl ; dans deux lettres écrites à son retour, Winckelmann laisse déborder son enthousiasme sur l'importance des découvertes. En 1763, il est nommé président des antiquités à Rome, et bibliothécaire du Vatican et se trouve ainsi en relation avec une foule d'étrangers. C'est alors que paraissent ses plus importantes publications, son *Histoire de l'Art*[1] et son *Explication des monuments inédits de*

---

1. J. J. Winckelmann : *Histoire de l'Art*, 1re édition en allemand, 2 vol. in-4°, Dresde, 1764. — 1776, édition de Dresde rectifiée d'après les papiers de l'auteur ; cette seconde édition traduite en français par Huber, 1781, chez Belin. — *Monu-*

PORTRAIT DU GRAVEUR P. FR. BASAN,
dessiné par C. N. Cochin le fils.

l'antiquité. En 1768, se proposant d'aller faire des fouilles en Grèce, il voulut revoir les antiquités de Portici; ce ne fut pas sans peine qu'il y parvint[1]; ses démêlés avec les antiquaires du roi de Naples, qui redoutaient qu'il ne discréditât leurs explications, sont très curieux. Après son retour, il quitta Rome, le 10 avril 1768, et se dirigeait par le Tyrol vers la Grèce, lorsqu'il fut assassiné aux environs de Trieste.

On ne peut parler de Winckelmann sans citer son ami Antoine Raphaël Mengs, peintre et professeur à l'Académie de Rome. Mengs, un peu oublié aujourd'hui, eut au siècle dernier un grand nombre d'admirateurs. C'est après un voyage à Naples, vers 1760, qu'il fit son chef-d'œuvre, la fresque d'*Apollon sur le Parnasse, entouré des neuf Muses*, à la villa Albani. Il prit aussi la plume pour combattre en faveur de l'antiquité.

Les fouilles de Naples amènent donc comme une seconde renaissance italienne, et non pas même à l'époque de la première, il n'y eut pour l'Italie un engouement comparable à celui-ci. On aurait peine à se figurer le nombre d'ouvrages de toute nature qui, de 1760 à peu près jusqu'à 1780, ont ce pays pour objet[2] : *Voyages d'Italie, Lettres sur*

ments inédits de l'antiquité, édition de Rome, en italien, 1767, édition française, 3 vol., 1819. — Winckelmann a fait un grand nombre d'autres publications secondaires; entre autres : *Remarques sur l'architecture des anciens*, 1761, Leipzig, où il décrit les ruines de Posidonium (Fæstum).

1. La visite des fouilles était interdite. Comme il était difficile de refuser l'entrée du Musée à Winckelmann, il lui fut défendu de prendre des notes et de rester trop longtemps devant les pièces importantes. Winckelmann avait du reste le trait caustique. Il raillait Caylus d'avoir acheté comme antique une peinture moderne du peintre Guerra; lui-même fut joué par Casanova, élève de Mengs, qui lui fit prendre une de ses peintures pour une antique. Winckelmann avait aussi malmené Watelet qui se réconcilia avec lui à son passage à Rome.

2. On n'a que l'embarras du choix pour citer : *Voyage d'Italie*, de Cochin. — *Voyage du comte d'Orrery*, fait en 1755, paraît en anglais en 1774. — *Observations sur l'Italie* par deux gentilshommes suédois, par Grosley, 1764; réimprimé en 4 volumes en 1774, traduit de l'anglais. — *Lettres* de Sharp sur l'Italie, en 1766. — *Voyage d'Italie*, de Blainville, en anglais, les premiers cahiers in-4°, 1766-67. — *Description historique et critique de l'Italie*, par l'abbé Richard, 6 vol., 1766. Cet abbé avait fait le voyage d'Italie avec M. de Bourbonne, président à mortier au parlement de Dijon. — *La Promenade utile et récréative de deux Parisiens*, 2 vol. in-12, Paris, 1768. — Ouvrage de Cesare Orlandi : *Breve storia, é descrizione di tutte les cita d'Italia*, avec un grand nombre de planches, Pérouse, vers 1769. — *Voyage d'Italie*, de l'astronome La Lande, Paris, 1769, 8 vol. in-8°, 2° édition, 1786. — *Lettres* de Mᵐᵉ du Bocage sur l'Italie. — *Délices de l'Italie*, 4 vol. in-12. — *Mélanges historiques, critiques de physique, de littérature et de poésie*, par M. le marquis d'Orbessan, président à mortier au parlement de Toulouse, contenant le

PORTRAIT DE LE NORMAND DE TOURNEHEM,
point par Tocqué.

l'Italie, Descriptions de l'Italie, Histoire de l'Italie; il n'est pas un voyageur qui ne se croie obligé de faire part à ses contemporains de ses impressions sur l'Italie; et je ne dis rien des cartes, ni des guides, ni des manuscrits en plusieurs volumes, comme ceux de Gougenot et de Watelet, qui pour une raison ou une autre ne furent pas publiés.

Parmi ces ouvrages, un des plus intéressants pour nous est celui de l'astronome La Lande. Ce n'est guère qu'une compilation, mais il est fait très consciencieusement. La Lande fit son voyage en 1766 et publia son ouvrage en 1769. Il juge en art d'après Cochin fils et l'abbé Gougenot et un peu d'après Falconnet; son livre est une sorte de guide à l'usage des voyageurs en Italie; il indique l'itinéraire à suivre, les distances par postes, le nombre de journées à consacrer à chaque ville, etc.; surtout il donne une liste des publications qui parurent à cette époque sur l'Italie.

Il était difficile qu'un tel enthousiasme n'eût pas d'écho dans les arts. Aussi, à partir de 1765 environ, l'influence de l'antiquité y est-elle partout présente, en France et dans le reste de l'Europe, auquel la France

voyage d'Italie, 1768. — *Mœurs et coutumes de l'Italie,* traduit de l'anglais de Baretti, 1773, Paris. — *Mémorial d'un mondain,* lettres sur l'Italie du comte de Lemberg, 1774. — *Lettres,* contenant le journal d'un voyage fait à Rome, en 1773, attribué à Guidi, 2 vol. in-12, 1783. — *Dictionnaire historique et géographique portatif de l'Italie,* 2 vol. in-8°, 1775, Paris, chez Lacombe. — *Voyage en Italie et en Hollande,* Paris, 1773, par l'abbé Coyer. — *Manuel de l'étranger* qui voyage en Italie, chez Duchesne. — *Lettres écrites de Suisse, d'Italie, de Sicile, de Malte* en 1776-78, par Rolland de la Platière, 6 vol. in-12. — En 1777, 2 vol., en allemand, *d'additions aux relations les plus modernes d'Italie,* par Bernouilli, chez Fritsch, Leipzig. Bernouilli cite aussi de très intéressantes lettres sur l'Italie dans le *Mercure allemand* de 1775. — Le Livre de Busching, traduction italienne de l'abbé Jagermann (auteur d'un volume de lettres sur l'Italie, 1778) : *Italia géographico-storico-politica di* Ant. Federico Busching, etc., 6 vol. in-8°, 1780.

Il y a aussi des manuscrits; ainsi celui de Watelet en 8 vol., de Gougenot, du baron de Castille, 1778; Rozier, frère du physicien, avait pris en Italie des notes volumineuses. La Lande cite au moins une demi-douzaine de voyageurs qui ont bien voulu ajouter sur les lieux des notes à son livre.

Jusqu'aux naturalistes écrivent sur l'Italie : *Lettres d'un minéralogiste suédois,* 1771-72, sur la minéralogie de l'Italie et les marbres antiques; traduction en 1776, par le baron Dietrich, à Strasbourg. — *Tableau lithologique de l'Italie,* publié par Saussure dans le *Journal de Physique* de 1776.

Comme cartes, celles de d'Anville et une belle carte de Zanoni pour Naples étaient recommandées.

PORTRAIT DE C. N. COCHIN LE FILS,

dessiné par lui-même.

donnait le ton. Les idées se modifient d'abord, les procédés d'expression ensuite.

Ici encore, comme on pouvait le pressentir, nous rencontrons tout d'abord les architectes.

Jacques Ange Gabriel, le fils, qui de 1752 à 1756 construit l'École Militaire, termine en 1772 les deux palais de la place de la Concorde, petits bijoux qui, quoique dans le goût antique, gardent quelque chose de l'élégance grêle de leur siècle.

Soufflot, acquis depuis longtemps à l'antiquité, commence en 1764 le Panthéon, qui n'est qu'un temple romain ; on sait que ce monument fut l'objet de vives critiques, notamment de la part de l'architecte Patte, mais ces critiques portent exclusivement sur des questions techniques de solidité et non sur le style.

Voici encore Jacques-Denis Antoine, qui fait la Monnaie de 1768 à 1775 ; Jacques Gondouin, élève de Blondel, qui termine l'École de médecine vers 1773. Gondouin voulait même faire une restauration de la maison d'Adrien, à Rome.

Un dernier représentant de l'école borrominienne, Ledoux, protégé de Mᵐᵉ Dubarry, et qui ne fut pas sans talent, éleva encore quelques constructions, mais il ne fut pas suivi.

Lorsque Delagardette rapporta à Paris ses relevés des temples de Pæstum déjà décrits par Winckelmann et dessinés par Hubert Robert, et qui passaient pour très anciens, le dorique de Pæstum fut un moment en vogue, et Brongniart, en 1780, construisit en style de Pæstum, derrière la Madeleine de la Ville-l'Évêque, le couvent de capucins qui devait être le lycée Condorcet ; même tout le dorique fut à la mode, et dans ce style, Peyre et de Vailly terminèrent l'Odéon en 1782 et Chalgrin le portail de Saint-Philippe-du-Roule en 1784.

A l'Académie de peinture et de sculpture, l'influence de l'Antiquité se manifeste dès 1762 dans le choix des sujets que l'Académie donnait chaque année à ses élèves pour le concours des grands-prix. Jusque-là, ces sujets étaient choisis exclusivement dans la Bible. Brusquement, en 1762, les deux sujets donnés pour la peinture et la sculpture sont : *la Mort de Socratès* et *la Mort de Germanicus ;* et de 1762 à 1780, sur trente-cinq sujets donnés, vingt-cinq sont des scènes de l'histoire romaine et de l'histoire grecque, et dix seulement sont tirés de la Bible[1].

1. Procès-verbaux des séances de l'Académie.

PORTRAIT DE Mme DE POMPADOUR,
par C. N. Cochin le fils.

C'est que, depuis la création des honoraires associés libres, l'Académie était beaucoup plus accessible qu'auparavant aux influences extérieures. Les associés libres, joints aux honoraires amateurs[1], y formaient un groupe nombreux, auquel la position sociale de ses membres donnait une certaine autorité. Les honoraires amateurs, c'étaient Caylus, Watelet, Bergeret, Mariette; les associés libres, Gougenot, Saint-Non, Randon de Boisset, La Live de Jully, Crozat de Thiers, qui tous avaient fait ou allaient faire le voyage de Naples. Ils parlaient et écrivaient volontiers, ce à quoi les artistes se laissent toujours prendre. Puis Boucher vieillissait et allait s'éteindre en 1770. Des artistes partisans des idées nouvelles arrivaient à l'Académie.

C'était Joseph-Marie Vien, le protégé du comte de Caylus et l'un des promoteurs du mouvement; Vien, dès son retour de Rome en 1750, rompait avec les procédés de l'école régnante. Il était reçu académicien le 30 mars 1754, nommé adjoint à professeur trois mois après, professeur en 1759, à la première vacance, et pendant vingt ans préparait des admirateurs à l'antiquité. Vien, lui aussi, avait été à Naples; il avait même copié à Portici, en y ajoutant quelques accessoires, une des plus jolies compositions d'Herculanum, *la Marchande d'amours*[2].

C'était l'honnête Dandré-Bardon, qui eût pu devenir un peintre estimable s'il n'eût préféré être un écrivain médiocre, et qui, à peu près inconnu aujourd'hui, n'en fut pas moins un personnage dans son temps. Ancien recteur de l'académie, il fut professeur pour l'histoire, la géographie et la fable à l'école royale des élèves protégés, et par son *Traité du costume des anciens peuples*, par son enseignement, fournit aux artistes les moyens de traiter les sujets antiques dans un goût nouveau.

C'était encore Cochin le fils, protégé de Mme de Pompadour et de Marigny, très influent, et qui, comme ses protecteurs, s'était rallié à l'antiquité. A la place des conférences sur les vies des peintres illustres qu'on lisait à l'Académie lorsqu'il n'y avait rien à l'ordre du jour,

---

1. Les amateurs d'art pouvaient être de cette académie. Ils y entraient d'abord dans la classe des Associés libres, créés par Tournehem en 1747 et correspondants aux peintres et sculpteurs agréés. Par extinction, ils passaient ensuite dans la classe des honoraires amateurs, correspondants aux académiciens.

2. Saint-Non, dans ses *Fragments choisis dans les peintures et les tableaux les plus intéressants des palais et des églises d'Italie*, a reproduit *la Marchande d'amours*, d'après un dessin de Clodion. La copie de Vien était encore à l'hôtel de Brissac, rue de Grenelle, à la veille de la Révolution. (Thierry.)

PORTRAIT DE CHARLES DUCLOS,
par C. N. Cochin le fils.

Cochin, secrétaire et historiographe, proposa la lecture des plus fameuses poésies de l'antiquité, « les fictions ingénieuses, les images sublimes et poétiques jointes à la beauté des sujets, en étant d'autant plus utiles, qu'elles sont le fondement de toute la poésie de nos arts »; et l'académie, ayant approuvé cette proposition, le secrétaire commença par la lecture du premier chant de l'*Iliade*, traduite par Mme Dacier. (Procès verbaux de l'Académie, samedi 3 juillet 1773.)

Quel changement amènent ces nouvelles idées dans les procédés du grand art? C'est ce que nous allons voir, mais auparavant, constatons qu'elles modifient assez rapidement le goût dans l'ameublement et la décoration.

Dans l'ameublement, les façades ventrues s'aplanissent, les courbes se changent en lignes droites et l'on arrive à ce style, appelé style Louis XVI, qui, en s'alourdissant, deviendra le style Empire.

Dans la décoration, quoique l'ancienne école eût encore des partisans, le genre antique commence à être très demandé, après 1770.

Un des ouvriers de la première heure, en ce genre, est certainement Hubert Robert. Je vois de lui, au Salon de 1771, deux tableaux de neuf pieds de haut sur quatre de large, qui sont sans aucun doute des tableaux de place, en d'autres termes des panneaux décoratifs. Les dessins, les tableaux de monuments romains qu'il avait présentés à son retour d'Italie en 1765, avaient eu tout de suite du succès. Après 1775, tout le monde veut avoir son salon décoré de ruines romaines par cet habile peintre, et il peut à peine suffire aux commandes.

A côté de lui, je vois Clérisseau, qui va encore plus loin. Clérisseau, peintre et architecte, de l'Académie de peinture et de celle d'architecture, eut son heure de célébrité[1]. Son cabinet, très riche en dessins qu'il avait faits en Italie d'après les monuments anciens, était cité. Il fit des décorations d'appartements dans le genre nouveau; notamment vers 1776, une qui fit quelque bruit, celle du salon de l'Hôtel de la Reynière, rue Grange-Batelière. « C'est, dit Thierry, un salon carré formant salon de compagnie, décoré d'un ordre corinthien en boiserie, dont les portes et les voûtes sont décorées dans le style antique, d'après les dessins de M. Clérisseau. » Ce qu'on pensa de ce salon, nous le voyons dans l'*Al-manach des artistes* de 1777 : « le genre agréable et nouveau que ce

---

1. Voir ses entrevues avec Joseph II et le grand-duc héritier de Russie dans le *Roman d'une impératrice*, de K. Waliszewski.

artiste a employé le rend un des plus beaux et des plus distingués... l'ensemble de cette superbe pièce nous prouve qu'en puisant dans les maximes des anciens, il est très facile d'y trouver un genre qui nous convienne parfaitement. »

Ce genre de colonnes décoratives paraît avoir été alors en vogue. La salle à manger de l'hôtel de Nivernois, rue de Tournon, était décorée de huit colonnes ioniques; les entrecolonnements des deux extrémités

PORTRAIT D'HONORÉ FRAGONARD,
d'après la gravure à l'eau-forte de Le Carpentier.

étaient censés ouverts, et les fonds remplis par des paysages ornés de fabriques d'architecture par H. Robert (Thierry). Les Brunetti, père et fils[1], qui eurent une certaine renommée comme décorateurs, en faisaient également; par exemple, le salon de l'hôtel Ponchartrain fut décoré par eux de colonnes toscanes peintes. (D'Argenville, *Voyage pittoresque de Paris*.)

En Allemagne, en Russie, en Angleterre, même engouement pour l'antiquité. Le professeur Heyne de Gœttingue opposait ses idées à celles de son ancien ami Winckelmann sur les époques de l'art, et donnait son

1. Les décors de l'*Irène*, de Voltaire, 1778, attribués à tort par M. Charles Blanc à Hubert Robert, sont de l'un des Brunetti. Ces décors n'existent plus.

Archéologie Etrusque. Dès 1766, Lessing publiait son *Laocoon* avec le retentissement que l'on sait. Catherine II faisait venir des architectes de Rome et achetait en 1781 de « belles bellissimes pierres gravées à l'antique »; mais bien avant, vers 1773, elle avait l'idée de se faire construire un palais à la romaine. Mayrobert, continuateur de Bachaumont, raconte ainsi la chose à la date du 22 novembre 1773 : « L'impératrice des Russies, toujours pleine d'idées grandes et magnifiques, veut se faire construire un palais exactement semblable à celui des Augustes ou empereurs romains. Elle a, pour cet effet, écrit à Paris et demandé à l'Académie d'architecture un sujet en état de diriger ce superbe monument. On a jugé M. Clérisseau très propre à répondre à ses vues. Cet artiste, peintre et architecte, a fait une étude particulière des bâtiments antiques. Il doit partir incessamment pour se rendre aux ordres de cette princesse. Les meubles répondront à l'édifice et tout doit être dans la coutume des anciens. »

Catherine II, comme on le sait, suivait d'assez près le mouvement parisien. Ce passage de Mayrobert est significatif.

Venons enfin au grand art. Il évolue comme le reste[1], avec un peu plus de lenteur peut-être vers l'imitation de l'antiquité.

Dans la sculpture, Augustin Pajou montre déjà en 1760, par le *Pluton* qu'il donne pour sa réception à l'Académie, qu'il a mis à profit les observations de Marigny, et étudié les modèles antiques. L'influence de ces modèles se fait encore mieux sentir dans le *Morphée* que fait Houdon aussi pour sa réception en 1771. Sans être grand clerc en choses d'art, on peut d'ailleurs se faire une idée assez exacte de l'évolution de la statuaire en comparant, au Louvre, la statue de Marie Leczinska par Guillaume Coustou, qui est de 1731, avec la statue de cette reine par Pajou, faite après 1760, et ces deux morceaux avec ceux des sculpteurs qui vont à Rome de 1770 à 1780 ; aucun de ceux-ci, malheureusement, n'étant hors de pair, j'insisterai surtout sur les peintres, leurs œuvres étant plus nombreuses et plus instructives pour ce qui nous occupe, et l'un d'eux étant encore regardé, à tort, comme l'introducteur en France du style néo-antique.

Presque tout de suite, le *Corésus et Callirrhoé*, que fit Fragonard à

1. Si nous écoutons les musiciens, ils disent que l'œuvre de Gluck, qui est de ce temps, est le premier hommage de la musique à l'antiquité.

LE GRAND-PRÊTRE CORÉSUS SE SACRIFIE POUR SAUVER CALLIRRHOÉ.

Tableau de Fragonard, gravé par Danzel. — (Musée du Louvre.)

son retour d'Italie, ne montre-t-il pas chez son auteur, par la sobriété des tons et les traits de certaines figures, quelque préoccupation de l'antique ? Grimm lui reproche même des tons dignes de M. Vien. Ne pourrait-on pas faire une remarque analogue chez Deshays, le gendre de Boucher, à propos de ses jolies tapisseries du Musée de Madrid ? Mais Fragonard est un disciple bien inconstant et Deshays meurt à 35 ans. Voyez alors, quatre ou cinq ans plus tard, Greuze, dans ce tableau de l'empereur Sévère, qu'il fit pour sa réception à l'Académie : la composition est plus simple et les personnages ont déjà une allure antique ; et notez un détail significatif : Greuze, avec ce tableau, se vante d'éclipser Poussin.

Dès 1767, Diderot, avec son bon sens ordinaire, blâme déjà cette tendance des artistes à imiter l'antique : « Mais, me direz-vous, écrit-il à Grimm, il est donc impossible à nos artistes d'égaler jamais les anciens ? Je le pense, du moins en suivant la route qu'ils tiennent, en n'étudiant la nature, en ne la recherchant, en ne la trouvant belle que d'après les copies antiques... Réformer la nature sur l'antique, c'est suivre la route inverse des anciens, qui n'en avaient point. C'est toujours travailler d'après une copie... » [1].

Mais il faut attendre encore quelques années. Il faut attendre que les élèves qui se forment à l'Académie sous l'influence des nouvelles idées soient arrivés à la pleine possession de leur talent ; alors le triomphe de l'antiquité est complet. Ces élèves, ce sont Ménageot, Vincent, David, Regnault, Peyron, Suvée. Tous sont pénétrés de cette doctrine (acceptée par tout le monde autour d'eux) que les œuvres de l'antiquité étant ce qu'il y a de plus parfait, l'art, le grand art ne doit traiter que des sujets antiques, et que la composition, le caractère des personnages doivent être empruntés à l'antiquité. En fait, on aboutit à copier les statues, les bas-reliefs, même les peintures trouvés en Italie, et la nature n'est plus consultée qu'à travers ces œuvres et pour la forme.

C'est bien ce qu'a fait David, mais c'est aussi ce que les autres ont fait en même temps que lui et même avant lui. David donne, en 1781, son *Bélisaire demandant l'aumône* ; mais, avant lui, Vincent avait donné

1. Diderot, Salon de 1767. Et pourtant Diderot, lui aussi, sacrifie à la mode et se plaint de ne pouvoir aller en Italie : « Pour ce voyage d'Italie, il ne se fera jamais. Jamais, mon ami, nous ne nous embrasserons dans cette demeure antique, silencieuse et sacrée, où les hommes sont venus si souvent accuser leurs erreurs ou exposer leurs besoins. »

PORTRAIT DE DIDEROT,
peint par F. H. Drouais.

Alcibiade recevant les leçons de Socrate. En 1785, David expose *le
Serment des Horaces* [1], mais la même année Ménageot expose *Cléopâtre
rendant un dernier hommage au corps d'Antoine* et Suvéc sa *Mort de
Cléopâtre*, dont on loue le style sévère et simple, et si David l'emporte,
ce n'est que par l'exécution et un peu aussi, je crois, parce qu'il est plus
expert que ses rivaux dans le grand art de la réclame. Les admirateurs
de David lui font un mérite de l'exactitude de ses accessoires qu'il prenait en Italie ; or Ménageot, dans son tableau de Cléopâtre et d'Antoine,
copie le sarcophage d'Antoine sur celui d'Agrippa qu'on voyait à Rome
sous le portique du Panthéon. En 1788, David fait pour le comte
d'Artois les *Amours de Páris et d'Hélène,* avec la Tribune de Jean
Goujon imitée de l'antique [2] ; mais Vincent, à peu près dans le même
temps, met dans son *Zeuxis* des colonnes de Pæstum, le dernier mot
de la mode. Ces deux tableaux sont au Louvre, où on peut les com-
parer.

C'est donc une erreur de M. E. Chesneau de croire que « les nouvelles idées n'avaient pas encore pénétré en France lorsque David rêva
de les y introduire. » C'est une autre erreur de cet écrivain de dire que
« David a coupé le câble derrière lui... qu'il fonde une ère nouvelle,
qu'il fabrique tout à neuf, théories et procédés, et, en haine de ce qui l'a
précédé, rejette avec un égal mépris le mauvais et l'excellent » [3]. (Il ne
rejetait pas tout, puisque, dans la *Distribution des Aigles,* il voulait
mettre une Victoire allégorique distribuant des couronnes, que l'Empereur lui fit effacer.)

Ce sont là des légendes qui doivent prendre fin. En art ni ailleurs on
ne fait de révolutions sans luttes ; où sont celles que David eut à soutenir ? Je vois bien Vien, à son retour de Rome, accueilli tout d'abord
avec froideur par l'Académie, et Boucher, très éclectique en choses
d'art, déclarer qu'il ne remettrait plus les pieds à l'Académie si Vien

---

1. Ce tableau ne méritait pas le succès qu'il eut à son apparition. Il faut
approuver d'Angiviller, directeur des Bâtiments et homme de goût, de n'en avoir pas
été enthousiasmé.

2. Celle de la salle des Antiques au Louvre.

3. Ernest Chesneau : *Les Chefs d'école.* L'excuse de M. Chesneau, dans son
étude sur David, d'ailleurs très remarquable, est qu'il ne connaissait pas bien le
xviiiᵉ siècle. Il eût eu moins de mal à expliquer le succès de David, s'il n'eût tout
d'abord déclaré que, pour son objet, « il serait superflu de reprendre l'histoire de la
peinture avant David ».

n'était agréé. Je ne vois que des succès chez David. C'est que celui-ci exprimait, mieux que les autres si l'on veut, ce que tout le monde pensait. David est un résultat et non une cause de l'évolution de l'art vers l'antiquité [1].

Au reste David n'était nullement un peintre de génie. Il ne se préoccupait que du morceau dans ses tableaux, ce qui est tout le contraire du génie. Ce qui lui manquait le plus était précisément l'imagination créatrice. Quoi qu'il ait fait trois ou quatre choses excellentes, et encore lorsqu'il oubliait ses théories, il n'était pas artiste pour une obole, témoin les ornements et les costumes rococos, d'un genre pseudo-antique, qu'il fit pour les fêtes de la Révolution. La postérité jugera même, je crois, qu'il n'était pas un grand peintre. On dit qu'il a rendu des services à l'art au point de vue du dessin ; j'en demeure d'accord, à la condition qu'on s'entende sur le sens de ce mot, et qu'on prouve que les artistes du xviiie siècle ne savaient pas dessiner, ce qui n'est pas aussi facile qu'on pourrait le croire. Il n'était pas davantage alors le demi-dieu qu'il est devenu depuis pour quelques fanatiques. On lui reconnaissait un grand talent ; il était considéré comme « un des premiers pinceaux de

1. L'Académie jugeait David avec beaucoup de clairvoyance. Par exemple sur ses envois de 1778 et 1779, alors qu'il était sur la fin de son séjour à l'école de Rome, la commission nommée pour examiner ses envois, et dont faisaient partie Chardin et Cochin, disait de lui :

« 1778. — Dans sa grande esquisse de bataille, où l'on remarque de la chaleur, on peut lui reprocher trop de papillotage dans les lumières et des réminiscences trop prochaines de groupes très connus.

« 1779. — Dans son esquisse, les masses d'ombres sont aussi obscures que si la scène se passait de nuit, et les clairs, peu étendus, faisant papilloter la lumière, ne laissent pas assez de repos et de netteté pour embrasser toute la composition du premier coup d'œil. Nous lui recommandons plus de justesse dans les plans, et par conséquent une étude plus approfondie de la perspective. Il pourrait lui être utile de s'exercer à traiter des sujets dont l'action se passât sur un terrain uni, parce qu'alors il serait forcé de se rendre compte à lui-même de la place de tous les groupes. » (Procès verbaux de l'Académie.)

Ainsi le principal défaut constaté chez David est le manque de justesse dans les valeurs d'ensemble ; les groupes ont tous la même valeur, ce qui fait papilloter la composition. Eh bien ! allez au salon des Sept Cheminées au Louvre, placez-vous devant le *Léonidas* et les *Sabines*, exécutés vingt et trente ans après, vous ferez exactement les mêmes critiques. On sent encore ces défauts dans le *Sacre* où ils sont atténués, mais ils sont très apparents dans la plupart de ses portraits. On sait aussi que David était très faible en perspective ; les études pour lesquelles il n'a pas pris de perspecteurs en portent la marque.

l'Académie », mais il avait des rivaux. *Le Coup de patte,* au Salon de
1787, me semble exprimer assez bien à cet égard l'opinion commune ;
parlant de Vincent, Regnault et David, « après tout, dit-il, lorsqu'il
s'agit de trois hommes de cette espèce, quoiqu'on soit très sûr de ne pas
se tromper en les plaçant parmi les maîtres, on n'ose pas avec autant
d'assurance décider du rang qu'ils doivent y tenir ». Remarquons enfin
que, pendant longtemps, les ateliers de Vincent et de Regnault furent
aussi fréquentés que celui de David.

Ce sont les événements, plus que son talent, qui ont élevé celui-ci
au-dessus de ses confrères, car loin d'arrêter le mouvement vers l'antiquité, la Révolution l'exagéra, et l'admiration pour les anciens devint
une religion d'autant plus étroite, qu'elle était moins comprise du plus
grand nombre. Mais, au lieu d'employer à sauvegarder les intérêts de
l'art l'influence que lui donnèrent ses fonctions politiques, David, esprit
étroit, vaniteux et tyrannique, s'en servit surtout pour se débarrasser de
concurrents gênants et terroriser les autres artistes [1].

Voilà donc à quoi aboutit ce grand mouvement des esprits vers l'antiquité, à une imitation froide et guindée de l'art romain ; dans la peinture
d'histoire, à une indigente école de dessinateurs, dont les œuvres ne sauraient nous émouvoir puisqu'elles n'expriment pas la vie. La première
Renaissance avait été bien autrement féconde. Pourquoi cette sorte
d'avortement de la seconde ? La faute en est, je crois, aux événements et
aux bouleversements de la fin du siècle, à la disparition brusque de l'ancienne société et aux préoccupations peu artistiques de la nouvelle. Puis
les hommes de la première Renaissance avaient la foi de l'antiquité ; ceux
de la seconde n'en eurent guère que la superstition.

Pourtant on aime à penser que celle-ci pouvait finalement conduire à
un art meilleur que celui qu'elle nous a donné. Si la société de Louis XVI,

---

1. Il fit chasser Regnault èt Vincent de la commission du Muséum des arts,
sous le prétexte que leur patriotisme était sans couleur. Il n'appelait jamais Suvée,
nommé directeur de l'école de Rome en 1792, que l'horrible aristocrate Suvée, et ce
n'était pas une plaisanterie vers 1793. Suvée fut d'ailleurs enfermé à Saint-Lazare
avec Hubert Robert. Ce fut encore David qui proposa d'élever deux statues colossales
au peuple français, sur les débris des œuvres de la tyrannie (et de ces débris, enten-
dez bien que les œuvres d'art n'étaient pas exclues), l'une sur le Pont-Neuf, l'autre à
la pointe de l'île Fraternité (Saint-Louis).

PORTRAIT DE J. LOUIS DAVID,
peint par Rouget.

au goût affiné, n'eût pas été dispersée, elle eût sans doute assez rapidement fait justice des héros un peu gros, à l'attitude théâtrale, que David excellait à peindre, et peut-être alors fût-on arrivé à un art charmant, dont Prudhon, qui sut mettre une grâce toute française dans la ligne antique, pourrait nous donner l'idée.

*
* *

Il faut bien le remarquer, l'antiquité dont il est question dans ce qui précède est l'antiquité romaine. On parlait bien de la Grèce, mais l'importance de l'art grec était à peine soupçonnée, ou, si l'on veut, était oubliée. Les monuments que l'on connaissait étaient des monuments romains, les statues et les peintures étaient, pour la plupart, de l'époque gréco-romaine, ou des copies d'autres œuvres faites en Grèce, et n'étaient pas toutes bien déterminées.

Les idées qu'on avait alors de la Grèce sont même assez curieuses. Vers 1756, Jean-Baptiste Piranési, dans un prospectus fait par lui-même et qui accompagnait son nouvel ouvrage sur les monuments romains, annonçait que « dès les premiers temps de la fondation de Rome, les Romains ont élevé des monuments de la première magnificence sans le secours des Grecs », et il ajoutait que « le petit nombre des anciens édifices de la Grèce sont peu utiles aux artistes en comparaison des monuments de Rome et de l'Italie..... Que dans l'art de bâtir, les Romains n'ont rien pris aux Grecs ou peu de choses et qu'il y a beaucoup d'inconvénients dans ce peu [1]. » Cela ne choquait personne. Le marquis de Marigny, par une lettre très élogieuse de 1762, demandait expressément cet ouvrage avec d'autres à Piranési, en lui marquant « qu'il en ferait son occupation aussitôt qu'il l'aurait reçu. » Et Marigny conservait précieusement ce livre, qu'on retrouve dans le catalogue de son cabinet, dont la vente fut faite en 1781.

En 1774, Peyre, un des architectes de l'Odéon, s'exprimait ainsi, dans une dissertation sur l'architecture des anciens : « Quoique l'architecture n'ait pas pris naissance en Italie et que les Romains n'aient été

---

1. J. B. Piranési : *De la magnificence de l'architecture des Romains*, orné de 44 planches (très recherchées aujourd'hui), du prix de cinq sequins (de 50 à 60 livres environ ou 10 écus romains), se vend à Rome chez l'auteur. Pour le prospectus voir : Arch. Nat., O[1], 1940.

que les imitateurs des Grecs et des Égyptiens, ils ont tellement surpassé ces autres peuples, que c'est à juste titre que toutes les nations cherchent à découvrir sous le peu de ruines qui nous restent de leurs fameux monuments, quels étaient leurs principes. » (*Mercure de France.*)

Constatons encore que les hommes de la Révolution sont aussi peu grecs que possible; ils sont surtout romains. Ils pouvaient trouver des modèles d'héroïsme à Athènes et à Sparte tout aussi bien qu'à Rome; mais ils restent romains parce que leur éducation les a faits tels.

Cependant, par la logique même du mouvement dont nous avons parlé, on avait été conduit peu à peu à s'occuper de la Grèce et de l'Orient. Winckelmann et Francesco Milizia [1] avaient entrevu la vérité sur le rôle de la Grèce comme éducatrice de l'antiquité, mais n'avaient pas vu la terre sacrée de l'art. D'autres avaient été plus heureux. Un architecte français, Julien-David Leroy, après avoir parcouru la Grèce, publiait à son retour ses *Ruines des plus beaux monuments de la Grèce*, en 1758, et professait pendant longtemps à l'Académie d'architecture à Paris. A la même époque, deux Anglais, Jacques Stuart, architecte et antiquaire, et son maître Revett, visitaient Athènes et donnaient, en 1762, le commencement de leur ouvrage sur *les Antiquités d'Athènes* [2]. A la même époque encore, Robert Wood, archéologue anglais, voulant voir les lieux dont il est question dans Homère, s'associait avec Dawkins et Bouverie; ils exploraient l'Archipel et les côtes d'Europe et d'Asie, visitaient Palmyre et Balbeck (Héliopolis), et faisaient paraître les *Ruines de Palmyre* en 1753 et les *Ruines de Balbeck* en 1757. Mais tous ces travaux n'étaient guère connus que des savants.

Un peu plus tard, en 1776, le comte de Choiseul-Gouffier, disciple de l'abbé Barthélemy, fit à son tour le voyage de Grèce et, rentré en France, commença en 1778 une publication illustrée de ses études en ce pays, sous le titre de *Voyage pittoresque de Grèce*. Le succès en fut énorme. Malheureusement Choiseul-Gouffier ne donna alors que douze

---

1. Francesco Milizia: *Vie des plus célèbres architectes anciens et modernes*, Rome, 1768, traduite en français par Pingeron, 1771. Milizia déclare que les Grecs seuls ont donné les règles pouvant conduire l'art à son véritable but qui est l'imitation de la belle nature. D'après ses *Principes de l'architecture civile*, il propose comme modèles les monuments de la Grèce, l'art romain n'étant qu'une copie pleine d'imperfections.

2. Stuart et Revett: *Antiquités d'Athènes*, 1er vol., 1762; 2e vol., 1790; le 3e en 1794 et le 4e en 1815. Traduit en français par Feuillet, 1808-15, 3 vol. in-fol.

cahiers ou le premier volume de son ouvrage (le deuxième ne parut qu'en 1809). En 1784, ayant été envoyé comme ambassadeur à Constantinople, il faisait mouler les bas-reliefs des ruines d'Athènes « exécutés ou conduits par Phidias ou ses élèves », lorsque la Révolution mit fin à sa mission. Puis l'abbé Barthélemy, érudit et antiquaire, numismate distingué et qui connaissait très bien les travaux de Wood, de Stuart et de Revett, publia en 1789, quoiqu'il n'eût jamais mis les pieds en Grèce, son fameux *Voyage d'Anacharsis*. Malgré les préoccupations du moment, la sensation produite par cet ouvrage fut immense. C'est à la suite d'une lecture qui en avait été faite chez elle que Mme Vigée-Lebrun donna le souper grec qui fit tant de bruit à cette époque. Quelques années après enfin eut lieu l'expédition d'Égypte.

De tout cela, il résulta qu'à la fin du siècle la Grèce redevint à la mode. De sorte que David, l'homme le moins fait pour comprendre les merveilleux artistes de ce pays, eut la prétention de faire un tableau tout à fait grec et exposa en 1800 *les Sabines* (sujet choisi avec à propos du reste) dans une des salles du Louvre.

Néanmoins on était encore loin de bien connaître la véritable Grèce, la Grèce artistique et archéologique. Lorsqu'en 1814, lord Elgin rapporta en Angleterre ses sculptures du Parthénon, on fut déconcerté par la sévère grandeur de l'œuvre de Phidias et la collection d'Elgin fut acquise, dit-on, juste pour ce qu'elle lui avait coûté, 35,000 guinées (875,000 francs). L'antiquaire officiel du Premier Empire, E.-Q. Visconti, homme d'une grande science et qui a rendu des services dans la détermination des antiques, fut appelé à prononcer sur la valeur de cette collection et reconnut dans les bas-reliefs *la Marche des Panathénées*. Il dut les défendre et déclarer « que si la sculpture a dû quelque nouvel agrément à Praxitèle, ç'a été plutôt dans les raffinements du style gracieux que dans ce qu'on doit appeler le beau style. Que peut-être il avait pu donner aux têtes des figures, particulièrement à celles des femmes, un air plus délicat et plus séduisant, mais que l'art statuaire avait touché à ses bornes au siècle de Périclès [1]. »

Malgré tout, on suivait cette fois la route qu'il fallait tenir, et si nous reconnaissons maintenant que le mouvement commencé vers 1750 a été peu fécond tout d'abord au point de vue de l'art, du moins pouvons-nous

1. Ennius Quirinus Visconti : *Mémoire sur les ouvrages de sculpture du Parthénon, etc.*, in-8°, Paris, 1818.

dire qu'une de ses conséquences, imprévue et lointaine, a été de conduire le xixᵉ siècle à la découverte du vrai trésor antique.

* * *

Ainsi la lutte entre les anciens et les modernes dure pendant tout le xviiiᵉ siècle. Vers la fin, le débat semble clos et tranché définitivement en faveur des anciens. Mais le triomphe de ceux-ci est éphémère.

Des hommes nouveaux vont entrer en scène et la bataille va reprendre avec plus de fureur que jamais. Chateaubriand d'une part, Gros (le Gros de Jaffa et d'Eylau) et Géricault de l'autre, puis les Romantiques et après eux les Réalistes vont livrer de victorieux assauts aux vieilles théories classiques. Une nouvelle esthétique même, celle du laid, va faire son apparition.

La querelle est loin d'être terminée : elle se continue sous nos yeux. D'un côté, les maîtres les plus éminents de l'enseignement déclarent que tout est vanité en dehors de la tradition antique ; de l'autre, les écrivains et les artistes proclament leur droit, et en usent, de puiser à des sources, sinon plus pures, au moins plus vives et plus fraîches. Faut-il croire que l'anarchie n'est qu'apparente et que les uns et les autres sont dans la vérité de leurs rôles ? Je ne sais. Pourtant, à voir ce que nous donne actuellement la foule des novateurs, on ne peut s'empêcher de penser que l'esprit français ne gagnerait rien, si même il ne risquait un naufrage complet, à cesser d'emprunter au moins sa clarté et sa méthode à la discipline des beaux génies de la Grèce et de Rome.

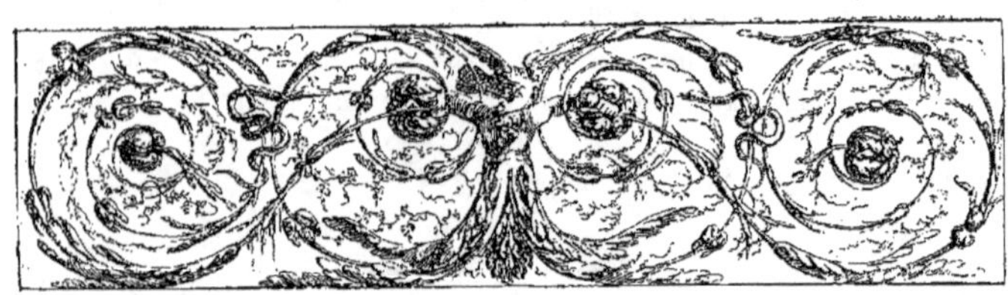

CHAPITRE II

L'art n'a pas pour fin l'expression étroite de la réalité. Quoi que fasse l'artiste, son œuvre reflète toujours le rêve de son âme ou l'esprit de son temps. Hubert Robert ne se piqua point d'être un rêveur, mais il sut, avec un grand talent, mettre l'esprit de son époque dans ses nombreux ouvrages. C'est pourquoi ses contemporains l'ont jugé supérieur à ceux qui avaient traité les mêmes sujets que lui, et ce jugement, nous l'avons confirmé.

On commençait à être en plein enthousiasme de l'antiquité romaine. lorsqu'au mois d'août 1765, Robert rentra à Paris, revenant d'Italie où il était resté onze ans. Il rapportait avec lui d'innombrables études de paysages et de monuments qu'il avait faites à Rome et dans toute l'Italie. Déjà connu des amateurs et des artistes par les dessins qu'il avait envoyés, il eut tout de suite la faveur du public. Il dut cette faveur à l'originalité de son talent et au goût de l'époque pour les ruines et les monuments romains. D'autres avaient traité et traitaient le même genre que lui, principalement l'Italien Jean-Paul Panini et le Français Pierre-Antoine de Machy, qui furent tous deux de l'Académie royale de peinture et de sculpture. Non seulement Robert se fit une place à côté de ces deux artistes, dont la réputation était établie, mais il arriva à les dépasser, et sut, comme dit l'expert Paillet[1], « donner à ses tableaux une physionomie si particulière, qu'on dirait qu'il est le créateur de son genre et qu'il a mérité par excellence le nom de peintre des ruines. » En

---

1. Alexandre Paillet, peintre et marchand de tableaux, ami d'Hubert Robert. Il a établi le catalogue des tableaux et objets d'art de ce dernier, dont la vente fut faite le 5 avril 1809. Paillet et J. B. Pierre Lebrun ont dirigé les ventes les plus importantes de la fin du siècle dernier et du commencement de celui-ci.

VUE DU TEMPLE HYPÈTHRE DE PÆSTUM

à 18 ou 20 lieues de Naples, situé sur le bord de la mer dans le golfe de Salerne.

Dessin d'après nature de Hubert Robert, peintre du Roi, gravé à l'eau-forte par Germain, terminé par Du Pin.

quoi il se distingue des deux peintres auxquels on le comparait de son
temps, c'est ce qu'il convient tout d'abord d'établir.

Robert avait été à Rome disciple de J.-P. Panini[1]. Celui-ci, qui
n'est plus guère connu que des amateurs, eut au siècle dernier une
grande notoriété et fut un des promoteurs du mouvement vers l'antiquité. Robert garda toujours de Panini un souvenir reconnaissant, et eut
pour son talent, ainsi qu'en témoigne Paillet, la plus grande estime;
mais le maître et l'élève ont des qualités toutes différentes.

Dans son *Voyage d'Italie*, Cochin remarque, en parlant des tableaux
du Panini, que « la gradation de lumière n'y est pas toujours conduite
de manière à faire beaucoup d'effet. » Il faut faire à ces tableaux un
reproche plus grave : ils ne sont généralement composés ni comme
lignes, ni comme effets de lumière; on pourrait les diviser en deux ou
trois morceaux dont chacun ferait tableau aussi bien que le tout. Ces
défauts sont très apparents dans les toiles que possède le Louvre,
notamment dans l'*Intérieur de Saint-Pierre* et les *Ruines d'architecture*
de la Grande-Galerie, ainsi que dans les petites toiles de la salle Lacaze;
une autre faute que fait Panini, conséquence de la précédente, c'est
d'éclairer avec la même intensité de lumière, de haut en bas, un mur de
front à peine au deuxième plan du tableau.

A côté de ces défectuosités, Panini a de belles qualités : sa pâte est
solide et son ton de couleur agréable, quoique les ombres soient quelquefois un peu rougeâtres, et ses morceaux sont finis, ce qui lui aurait
mérité l'approbation de Diderot. Il dessine bien ses figures et les groupe
très adroitement; dans ses dessins particulièrement, ses petits groupes
sont souvent d'un effet très pittoresque. Sa perspective est juste et bien
disposée dans le cadre, chose moins commune qu'on ne le croit dans un
dessin d'architecture. De Machy, par exemple, n'est pas toujours sur
ce point à l'abri de tout reproche. Cochin fils, dans son *Bal Masqué*, met
la ligne d'horizon beaucoup trop bas; il ne la place même pas au tiers

1. Jean Paul Panini (Plaisance 1695, Rome 1768), fut agréé et reçu le même
jour à l'Académie de Peinture de Paris : « 28 juin 1732. Agrément et réception de
Panini peintre. — M. de Largillière, recteur, a présenté à la Compagnie plusieurs
ouvrages du signor Jean Paul Panini, peintre italien, lequel désire être de l'Académie. L'Académie a agréé tout d'une voix sa présentation, et tout de suite, par une
considération particulière pour son mérite, on a tiré aux fèves pour le recevoir. Lui
ayant toutes été favorables, l'Académie l'a reçu. » (Procès-verbaux de l'Académie.)
Le Louvre possède sept à huit toiles de Panini et quelques dessins.

VUE INTÉRIEURE DE TEMPLE PÉRIPTÈRE HYPÊTHRE DE PÆSTUM.

Dessinée d'après nature par Hubert Robert, peintre du Roi, gravée à l'eau-forte par Germain, terminée par Du Pin.

de la hauteur (comme le voulaient, on ne sait pourquoi, les anciens maîtres), ce qui rend la composition disgracieuse. Cette tendance à abaisser la ligne d'horizon était alors un peu générale ; nos peintres contemporains auraient plutôt le défaut contraire.

De Machy[1], très estimé de son temps, fut un bon peintre de paysage dans le genre de l'architecture. Il a fait surtout des vues des monuments de Paris et des environs, notamment la colonnade du Louvre, qu'on lui reprochait de reproduire trop souvent. Il prend quelquefois son point de vue trop près de l'objet, ce qui lui donne des effets de lignes désagréables à l'œil. Si le peintre, par la nature des lieux, est forcé de se rapprocher outre mesure de son objet, il doit pouvoir rétablir sa perspective d'un point de vue plus éloigné ; c'est ce que de Machy ne fait pas toujours, quoiqu'il ait été professeur de perspective à l'Académie ; c'est ce que savaient faire Panini et Robert. Au siècle dernier, les critiques des salons, non les plus compétents, il est vrai, opposaient de Machy à Robert. Je crois que nous n'avons plus actuellement les mêmes hésitations que ces critiques : de Machy n'a eu ni la fécondité ni l'envergure de Robert.

Les dessins et les tableaux de celui-ci sont toujours très habilement composés ; l'arrangement des lignes est facile et la lumière est distribuée avec science. A cet égard, Robert est bien du temps où, dans notre pays, on ne se croyait artiste que quand on savait faire un tableau. Diderot admire quelque part la facilité avec laquelle il peignait, à propos d'une toile brossée en une demi-journée et très bien réussie ; notre artiste n'était pas le seul dans ce cas ; on sait avec quoi son ami Fragonard se vantait de pouvoir peindre, et ce n'était peut-être pas de la part de ce dernier une gasconnade ; mais ce qu'il faut bien savoir et ce qu'on ne saurait trop répéter, c'est que les artistes de ce temps n'arrivaient à posséder cette habileté, cette aisance qui nous étonnent, qu'après de longues années d'un labeur obstiné. En particulier, pendant les onze ans que Robert demeura en Italie, il mit à ses études tant d'ardeur et de persévérance que sa santé fut altérée à plusieurs reprises, comme on le verra par les lettres de son directeur Natoire.

1. Pierre Antoine de Machy (Paris, 1722-1807), reçu à l'Académie, le 30 septembre 1758, sur un tableau représentant des ruines d'architecture. Conseiller à l'Académie en 1775 ; professeur de perspective en 1786. Il fut élève de Servandoni, élève lui-même de Panini.

VUE DES DÉBRIS DES BAINS DE NÉRON SUR LES BORDS DE LA MER,

entre Baies et Pouzzoles, à 6 milles de Naples. — Dessin de Hubert Robert, gravé par Adélaïde Allou.

Ces qualités de composition ne sont pas les seules de Robert, ni même les plus remarquables. Personne au début n'a mieux que Diderot caractérisé son talent : « Machy, dit-il, n'est qu'un bon peintre, Robert en est un excellent. Toutes les ruines de Machy sont modernes. Celles de Robert, à travers leurs débris jonchés par le temps, conservent un caractère de magnificence et de grandeur qui m'en impose... Je vois Machy, la règle à la main, tirant les cannelures de ses colonnes. Robert a jeté tous ces instruments-là par la fenêtre et n'a gardé que son pinceau (Salon de 1767). » Robert est tout entier dans ce dernier trait. Oui, c'est précisément parce qu'il ne conserve ni règle, ni instrument de précision que son dessin a cette hardiesse, ce pittoresque qui nous séduisent ; le peintre évite ainsi la sécheresse, la raideur propres au dessin d'architecture. Voilà aussi pourquoi ses dessins d'abord, ses petits tableaux ensuite nous plaisent mieux que les grands qui ont d'ailleurs d'autres mérites ; il y déploie plus librement ses qualités. Mariette, avec son goût de fin connaisseur, le sentait bien : « Ce que j'ai vu jusqu'à présent de ses tableaux, dit-il de Robert, est fort inférieur à ses dessins, dans lesquels il met beaucoup d'esprit. Chacun lui en demande, surtout de ceux qu'il fait légèrement colorés (abécédario). » Il est vrai que Mariette, un peu plus loin, exprime des craintes au sujet de la trop grande facilité de Robert, mais Mariette n'a vu que les débuts de ce dernier, et cette facilité même, quoiqu'elle soit parfois trop apparente, fut, je crois, un des éléments de la fortune de notre peintre.

Ce qu'on peut lui reprocher avec plus de raison peut-être, ce sont ses figures. Il les fait, en général, trop sommairement et ne les place ni ne les groupe d'une façon très judicieuse ; elles ne contribuent pas assez à l'ensemble de la composition. C'est là le point faible des tableaux de Robert. Diderot et les autres critiques du temps ne se sont pas fait faute de le lui répéter, tout en rendant justice d'ailleurs à ses grandes qualités. Diderot, en particulier, qui le place très haut parmi ses confrères, lui fait un autre reproche auquel on ne peut s'associer : « Monsieur Robert, soignez vos figures. Faites-en moins et faites-les mieux. Surtout étudiez l'esprit de ce genre de figures, car elles en ont un qui leur est propre. Une figure de ruines n'est pas la figure d'un autre site. » Et ailleurs : « Puisque vous vous êtes voué à la peinture des ruines, sachez que ce genre a sa poétique. Vous l'ignorez absolument... Ne sentez-vous pas qu'il y a trop de figures ici... Il n'en faut réserver que celles qui ajoute-

MONUMENTS DE PARIS,

d'après le tableau de Hubert Robert, gravé par Régine Carrey.

ront à la solitude et au silence. Un seul homme qui aurait erré dans ces
ténèbres, les bras croisés sur sa poitrine et la tête penchée, m'aurait
affecté bien davantage... Monsieur Robert, vous ne savez pas pourquoi
les ruines font tant de plaisir, je vais vous en dire ce qui m'en viendra
sur-le-champ... Tout s'anéantit, tout périt, tout passe... Il n'y a que le
temps qui dure... Qu'il est vieux ce monde ! Je marche entre deux éter-
nités... Qu'est-ce que mon existence en comparaison de ce rocher qui
s'affaisse ?... »

Le monde qui passe... le néant... la mélancolie des ruines, l'éternité
de la nature... ajoutez à cela le bonheur des champs, la vertu de l'homme
du peuple, et voilà tout le bagage sentimental de cette moitié de siècle,
qui mettra des ruines, des tombeaux et des maximes de morale dans les
jardins. On croit toujours énoncer des vérités éternelles, et on n'exprime
jamais que les idées de son temps. Je pense que Robert a été bien inspiré
en ne suivant pas le conseil de Diderot; un homme errant dans les
ruines, les bras croisés et la tête penchée sur sa poitrine, écrasé par le
néant des choses, cela nous paraîtrait aujourd'hui bien vieillot; puis il
aurait fallu à Robert trop d'hommes errants, la tête penchée, pour toutes
ses ruines.

La philosophie du joyeux artiste était moins solennelle. Il était Parisien dans le vrai sens du mot, et le vrai Parisien a toujours eu cette sorte
d'instinct de la mesure qui avertit du voisinage, non pas toujours d'une
sottise, mais d'un ridicule. Il avait aussi cette autre qualité, ou ce défaut
si l'on veut, du vrai Parisien, qu'on appelle l'esprit, même celui que nous
nommons aujourd'hui l'esprit du boulevard. Il exprimait donc à sa
façon, et non comme le voulait Diderot, l'action du temps sur les
œuvres de l'homme. Ainsi, dans le portique de Marc-Aurèle, au bras
droit de la statue [1], levé en signe de commandement, est fixée une corde
supportant du linge qui sèche (1782); un temple circulaire jadis dédié à

---

1. Cette statue de Marc-Aurèle et l'Apollon du Belvédère reviennent souvent
dans les compositions de Robert. Vers le milieu du siècle dernier, avant le triomphe
de l'antiquité, on discutait volontiers sur la statue de Marc-Aurèle, l'Apollon, le
Laocoon, les Filles de Niobé. On ne saura jamais quels flots d'encre ces ouvrages
ont fait couler. Le Laocoon était généralement proclamé un chef-d'œuvre, quoique
pas toujours. L'Apollon était pour les uns une merveille, pour les autres un navet
ratissé. Quelques-uns trouvaient que la statue de Marc-Aurèle était parfaite; ce
n'était pas l'avis de Falconnet. Robert avait dans son cabinet de bonnes reproduc-
tions du Laocoon et du Marc-Aurèle.

Vénus est devenu un colombier (1788). Avec ce même esprit parisien, il montre ailleurs un prédicateur (italien) qui, ayant endormi son auditoire,

Gravure tirée des *Soirées de Rome dédiées à M. Le Comte, des Académies de S. Luc de Rome, des Sciences et Arts de Bologne, Florence,* etc.
Suite de dix planches, dessinées et gravées par Hubert Robert, pensionnaire du Roi de France, à Rome.

en profite pour manger des cerises, ou bien deux jeunes filles qui escamotent les fleurs de l'ermite du Colisée pendant que celui-ci est en prière, etc.

* *

Ce ne sont assurément pas les ouvrages de ce genre, peu nombreux du reste, qui ont fait la célébrité de Robert. Je doute même que ses dessins coloriés et ses petits tableaux, pour si hardiment jetés et si spirituels qu'ils soient, aient suffi à lui acquérir la renommée universelle qu'il avait de son temps et la faveur dont il jouit auprès des amateurs du nôtre. Il se disait paysagiste, la vérité est qu'il a été surtout un décorateur. A certains reproches que lui fait Diderot, on voit que le critique n'a pas soupçonné cette nouvelle face du talent de l'artiste. Ingres, ici, jugeait mieux que Diderot : « Robert avait du talent, disait Ingres, mais ce n'était qu'un décorateur. » Le mot est très juste (à part la négation restrictive, car n'est pas décorateur qui veut), et Robert a été si bien un décorateur que depuis la mort de Boucher jusqu'à la Révolution, il a été le décorateur le plus en vogue du siècle dernier. Lui et Fragonard sont même les derniers représentants de cette brillante école qui a jeté un si vif éclat sur l'art de notre pays ; quelques années plus tard, le sens de la décoration sera à peu près perdu en France.

Robert avait précisément tout ce qu'il fallait pour réussir dans la décoration. Il arrivait de Rome à un moment où l'on était engoué des antiquités romaines, où l'on mettait des ruines dans les jardins, et il faisait surtout des ruines romaines ; son genre répondait donc au goût du public. On sait aussi avec quelle facilité il composait et peignait. Cette facilité, qui pouvait lui nuire en d'autres parties, lui était dans celle-ci d'un grand secours ; elle est absolument indispensable au décorateur. Robert savait, avec les mêmes motifs, varier à l'infini ses compositions. Les antiquités du Languedoc, par exemple, la Maison carrée, les Arènes, etc., il les met dans un même tableau ; il les sépare en quatre tableaux différents pour Fontainebleau, et les refait une troisième fois et toujours la composition change, il fait chaque fois un tableau nouveau en variant les détails. De même pour les monuments de Rome, dont il a peint les principaux une infinité de fois, en des compositions toujours nouvelles. Les critiques du temps prétendent même que la trop grande facilité avec laquelle le peintre travaillait l'empêchait de finir ses tableaux ; c'est le reproche qui revient constamment sous la plume de Diderot. Il y a peut-être là un peu d'exagération ; il n'est pas toujours facile d'ailleurs de s'entendre sur le sens du mot finir. Robert finissait à sa façon, et comme le dit *la Prêtresse* au Salon de 1779 : « C'est le trait de la forme

Gravure tirée des *Soirées de Rome dédiées à M. Le Comte, des Académies de S. Luc de Rome, des Sciences et Arts de Bologne, Florence*, etc.
Suite de dix planches dessinées et gravées par Hubert Robert, pensionnaire du Roi de France, à Rome.

et la vérité du ton qui font le fini et non la couleur posée d'une manière froide et bien polie. »

La couleur de Robert a aussi contribué à son succès comme décorateur. Elle a été généralement louée. Mariette cependant fait quelques restrictions : « Ses tons sont assez argentins, dit-il, mais il est un peu trop indécis dans sa couleur. » J'avoue ne pas bien saisir le sens de cette dernière phrase, sinon que Robert n'avait pas de parti pris et cherchait ses tons suivant les sujets. La vérité est qu'on trouve de temps à autre, dans sa couleur, quelques réminiscences de Panini et aussi des tons rougeâtres qui étaient ceux de plusieurs peintres de son temps; mais généralement il se tient dans des tons gris argentins d'une grande finesse et qui sont bien à lui. Ce n'étaient pas d'ailleurs les seuls qu'il eût à sa disposition. Il savait voir la nature et on loue dans ses petits paysages de Provence, du Salon de 1785, qu'il fit pour l'évêque de Narbonne, la justesse des tons et la vérité des détails. Diderot lui reproche quelque part la crudité de ses verts et la lourdeur de son feuillage, on peut voir de lui pourtant de très jolis verts et des feuillages légers, par exemple dans un petit paysage du Louvre et dans une *allée de Marly* que possède M. Groult. Boucher, le grand maître de la décoration, avait des colorations particulières appropriées à ce genre, et savait aussi mettre le ton juste lorsqu'il faisait un paysage d'après nature. Robert agissait de la même façon ; cependant la couleur argentine était celle qu'il préférait, et il l'employait volontiers dans ses panneaux décoratifs; elle s'harmonisait là très heureusement avec les tons clairs qu'on aimait alors dans l'ornementation des appartements; les lignes mêmes de ses fabriques étaient dans le goût des lignes droites qui commençaient à dominer dans l'ameublement du temps, et ainsi l'ensemble décoratif avait une unité qui lui donnait grand air, et en tout cas était plus artistique que notre bric-à-brac actuel. Il faut dire que la décoration était alors considérée comme une chose importante; les grands seigneurs, au goût affiné par l'hérédité et le milieu, ne dédaignaient point de s'en occuper; nombre d'entre eux étaient capables de donner d'utiles indications à l'artiste et c'est sans doute une des raisons pour lesquelles, pendant près d'un siècle, notre pays a eu une école décorative incomparable.

Un reproche que j'ai entendu faire aux grands tableaux de Robert, lesquels sont le plus souvent des panneaux décoratifs, ou des tableaux de place, comme on disait alors, est qu'ils donnent l'impression du papier peint; cela est un peu vrai. Diderot reproche au peintre, à un certain moment, de faire de la peinture qui ressemble à de la détrempe. Ce défaut tient, je crois, à ce que Robert faisant très vite et beaucoup de

chic, surtout à l'époque où il avait la vogue, empâtait peu ; ses petites
études, plus empâtées, n'ont pas cet aspect; du reste, je pense que

Gravure tirée des *Soirées de Rome dédiées à M. Le Comte, des Académies de S. Luc
de Rome, des Sciences et Arts de Bologne, Florence*, etc.
Suite de dix planches dessinées et gravées par Hubert Robert, pensionnaire du Roi de France,
à Rome.

pour bien juger sur ce point, il faudrait voir les tableaux à leur place
primitive, dans l'ensemble décoratif dont ils faisaient partie.

Quoi qu'il en soit, Robert a exécuté une quantité prodigieuse de

ces tableaux de place. Il en a fait pour les maisons royales, Saint-
Cloud, Fontainebleau ; il en a fait surtout pour les hôtels particuliers ;
malheureusement, comme ces panneaux étaient sur toile, ils ont pu être
déplacés, et après tant de bouleversements, il est fort difficile de retrouver leur destination originelle. Ceux pour lesquels il serait possible de le
faire sont, je crois, peu nombreux ; je citerai par exemple quatre panneaux
faits pour le duc de Luynes et qui sont actuellement dans un hôtel du
boulevard Saint-Germain ; quatre provenant d'un hôtel de la rue des
Petites-Écuries et qui sont au château de Boisbaudran ; quatre autres
qui étaient dans un hôtel de la rue de Turenne, et se trouvent actuellement à l'avenue d'Iéna ; ceux du château de Méréville ; les six qui étaient
à l'ancien hôtel Beaumarchais (démoli en 1818 pour l'ouverture du
Canal Saint-Martin), acquis en 1852 pour l'Hôtel-de-Ville et dont quatre
ont été brûlés en 1871. Les feuilles du temps en indiquent quelques
autres. Il y en avait six dans la salle de bain du château de Bagatelle au
comte d'Artois ; quatre au château de Champlâtreux près de Luzarches,
appartenant à la famille Molé. A l'hôtel de Nivernois, rue de Tournon,
on en voyait trois dans la salle de billard (exposés au Salon de 1775),
et d'autres dans les entrecolonnements de la salle à manger.

Robert d'ailleurs ne fut pas seulement un habile peintre. Il a eu un
autre talent qui montre bien que chez lui le décorateur dominait. Sous
l'influence des idées de Rousseau et des modes anglaises, on avait abandonné, dans l'art des jardins, le vieux genre de Le Nôtre et on s'était mis
à créer des jardins anglo-chinois ; les anciens parcs mêmes furent arran-
gés dans le nouveau goût ; ce fut une fureur à partir de 1770 environ
(voir le chapitre des jardins). Afin de mieux imiter la nature, on mettait
de tout dans ces jardins : rochers, cascades, ruines, fermes, laiteries, jusqu'à des tombeaux.

Ami des nouveautés, notre peintre se mit à composer et à dessiner
des jardins dans le genre en vogue ; il y réussit admirablement, et y
acquit même une sorte de célébrité ; si bien qu'il s'en faut de peu que
Delille ne considère comme un trait de génie son idée du rocher des
Bains d'Apollon à Versailles. Le dessinateur de jardins ne portait d'ailleurs aucun préjudice au décorateur ; l'un ouvrait plutôt la voie à l'autre,
car il était rare que la transformation du jardin n'amenât pas un rajeu-
nissement des décors du château.

On voit qu'Hubert Robert fut autre chose qu'un simple paysagiste comme de Machy. La diversité de ses talents explique pourquoi il fut si recherché et pourquoi il tint une place si honorable dans l'art de son temps. Il faut ajouter qu'on aima en lui l'homme autant que l'artiste. Entre autres dons, il avait reçu celui d'être éminemment sympathique, et nul ne fut plus répandu dans le monde de grands seigneurs et de financiers, qui formait la clientèle des artistes de ce temps.

On a des documents suffisants pour esquisser de lui un portrait à peu près ressemblant. Sa taille était au-dessus de la moyenne; son signalement de Sainte-Pélagie porte cinq pieds trois pouces, celui de Saint-Lazare cinq pieds quatre pouces. Sa figure était agréable, sans rien d'arabe cependant, n'en déplaise à M. Charles Blanc. Dans sa jeunesse, il fut bel homme; sur la fin de sa vie, il devint fort gros et grêlé; chose curieuse, il s'est toujours représenté ou fait représenter de trois quarts ou de profil, vu du côté droit. D'un tempérament robuste, Robert excellait dans les exercices du corps, et, comme tous ceux qui sont habiles à ces exercices, ne détestait pas les entreprises relevées d'une pointe d'aventure. Il avait reçu au collège de Navarre une instruction solide, ce qui n'était pas le cas de la majorité de ses confrères; en Italie, dans ses moments de loisir, il traduisait Virgile avec le bailly de Breteuil. Il eut la réputation d'un homme d'esprit, se montra causeur des plus brillants, sans ombre de prétention; mais surtout eut toujours, même en prison, une gaieté inaltérable qui fit de lui le compagnon le plus aimable du monde; il était ordinairement le boute-en-train des réunions où il se trouvait. Ses protecteurs, et il en eut toujours et partout, devinrent ses amis; lui-même se montra bon et serviable, vivant en excellents termes avec ses confrères, et ne dédaignant pas le jeu de mots lorsqu'il les recevait dans sa maison d'Auteuil. Il fut adoré de sa femme, et la vie, en un mot, lui fut douce, mais aussi il fit tout pour qu'elle fût ainsi. Dans le cours de sa longue carrière, il ne rencontra qu'une inimitié, celle de Louis David, et cela même, je crois, est encore à sa louange.

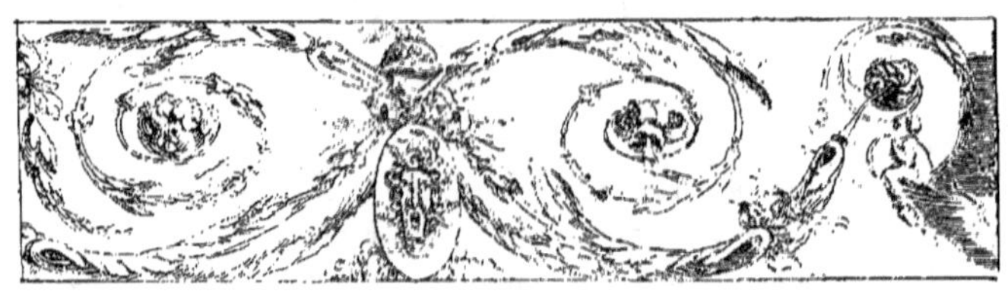

CHAPITRE III

Hubert Robert naquit à Paris le 22 mai 1733 et fut baptisé à Saint-Sulpice le lendemain. Son acte de baptême était inscrit dans les anciens registres du Châtelet conservés à l'Hôtel de Ville, lesquels, comme on le sait, ont été détruits dans l'incendie de 1871. Un hasard seul pourrait donc faire retrouver une copie de cet acte.

La date de naissance de notre peintre est néanmoins certaine. Vigée, frère de Mme Vigée-Lebrun, la donne dans une notice sur Hubert publiée en 1808, à la mort de celui-ci, à la fois dans le *Mercure* et dans le *Magasin Encyclopédique*. Jal[1], dont le témoignage est plus sérieux que celui de Vigée, a pu voir l'acte de baptême en question. Voici ce qu'il dit dans son dictionnaire à ce sujet : « Le marquis de Stainville qui, depuis l'année 1726 jusqu'en 1737, fut auprès du roi de France envoyé extraordinaire du duc de Lorraine, avait en 1732 pour valet de chambre un Nicolas Robert, époux de Jeanne-Catherine-Charlotte Tibault. Le 22 mai 1733 vint à Nicolas un fils qui, le lendemain, fut baptisé à Saint-Sulpice sous le nom d'Hubert, ayant pour répondants : M. Hubert de Vendières chargé des affaires du duc de Lorraine et Mme Louise de la Lane, épouse de François Robert, secrétaire de la légation de Son Altesse. Nicolas Robert n'assista point au baptême de son fils, absent, sans doute, pour le service de son maître. L'acte se termine par ces mots : le père absent. » Cette date du 22 mai 1733 est d'ailleurs indiquée sur la pierre funéraire de Robert au cimetière d'Auteuil ; on la retrouve aussi dans quelques pièces officielles.

Lorsqu'on classa à l'Hôtel de Ville les actes d'état civil contenus dans

1. A. Jal : *Dictionnaire critique de biographie et d'histoire.*

VUE DU TOMBEAU DE VIRGILE,

situé au-dessus de l'entrée de la grotte du Pausilippe, à 2 milles de Naples.

Dessin de Hubert Robert, gravé par Adélaïde Allou, 1771.

les anciens registres du Châtelet, des fiches furent établies pour la confection des tables; le classement terminé, ces fiches furent reléguées dans un des dépôts de la ville pour y être détruites et, par hasard, furent oubliées là. Après l'incendie de 1871, on fut très heureux de les y retrouver, et depuis on les conserve soigneusement aux archives de la Préfecture de la Seine. Ces fiches ne donnent guère que des noms et des dates; elles sont encore précieuses néanmoins. Celle du baptême d'Hubert ne s'y trouve pas; mais l'une d'elle donne la date du mariage de son père, Nicolas Robert; cette dernière porte :

2 septembre 1732. — Saint-Sulpice.

ROBERT NICOLAS. — TIBAULT JEANNE-CATHERINE-CHARLOTTE.

Nicolas Robert et sa femme étaient, à ce qu'il semble, de bonnes familles de petite bourgeoisie, de ces familles qui sont dans l'aisance, mettent leur orgueil dans leur petit bien, et ont pour principal souci d'augmenter leur avoir. Il ne faut pas attacher au mot de valet de chambre l'idée de dépendance étroite qu'il éveille aujourd'hui. Nicolas Robert était simplement un des officiers du marquis de Stainville. Ce François-Robert, « secrétaire de la légation de Son Altesse », et parrain d'Hubert, est probablement l'un des deux François qu'on voit figurer plus tard au contrat de mariage du peintre[1] et qui sont l'un frère, l'autre cousin germain de Nicolas. Un membre de l'autre famille, Isaac-François Tergat, beau-frère de la mère d'Hubert, figure aussi à ce contrat avec la qualification de « chef de gobelet de feue Madame la Dauphine. » C'étaient là des charges d'une certaine importance sous l'ancienne royauté, et qui indiquent que les deux familles n'étaient pas les premières venues dans la petite bourgeoisie. Ces braves gens font du reste sonner fièrement leur titre de bourgeois de Paris.

Le testament de Nicolas Robert, bourgeois de Paris, nous est parvenu. Cette pièce, du 23 juin 1779, est intéressante pour nous à plusieurs égards. Elle montre d'abord que Nicolas Robert eut deux enfants: Hubert, qui était l'aîné (ce qui se voit d'autre part par la comparaison de la date de sa naissance avec celle du mariage de ses parents), et un autre nommé Nicolas-François. Ce dernier est donné comme résidant aux

1. La minute du contrat de mariage d'Hubert Robert est conservée dans l'étude de maître Tansard, notaire, rue Turbigo.

FRONTISPICE

des « *Différentes vues dessinées d'après nature par Mrs (sic) Robert et Fragonard, peintres du Roy, dans les environs de Rome et de Naples.* »
Gravure d'après Hubert Robert, exécutée en 1771 par Adélaïde Allou.

Molles-Saint-Nicolas, île Saint-Domingue. Les dispositions de ce testament montrent aussi que Nicolas Robert était un esprit très positif et très pratique, n'admettant guère la fantaisie dans la conduite de la vie, et n'entendant pas par conséquent que son petit avoir fût gaspillé après sa mort. Le fils cadet était probablement parti à Saint-Domingue après quelque fredaine de jeunesse, car Nicolas ne lui laisse sa part de succession que moyennant un certain nombre de restrictions. On n'entend plus parler de ce fils dans la suite. Quant au fils aîné, son père put lui donner, en le mariant, une petite dot s'élevant à près de quatre mille livres; avec les deux mille livres que reçut Anne-Gabrielle Soos, cette dot constituait au jeune ménage un petit capital qui, aujourd'hui, vaudrait plus du triple.

Hubert, quoique artiste, eut bien quelque chose du caractère paternel. Tout en fréquentant beaucoup le monde (d'après Diderot, sa femme était une élégante et lui-même, dans les premiers temps du mariage, voulait gagner ses dix louis tous les matins pour suffire aux dépenses), il sut très bien s'y pousser et y faire ses affaires, et nous verrons qu'il sut aussi augmenter notablement le petit bien que lui laissèrent ses parents.

De l'enfance et de la jeunesse d'Hubert Robert, on ne sait guère que ce qu'en a raconté Vigée dans ses notices du *Magasin Encyclopédique* et du *Mercure*. Nicolas Robert, conformément à ses principes, fit entrer son fils au collège de Navarre, afin de le mettre en état de se faire une position sérieuse: il le destinait à l'état ecclésiastique. Le jeune homme fit de bonnes études; mais en feuilletant ses cahiers, on y aurait trouvé autant de dessins que de devoirs.

« Il racontait plus tard, dit Vigée, qu'un de ses professeurs, l'abbé Batteux, s'étant aperçu, un jour pendant la classe, qu'il essayait de cacher un papier, le lui demanda, vit un dessin, le garda, et plusieurs années après, lorsqu'il eut été reçu à l'Académie de peinture, l'étonna beaucoup en lui présentant ce même dessin, qui annonçait les plus heureuses dispositions. » Paillet rapporte le même fait avec quelques variantes. Le dessin était fait au revers d'une composition grecque qui avait valu un prix à Hubert Robert. L'abbé Batteux envoya le dessin à l'auteur le jour de sa réception à l'Académie, en lui rappelant « qu'il avait dès lors annoncé qu'il serait un jour artiste aussi distingué que bon littérateur. » Enfin Charles Blanc, qui comme on sait embellit volontiers, a trouvé, je ne sais où, que le dessin était un mousquetaire.

Lorsqu'un homme acquiert quelque célébrité, on découvre toujours après coup qu'un de ses professeurs a prédit son brillant avenir ; on voit que cette sorte de prophétie classique n'a pas manqué à Robert.

Mais le métier de peintre ne disait rien qui vaille à Nicolas Robert.

PORTRAIT DE J. M. MOREAU LE JEUNE.
Dessin de C. N. Cochin.

Les études d'Hubert terminées, on voulut le faire entrer dans les ordres. Il y entra même, semble-t-il, à l'âge de dix-sept ans. Toutefois ce ne fut pas sans résistance de sa part, et son obstination finit par avoir raison de l'opposition de ses parents. Selon Mariette[1], il put enfin obtenir de fréquenter l'atelier d'un sculpteur alors célèbre, Michel René dit Michel

1. Archives de l'art français : Abécédario.

Ange Slodtz, lequel aurait fini par décider les parents du jeune homme à laisser celui-ci suivre sa vocation.

Prit-il part à cette époque, c'est-à-dire dans les années 1752 et 1753, aux expositions dites de la *Jeunesse* ? Cela est probable, mais nous n'en savons rien. Les documents sur ces expositions de débutants sont peu nombreux et font entièrement défaut de 1734 à 1761, intervalle comprenant les années où Robert eût pu y participer.

On sait comment se faisaient ces expositions. Elles se tenaient le jour de la Fête-Dieu, à l'angle nord de la place Dauphine et sur le Pont-Neuf (la place Dauphine avait alors la forme d'un triangle dont l'angle nord s'ouvrait sur le Pont-Neuf), sur le parcours de la procession Saint-Barthélemy. Elles étaient subordonnées à l'état de l'atmosphère, duraient, quand il y avait lieu, depuis six heures du matin jusqu'à midi. Les objets d'art étaient appendus aux tentures et tapisseries exigées par la police sur le passage du Saint-Sacrement. Quand il pleuvait le jour de la Fête-Dieu, l'exposition était renvoyée à l'octave, et s'il pleuvait encore ce jour-là, à l'année suivante. La foule devant les œuvres était compacte ; le temps pour juger insuffisant ; les auteurs encore inconnus ; on n'en trouve donc que quelques rares comptes rendus dans les journaux de l'époque[1].

« C'est un tableau intéressant, dit encore l'auteur d'une lettre au *Panthéon littéraire* sur la dernière de ces expositions en 1788, que de voir, le jour de l'octave de la Fête-Dieu, sur les neuf heures du matin, une foule de jeunes artistes s'assembler sur cette place... Les Académiciens sont à des croisées au-dessus des tapisseries et leur présence pique l'émulation des jeunes gens... »

Pour être faites un peu à la diable, ces expositions n'en avaient donc pas moins une certaine importance. Il ne faut pas oublier qu'alors on ne pouvait être maître peintre qu'à la condition d'appartenir à l'une des corporations reconnues, sans quoi celles-ci faisaient saisir les œuvres du délinquant ; que de plus les membres de l'Académie Royale avaient seuls le droit de faire une exposition publique bisannuelle de leurs œuvres[2]. Avant donc d'être réclamés, soit par la Maîtrise de Saint-Luc, soit par l'Académie Royale, les jeunes artistes profitaient volontiers de la seule

1. E. Bellier de la Chavignerie : *Revue universelle des arts*, année 1864.

2. Cependant, à force de protection, l'Académie de Saint-Luc parvint à faire dans le courant du siècle sept expositions.

occasion qu'ils eussent de se faire connaître du public. Plusieurs des
peintres célèbres du siècle dernier ont, dans leur jeunesse, pris part à
ces expositions. On y voit passer, par exemple, Jean-Baptiste Oudry,
Rigault, François Lemoyne, Moreau le jeune, Restout le père, Tocqué,
Lancret, Lantara, Lebrun le marchand de tableaux, Demarne, Desrais, etc.
C'est aussi là que Chardin se fit connaître.

Il ne serait donc pas impossible que Robert y eût participé, ne fût-ce
que pour prouver sa vocation à ses parents ; mais encore une fois nous
ne savons rien sur ce point.

Michel Ange Slodtz, le premier maître du jeune peintre, avait fait un
long séjour en Italie, où selon toute apparence il avait connu le Panini.
Ce fut lui probablement qui donna à son élève l'idée d'aller étudier à
Rome, et si, comme le dit Paillet, le goût de Robert était déjà formé,
ce dut être encore Slodtz qui le recommanda à Panini. Quoi qu'il en
soit, Robert partit pour Rome en l'année 1754.

CHAPITRE IV [1]

Hubert en Italie. — L'Académie de France à Rome.

Hubert Robert, ayant atteint sa majorité, put mettre à exécution son projet d'aller étudier à Rome. Il fit, à 21 ans, ce voyage d'Italie que plusieurs avaient déjà fait et que tant d'autres allaient faire après lui. Il allait enfin voir par lui-même les chefs-d'œuvre de ce pays dont on recommençait à tant parler, les monuments de cette ville merveilleuse vers laquelle se tournaient les yeux de tous les artistes.

« Il passa à Rome, dit Mariette [2], en 1753, avec M. de Stainville, notre ambassadeur. » Mariette ne pouvait guère se tromper sur le fait ; il commet, sur la date, une petite erreur qui n'a d'importance que pour nous. M. de Stainville, qui fut plus tard le fameux duc de Choiseul, nommé ambassadeur à Rome, n'arriva dans cette ville qu'à la fin de 1754. Il succédait au duc de Nivernois, en congé et absent de Rome en 1753. Entre autres témoignages, les lettres suivantes de Natoire, alors directeur de l'école française de Rome, le prouvent :

De *Natoire* au marquis de *Vandières,* directeur des Bâtiments :

26 décembre 1753. — ..... Nous apprenons que le duc de Nivernois ne reviendra plus à Rome.....

15 octobre 1754. — ..... Le secrétaire de notre nouvel ambassadeur vient d'arriver hier.....

1. M. Lecoy de la Marche, dans son ouvrage *l'Académie de France à Rome,* in-8°, 1874, a donné une série de lettres des directeurs de cette académie aux directeurs des Bâtiments. Mais la plupart de celles de ce chapitre sont inédites. Elles font partie de la correspondance des directeurs de l'École de Rome, Archives nationales, O¹ 1940-41.

2. Abécédario.

PORTRAIT DU MARQUIS DE MARIGNY.
Dessin de C. N. Cochin le fils.

6 novembre 1754. — ..... Mons l'ambassadeur est arrivé à Rome lundy au soir 4*me* du courant environ a dix heures. Personne ne l'a su que M*r* de Canillac. J'ai eu l'honneur de l'aller saluer hier matin, il m'a reçu avec beaucoup de bonté et j'ai été bien charmé d'apprendre de vos nouvelles et de luy entendre dire que vous êtes contems de mon petit service.*

Hubert Robert arriva donc à Rome le 4 novembre 1754. Il ne devait quitter l'Italie qu'en août 1765, après un séjour de près de onze ans. De ce qu'il attendit sa majorité pour s'éloigner de Paris, on peut conclure que sa famille n'avait pas complètement désarmé, et que par suite les ressources du jeune homme devaient être modestes.

Aussi, chercha-t-il immédiatement à entrer comme élève à l'Académie de France. Il y réussit en partie, grâce à la protection de l'ambassadeur, et son mérite fit le reste ; mais la chose n'alla pas toute seule, car depuis la création de l'École royale des élèves protégés [1] les places de pensionnaires à Rome étaient presque exclusivement réservées aux élèves de cette école.

De *Natoire* à *Marigny* [2], 26 novembre 1754. — ..... M*r* l'ambassadeur protège un jeune homme qui a du goût pour peindre l'architecture. Il me dit ses jours passé qu'il vous en avoit parlé peu de tems avant son départ de Paris dans l'intention qu'il aurait pu aitre Pensionnaire, mais vous lui réponditte Monsieur que n'ayant point gagné de Prix cela dérangoit tout l'ordre de cet etablissement. Il voudrait présentement que ce jeune artiste eu seulement la permission de loger dans l'académie en payant la pension du cuisinier. Comme vous laves permis en différentes occasions je lui ai dit que je ferais ce qu'il jugeroit à propos la dessus pourvu qu'il eu la bonté de vous en parler. Il me dit qu'il vous en écriroit incesament affin que je fut en regle auprès de vous Monsieur. Je ne poures guaire le plasser si vous laprouves quend dérengent quelques pensionnaires, mais je feres pour le mieux.....

Réponse de *Marigny*, 20 décembre 1754. — ..... Sur ce que vous me marquez par la dernière que M*r* l'ambassadeur de France désire qu'un jeune peintre qu'il protège soit logé dans le palais de l'Académie en payant la pension du cuisinier, je consens avec bien du plaisir, à cette condition, que ce jeune homme soit logé à l'Académie et qu'il participe aux fruits de vos lecons et des études.

L'Académie de France était alors installée (depuis 1725) au palais

---

1. Voyez L. Courajod : *l'École royale des élèves protégés*, Paris, 1874, in-8°. Cette école avait été fondée en 1749 par Le Normand de Tournehem.

2. Vandières venait de prendre le titre de marquis de Marigny la même année.

RUINES.

Sanguine d'Hubert Robert, autrefois dans la collection Mariette. — (Musée du Louvre.)

Mancini, d'abord loué par le roi au prix de mille écus romains, environ
5,500 livres, puis acheté par lui en 1737. Ce n'est qu'en 1801, sous le
directorat de Suvée, qu'elle fut transférée à la villa Médicis, qu'elle
occupe actuellement. Elle contenait douze places de pensionnaires, six
pour les peintres, trois pour les sculpteurs et trois pour les architectes.
Les pensionnaires y demeuraient trois ans ; quelques-uns pouvaient
obtenir une prolongation de séjour d'un an, soit pour terminer des
travaux, soit en raison des espérances qu'ils donnaient. De temps en
temps elle recevait quelques pensionnaires libres ; de jeunes artistes
fortement protégés obtenaient la permission d'y loger et de s'y nourrir
moyennant finances ; mais l'installation était modeste, et un lit nouveau
à placer était une grosse affaire.

Le directeur était Charles Natoire, qui avait succédé à de Troy le
1er janvier 1752. Natoire était un bon artiste et un excellent homme,
fort dévoué à ses élèves. On a répété un peu trop complaisamment que
« son administration avait été déplorable ». Il serait assez difficile de le
prouver [1]. Évidemment Natoire n'était pas un lettré, cela se voit de

---

1. Natoire ayant été le directeur de Hubert Robert, je lui consacrerai encore
quelques lignes. Pidansat de Mayrobert a été très malveillant à son égard et ses
calomnies ont trouvé trop facilement crédit auprès de quelques écrivains : « C'est un
dévot, dit-il dans une de ses lettres sur l'Académie, méprisé de ses confrères pour
avoir compromis à Rome les privilèges de l'École française. » Il fait allusion à l'affaire de l'élève architecte Mouton, qui fut expulsé en 1767 pour avoir refusé de faire
sa communion pascale. Là-dessus on va répétant que Natoire se couvrit de ridicule
en cette circonstance.

D'abord je n'ai vu nulle part que Natoire ait été méprisé de ses confrères ; j'ai
même vu le contraire dans les procès-verbaux de l'Académie de peinture. Ensuite,
s'il y eut quelqu'un de ridicule dans l'affaire Mouton, ce furent : 1° l'élève architecte
Mouton, qui entrant dans une école, prenait implicitement par ce fait même l'engage-
ment de se soumettre aux règlements bons ou mauvais de cette école, mais qui
étant de ceux qui remplacent le talent par le tapage, car il n'est guère connu que
par cette histoire, n'était pas fâché de se mettre en évidence plus que de raison ;
2° le directeur des Bâtiments Marigny, chef immédiat de Natoire, qui eut la faiblesse
de ne pas oser soutenir devant le public, surtout devant les philosophes, un subor-
donné qui n'avait fait que suivre ses instructions. Marigny ne plaisantait pas en
matière de discipline, et à la moindre incartade ordonnait l'expulsion du coupable.
Or je vois, qu'en 1753, Natoire avait reçu, par deux lettres de lui, l'ordre formel de
faire observer les usages de Rome et notamment d'exiger un certificat de communion
pascale : « J'en ai fait lecture, répond Natoire le 23 août 1753 à la dernière de ces
lettres, en présence de tous les pensionnaires, qui l'ont écoutée avec soumission. » En
bonne justice, c'était donc au directeur des Bâtiments que Mouton eût dû s'en prendre.

Cette jeunesse n'était pas toujours du reste facile à diriger ; de temps à autre on

reste; mais les peintres qui écrivent bien ne sont pas toujours ceux qui font les meilleurs tableaux; on a trouvé aussi que sa comptabilité n'était pas irréprochable; être bon comptable est sans doute une qualité qui ne nuit pas à un directeur de l'École de Rome, mais enfin je ne pense pas que ce soit la principale qu'on doive exiger de lui, et d'ailleurs que l'artiste sans péché sur ce point jette la première pierre à Natoire. Ce qui vaut mieux peut-être, c'est que, parmi les élèves qui étudièrent sous sa direction, on peut citer Fragonard, Hubert Robert, Lagrenée l'aîné, Doyen, Pajou, l'architecte Clérisseau et bien d'autres, qui en somme lui font honneur. Hubert Robert eût pu trouver un plus mauvais directeur.

Voilà donc le jeune artiste installé à ses frais au palais Mancini. Il n'a plus qu'à travailler, et en effet il se met au travail avec ardeur. Pendant cinq ans on n'entend guère parler de lui. Il suivit les cours de l'Académie et sans doute aussi demanda des conseils à Panini. Ses progrès furent rapides, et ses camarades, avec lesquels il paraît avoir vécu en bons termes, finirent par le considérer comme une des espérances de l'École. Ils parlèrent de lui avantageusement, si bien que la renommée de son talent parvint jusqu'à Paris. On le retrouve en 1759, année où il obtint enfin une place de pensionnaire, et dès lors par les lettres de Natoire et de Marigny, on peut le suivre à peu près jusqu'à son retour à Paris.

De *Natoire* à *Marigny*, 28 février 1759. — J'ay de la peine à faire aller certains particuliers. Je voudrais que tous fissent des progrès aussi sensibles que le Sr Robert protégé de M^r le Duc de Choiseul, auquel vous avez accordé un logement à l'Académie. C'est un bon sujet qui travaille avec une ardeur infinie. Il est dans le genre de Jean-Paul Panini. J'ay beau le citter pour exemple, il y en a peu qui l'imitent....

De *Marigny*, 21 mars. — .... Je suis fâché d'apprendre qu'ils ne marchent pas tous d'un pas égal à celui du Sr Robert. Exhortes les a le suivre de près, car il me revient de tous les côtés de grands éloges de ce jeune homme. Ordonnez-lui de ma part de me faire un petit tableau à sa fantaisie de 20 ou

voit quelques exclusions; celle de Lagrenée l'aîné pour avoir maltraité un camarade, celle de Clérisseau pour la même cause que Mouton et inconvenance à l'égard du directeur; mais ces expulsions n'étaient que temporaires et les choses s'arrangeaient toujours lorsque le coupable reconnaissait ses torts. L'affaire Mouton fut surtout ridicule par les proportions qu'elle prit pour une cause aussi mince, car Mouton poursuivit Natoire jusque dans ses héritiers.

25 pouces sur 10 ou 12 ; si je suis content de ce petit tableau, il n'aura pas
perdu son temps en le faisant....

ET. FR. DUC DE CHOISEUL.

Dessiné et gravé par J. M. Moreau le Jeune, pour le *Recueil d'Estampes gravées d'après les
Tableaux du Cabinet de Monseigneur le Duc de Choiseul, par les soins du Sr Basan.*
MDCCLXXI.

De *Natoire*, 25 avril. — .... Le Sr Robert est fort sensible à l'honneur que
vous lui faittes de luy demander un tableau ; il fera de son mieux à mériter
vos bontés en y prenant tout le soin possible.

.... M^r l'ambassadeur de Malthe a fait son entrée dimanche passé 22 du présent, avec les honneurs pour la première fois comme les grandes couronnes, que cette religion n'avait pas si devant. Le goût qu'il a pour la peinture fait que j'ay l'honneur de le voir assez souvent. Il achette de te.ns en tems quelques petits tableaux. Il a déjà quelque chose du Sr Robert....

Il s'agit ici du Bailly de Breteuil qui devint le protecteur et l'ami de Robert. Le Bailly fut plus tard honoraire associé libre à l'Académie de Peinture de Paris, du 7 octobre 1780. Il mourut en 1785.

De *Natoire* à *Marigny*, 13 juin 1759. — .... Le Sr Robert travaille à votre tableau que vous lui avez fait l'honneur de lui demander avec un autre pour M^r le Duc de Choiseul (celui-ci n'était plus ambassadeur à Rome). Un peu de maladie qu'il a eu les a interrompus....

De *Natoire*, 8 août 1759. — .... Le Sr Robert a envoyé le tableau que vous lui avez demandé (par) le précédent (courrier) ordinaire, accompagné d'un autre de la même grandeur pour M^r le Duc de Choiseul. Il (le duc) lui a dit de luy addresser tous les deux : apparament que ce ministre est bien aise de vous faire voir ces deux morceaux ensemble. Je souhaitte que vous en soyes content. La grande facilité avec le feu qu'il a l'emporte à ne pas chatier avec asses de soin ce qu'il fait, ce que je lui recommande toujour surtout pour ses figures. Cette partie a besoin qu'il y fasse de serieuses attentions : cela fera pourtant un bon sujet qui est sensible à vos bontés....

De *Marigny* à *Natoire*, 29 août 1759. — .... On pense icy sur son compte, comme vous, qu'il peut faire un jour un grand sujet....

De *Marigny* à *Robert*, même date. — .... J'ay reçu, Monsieur, de M^r le Duc de Choiseul, non seulement le tableau que je vous avais demandé, ce que vous m'aviez annoncé par votre lettre, mais même celui que vous lui aviez destiné, ce ministre ayant absolument voulu m'en faire la galanterie pour que j'eusse le pendant.

.... Ce que si M^r le Duc de Choiseul veut que vous soyes admis au nombre des pensionnaires de l'Académie, je vous y donnerai volontiers une place en témoignage de la satisfaction que j'ai des heureuses dispositions que vous montres dès aujourd'hui....

Je suis, Monsieur, tout à vous.

Signé : le marquis de MARIGNY.

De *Natoire* à *Marigny*, 19 septembre 1759. — J'ai reçu les deux dernières lettres, l'une..... l'autre qui regarde le Sr Robert qui a été attaqué d'une maladie si dangereuse qu'on ne croyait pas qu'il peut en réchapper : fièvres tierces, transport au cerveau, inflamation au bas ventre. Il en est présentement hors de danger. Je luy ai donné la lettre que vous luy écrives. Il est d'une complexion forte et robuste et en abuse pour vouloir trop forcer ses études, et c'est par sa faute qu'il a des rechutes. Il m'a dit que vous luy accordies une

place de pensionnaire, cependant vous ne men parles pas dans celles que je
reçois de vous Monsieur.

A la date du 21 novembre de la même année, une lettre de Natoire
informe Marigny que l'abbé de Saint-Non vient d'arriver avec le pensionnaire Taraval (Hugues) qu'il veut emmener à Naples, et que lui
Natoire a été obligé de louer un treizième lit à cause de Robert. Ainsi,
c'est en novembre 1759 que Robert aurait été installé comme pensionnaire à l'Académie. Il n'en travaille pas pour cela avec moins d'ardeur.

De *Natoire* à *Marigny*, 20 février 1760. — ..... Robert travaille à son
ordinaire avec zèle et succès. Il doit envoyer bientôt deux dessains colorés
que je crois être pour Mr Vatelet, qui sont d'un très bon goût.

Mais l'abbé de Saint-Non venait d'arriver à Rome. Dans ses visites
au palais Mancini, il vit fréquemment Fragonard et Robert, les pensionnaires les plus marquants, et alors commença entre ces trois hommes
une liaison que la mort seule devait rompre.

Cette figure de Saint-Non est une des plus aimables du monde
artistique de ce temps, et je reconnais volontiers qu'elle m'est très sympathique. Il me semble que les portraits qu'on en a faits sont plutôt des
caricatures que des dessins fidèles. Jean-Claude-Richard de Saint-Non,
né en 1727, abbé commendataire de Poultière, diocèse de Langres, était
fils d'un receveur général des finances et d'une demoiselle de Boullongne,
nièce et petite-fille de premiers peintres du roi. Il était artiste par ata-
visme. Aussi, après avoir reçu le sous-diaconat, avoir acheté une charge
de conseiller clerc au Parlement de Paris, avoir été exilé à Tours à la
suite des querelles suscitées par la bulle *Unigenitus*, il vendit sa charge
en 1759 et se consacra entièrement aux arts. Saint-Non ne fut nullement
pour cela l'abbé cascadeur et un peu bohème qu'on a représenté. Sans
doute, comme le disent MM. Portalis et Charles Blanc, il fut abbé sans
savoir pourquoi et ne le fut jamais que par la soutane; mais cela, je
pense, ne le distingue point infiniment des autres abbés de son temps,
dont beaucoup, comme Barthélemy, Gougenot et bien d'autres, furent
de très honnêtes gens. Il n'eut jamais, dit son biographe, que des goûts
honnêtes et des passions affectueuses[1]. Il fut avec cela d'une modestie

1. Notice sur Jean Claude Richard, abbé de Saint-Non, par Gabriel Brizard
1792, in-8°.

charmante (on connaît le mot qu'il envoya à son frère, à propos de l'album du roi de Naples), et d'une générosité pleine de délicatesse. Robert lui parlait un jour, au commencement de la Révolution, d'un sculpteur revenu de Rome, qui, faute de moyens, ne pouvait s'occuper de son morceau de réception à l'Académie. Saint-Non, quoique n'ayant plus que des revenus très bornés, remit la somme, et voulant échapper à la reconnaissance de celui qu'il obligeait, engagea Robert à supposer que c'était un prêt fait par un homme riche; mais quelque temps après, le bienfaiteur supposé étant mort, l'artiste voulut rendre la somme à la succession, et Robert ne put que l'assurer que son bienfaiteur ne voulait pas être connu et qu'il ne devait rien à personne. C'est de MM. Paris et Robert que nous tenons ce détail, dit le biographe de Saint-Non ; l'obligé était très probablement Paris.

Saint-Non s'attira toujours et partout une grande considération. L'Académie de peinture le nomma honoraire associé libre et, à la mort de Bergeret, honoraire amateur, et quoi qu'en dise Mayrobert, cet honneur ne s'accordait qu'à des personnes considérables par leur situation sociale et les services qu'elles rendaient aux arts. Parmi les souscripteurs de son important ouvrage sur le royaume de Naples (dont l'entreprise le ruina en partie) figurent les plus grands noms de France. Je ne reconnais donc pas le vrai Saint-Non dans celui qu'on a dépeint.

On a aussi représenté à tort Saint-Non, Robert et Fragonard voyageant comme de jeunes fous et se traitant de pairs à compagnons. On oublie encore que Saint-Non, un peu plus âgé du reste que Fragonard et Robert, était de très bonne maison, était quelqu'un de qualité, tandis que les deux autres, quoique donnant des espérances, n'étaient que d'obscurs élèves. Saint-Non fut tout d'abord, non leur camarade, mais leur protecteur; on le sent bien, par exemple, au ton des lettres de Natoire, très respectueux de toutes les puissances. Que, d'ailleurs, la liaison commencée à Rome se soit changée plus tard en bonne et solide amitié, cela ne fait aucun doute.

Saint-Non passa six mois à Rome et partit ensuite pour Naples, emmenant avec lui Hubert Robert.

De Natoire à Marigny, 19 mars 1760. — ..... J'ai vu par une lettre de Mr Cochin que vous trouvez bon, Monsieur, que le Sr Robert accompagnat M^r l'abbé de St Non à Naples; outre la dousseur de ce voyage pour lui, puisqu'il ne lui en coutera rien, il trouvera de quoy faire des études qui lui seront

avantageuses ; il vous ait sensiblement obligé de cette permission dont il espère
retenir du fruit...

De *Natoire*, 16 avril 1760. — ..... M^r l'abbé de St Non part demain pour
Naples et amène avec lui Mr Robert pensionnaire pour jouir de la permission
que vous lui aves accordée. Il se propose d'y faire beaucoup d'études...

On ne connaît rien de ce voyage, sinon une petite aventure qui arriva
à Robert et qu'on verra dans le chapitre suivant. Notre peintre, comme
on peut le penser, fit un grand nombre d'études. Saint-Non en a gravé
une partie dans les différentes publications qu'il fit à son retour à Paris.
L'absence des deux voyageurs dura un mois et demi.

De *Natoire à Marigny*, 4 juin 1760. — ... M^r l'abbé de St Non vient d'arriver de Naples avec le Sr Robert. Le coup d'œil que je viens de donner sur les
études qu'il a faites dans ce pays me font grand plaisir. Ils ont parcouru tous
les environs et n'ont rien négligé pour mettre à profit leurs fatigues. Ce pensionnaire ne peut que tirer de très grands fruits de cette promenade...

Saint-Non demeura encore près d'une année à Rome ; on lui prêta la
villa d'Este et il y travailla avec Fragonard[1]. Selon toute probabilité c'est
aussi à cette époque que Robert fit de la gravure avec lui.

De *Natoire à Marigny*, 27 août 1760. — ... M^r l'abbé de St Non est depuis
un mois et demi avec le pensionnaire Flagonard (*sic*) peintre. Cet amateur
s'amuse infiniment et s'occupe beaucoup. Notre jeune artiste fait de très-belles
études, qui ne peuvent que lui être très utiles et lui faire beaucoup d'honneur.
Il a un goût très piquant pour ce genre de paysage où il introduit des sujets
champêtres qui lui réussissent..... Le Sr Robert va aussi toujours très-bien.
Mr Mariette est bien content de ce qu'il lui a envoyé...

1. Fragonard n'accompagna pas Saint-Non et Robert dans leur voyage à Naples.
Mais Saint-Non l'envoya visiter cette ville quelque temps après, et les trois années
d'école de l'artiste étant terminées, revint avec lui en France. Voici à ce sujet deux
fragments de lettres de Natoire à Marigny.

18 mars 1761. — Le Sr Flagonard est bien près de son départ..... M^r l'abbé de
St-Non, toujours porté à rendre service à ce pensionnaire puisqu'il l'emmène avec
lui, vient de l'envoyer à Naples pour voir les belles choses que renferme cette ville,
avant de commencer leur voyage. Cet amateur porte avec lui une quantité de joly
morceaux de ce jeune artiste que je crois qui vous feront plaisir à voir.....

15 avril 1761. — ..... M^r l'abbé de St-Non vient de partir pour s'en retourner en
France, emmenant avec lui le Sr Flagonard, peintre Pens^{re} qui vient de finir son
temps. Cet amateur va faire différentes pauses partout les endroits où il trouvera de
belles choses.

Après le départ de Saint-Non, qui quitta Rome vers le milieu d'avril 1761, emmenant avec lui Fragonard, Robert se remit au travail avec tant d'assiduité que sa santé fut de nouveau compromise.

De *Natoire* à *Marigy*, 8 juillet 1761. — J'ai l'honneur de vous envoyer le rouleau qui contient deux académies peintes des S*s Taraval et Aman, avec leurs autres études..... Vous voulez bien, Monsieur, que je me serve de cette occasion pour joindre quelques dessains colorés des S*s J. P. Panini et Robert pour M. Mariette. Il s'en trouve un pour M. Soufflot et un autre pour M. Lempereur négociant bijoutier..... Je suis toujours content des Etudes de ce pensionnaire qui suit les traces de J. P. Panini. Son amour pour le travail le fera aller loin.

De *Natoire*, 26 mai 1762. — ..... Le S* Robert vient d'essuyer encore une dangereuse maladie, d'une esquilensie, fièvre maligne qui a pensé le conduire au tombeau. Le voilà actuellement hors d'affaire. C'est un sujet pour lequel bien des personnes s'intéressent tant par ces talens que pour son bon caractère.

De *Natoire*, 21 juillet 1762. — ..... Par ce même courrier, j'envoie à M. Mariette quatre dessains de J. P. Panini, huit du S* Robert et quatre esquisses du S* Durameau.

En novembre 1762, les trois années de pension de Robert à l'Académie étaient terminées. Il devait alors ou rentrer en France, ou obtenir du Directeur des bâtiments la permission de prolonger son séjour en Italie, sans quoi, comme première punition, sa gratification pour frais de retour lui était retirée [1]. Dans tous les cas il lui fallait quitter le palais Mancini. Notre peintre, trouvant en Italie plus de monuments qu'il n'en pouvait peindre, n'avait nulle hâte de revenir en France; d'autre part la modicité de ses ressources ne lui permettait guère de continuer ses études à Rome. Un de ses protecteurs le tira d'embarras. Parmi les personnes qui s'intéressaient à lui, « tant par ses talents que pour son bon caractère », était, comme on l'a vu, le bailly de Breteuil, ambassadeur de Malte. Une certaine intimité s'était établie entre le protecteur et

---

1. La gratification accordée à chaque élève pour son voyage d'aller était de trois cents livres, et pour son voyage de retour de cinquante-six écus romains (l'écu romain valait environ cinq livres et demie), qui lui étaient délivrés par le banquier de l'Académie. Primitivement la gratification était moindre, mais à la sollicitation de Ch. Ant. Coypel, directeur des élèves protégés, elle avait été doublée en raison « de ce que tout avait augmenté ». Le succès et le mérite des sujets pouvait d'ailleurs déterminer une augmentation de vingt ou trente pistoles « au-delà de ce qui est passé en usage ». (Arch. Nat. Correspondance des directeurs de l'École de Rome.)

le protégé, puisque, dit Vigée, ils traduisaient ensemble Virgile. Le
bailly de Breteuil offrit gracieusement au peintre de le recueillir chez

JEAN-PAUL PANINI,
d'après le tableau du *Festin.* (Musée du Louvre.) — Dessin de Ch. Kreutzberger.

lui, à sa sortie de l'Académie, ce qui fut accepté. Le bailly était alors à
Florence, Robert alla l'y rejoindre.

De *Natoire* à *Marigny*, 8 décembre 1762. — ..... Par une lettre que le
Sr Robert vient de recevoir de Mr le Duc de Choiseul, il me fait voir que vous

lui permettes d'aller à Florence pour y trouver M. l'ambassadeur de Malthe, laquelle exelence cest intéressée à la permission que vous accordé à ce pensionnaire.

Étant à Florence avec son protecteur, Robert trouva une occasion de visiter la Sicile, mais ne put en profiter, comme le montrent les lettres suivantes :

De *Natoire*, 5 janvier 1763. — .. .. Le Sr Robert m'a écrit de Florence, et après m'avoir fait l'éloge de cette belle ville et des belles choses qu'il y voit me communique un projet qui se présente lequel lui serait avantageux pour ses études. M. Dubreuil, gentilhomme ordinaire de la chambre, voyageant par l'Italie, étant actuellement à Naples, a proposé au Sr Robert de l'accompagner en Sicile, pour visiter et dessiner les beaux morceaux antiques qui sont dans ses cantons la. Ce jeune artiste sent l'avantage que cela luy procureroit pour le bien de son talent, mais comme il ne peut pas s'engager à rien avant de recevoir votre permission, il me marque dans la même lettre, qu'il a pris la liberté de vous la demander et d'attendre votre volonté et votre agrément sur ce point, se faisant un devoir d'être soumis à vos ordres.

Nous attendons de jour en jour M. l'ambassadeur de Malte. Robert aurait voulu qu'il eût fait un plus long séjour à Florence, affin de pouvoir faire quelques desseins et augmenter le nombre de ceux qu'il a déjà beaucoup accumulé, car c'est un artiste laborieux dont je ne puis que me louer.....

Marigny accorda la permission, par lettre du 3 février 1763, mais le voyage de Sicile n'eut pas lieu.

De *Marigny* à *Natoire*, 20 février 1763. — ..... J'ai appris par le même courrier la cause qui a déconcerté le projet de ses compagnons de voyage d'aller actuellement en Sicile. Ils ont prudemment agi de remettre la partie dans des circonstances de temps moins dangereuses... .

L'artiste revint donc à Rome avec le bailly de Breteuil. Il demeura encore dans cette ville un peu plus de deux années. Pendant ce nouveau séjour, il se lia avec Claude-Henry Watelet, receveur général des finances, lequel arriva à Rome le 21 décembre de cette même année 1763, avec son amie Mme Le Comte et son ancien précepteur, l'abbé Copette. Watelet gravait avec beaucoup de goût; très probablement Robert fit de la gravure avec lui; c'est tout au moins à ce moment que le peintre fit une partie de ses eaux-fortes; il venait de terminer la suite appelée *les Soirées de Rome*, qu'il dédia à Mme Le Comte.

A la fin Robert dut pourtant se résoudre à quitter cette ville de Rome,

qui avait pour lui tant d'attraits et où il s'était fait de nombreux amis.
Son départ pour la France eut lieu le 24 juillet 1765.

De *Natoire* à *Marigny*, 24 juillet 1765. — ..... Voilà enfin M. Robert
déterminé à s'en retourner en France; il part cette nuit par le courrier. Son
premier soin en arrivant sera, Monsieur, de vous rendre ses respects et de
vous remercier de vos bontés. Comme c'est un sujet dont les talents vous sont
déjà connus, je suis persuadé que vous voudrez bien les luy continuer. Je suis
témoin de son grand travail et des soins qu'il a pris pour acquérir du méritte
par la quantité d'études qu'il a fait. Je souhaite fort qu'il en tire le fruit présentement et qu'il ait l'aprobation des connoisseurs. Mr l'ambassadeur de
Malte, depuis qu'il est sorty de l'Académie, l'a accueilli chez luy avec des
bontés infinies, ce qui n'a pas peu contribué à l'arretter de plus dans cette
capitale. Cet événement est bien flatteur pour lui et ses connaissances le
voyent partir avec peine.

Nous retrouverons donc Hubert Robert à Paris. Mais, pour en finir
avec l'Italie, je dois dire quelques mots des aventures qu'on prête à notre
peintre en ce pays.

ARMES DU MARQUIS DE MARIGNY.
Dessin de C. N. Cochin le fils.

CHAPITRE V

Robert excellait dans les exercices du corps pour lesquels il était passionné. « Dans un âge fort avancé, dit Mme Vigée-Lebrun, il conservait encore les goûts de sa jeunesse. A soixante ans passés, quoiqu'il fût devenu fort gros, il était resté si leste, qu'il courait mieux que personne dans une partie de barre. » Comme tous ceux qui s'adonnent à ces exercices et y réussissent, le peintre avait un certain penchant pour les entreprises périlleuses, où il pouvait faire briller son adresse. Il est donc possible que, dans sa première jeunesse, étant à Rome, il se soit laissé aller à quelques-unes de ces folles gageures que font volontiers les jeunes gens, ou se soit engagé dans quelques aventures plus ou moins hasardées. Par suite, les traits d'imprudence qu'on lui attribue pendant son séjour en Italie peuvent être vrais, mais je ne crois guère aux circonstances merveilleuses ou dramatiques dont on les accompagne.

Mme Vigée-Lebrun [1], qui a beaucoup connu Robert, rapporte deux de ces aventures, son frère Vigée en rapporte trois, et M. Charles Blanc brode sur le tout.

Étant à Rome, Robert paria un jour avec ses camarades qu'il exécuterait une promenade sur la corniche du dôme de Saint-Pierre. La chose eut lieu en effet, et il gagna son pari. Vigée rapporte ce fait, Mme Lebrun n'en parle pas.

Une autre fois, il fit le pari de grimper au plus haut du Colisée. « Étant élève à l'Académie de Rome, dit Mme Lebrun, Robert avait au

1. *Souvenirs de Mme Vigée-Lebrun*, 3 vol. in-8°, 1835, Paris.

Mme VIGÉE LE BRUN

Portrait peint par elle-même, à Rome, en 1790. — Dessin de Wicar.

plus vingt ans (il en avait comme on l'a vu plus de vingt et un), lorsqu'il paria avec ses camarades six cahiers de papier gris qu'il monterait tout seul au plus haut du Colisée. L'étourdi, bien que risquant mille fois sa vie, parvint en effet jusqu'au faîte, mais lorsqu'il fallut descendre, n'ayant plus les saillies de pierres qui l'avaient aidé à monter, on fut obligé de lui jeter, par une des fenêtres, une corde, qu'il saisit, avec laquelle il s'attacha et, lancé dans l'espace, il eut le bonheur qu'on réussît à le faire rentrer dans l'intérieur du monument. Le seul récit de ce tour de force fait dresser les cheveux. Robert est le seul homme qui ait osé le tenter, et cela pour six cahiers de papier gris. »

Le fait ainsi raconté est à la rigueur acceptable ; c'est une imprudence de jeune homme. Ce qui ne l'est plus, ce sont les embellissements que Vigée et surtout M. Charles Blanc ont ajouté à la relation précédente. D'abord, d'après ces deux derniers, Robert s'était engagé à planter et aurait en effet planté une croix au sommet du monument. Puis M. Charles Blanc ajoute : « Le lendemain, le peuple s'attroupa autour du Colisée, ne doutant pas que la Vierge n'eût opéré quelque miracle. Mêlé aux groupes de curieux, Robert se moquait de la crédulité publique. Il faillit être lapidé pour avoir osé dire qu'il était bien facile de faire des miracles au milieu de gens si prompts à y croire. Le Pape, ayant appris le sujet de l'émotion populaire, fit venir le peintre des ruines, le félicita de son audace et, après l'avoir comblé de présents, il lui laissa donner en souriant le nom de Robert le Diable. » Ce beau récit est de pure invention. M. Charles Blanc ne connaissait pas Robert, qui était d'une famille très pieuse, qui eut lui-même toute sa vie des sentiments religieux, et qui, à Rome, moins qu'ailleurs, n'eût osé se permettre la moindre plaisanterie sur les miracles.

Une autre aventure de Robert, plus connue, est celle des catacombes. Celle-ci, comme on sait, a fourni à Delille le sujet de l'épisode qui termine le quatrième chant de son poème *l'Imagination*. Le peintre, étant descendu dans les catacombes, s'y égara, retrouva par bonheur le fil qui l'avait guidé, et put ainsi sortir du sombre séjour qui avait failli devenir son tombeau. Tel est, en quelques mots, le thème qu'ont développé, Delille dans son poème, et Robert dans ses conversations de salons.

Il faut, je crois, ramener toutes ces histoires à des proportions plus modestes. Natoire, directeur de l'Académie, qui était à Rome bien avant

VUE D'UN PALAIS ROMAIN.

Gravé par F. Basan, dessin d'Hubert Robert.

Robert, ne fait, dans sa correspondance, aucune allusion ni à l'affaire des catacombes ni aux autres escapades du jeune homme. Il ne pouvait cependant les ignorer, même si on les reporte, ce qui serait peu vraisemblable, au temps très court qui a précédé l'entrée de Robert à l'Académie. Or Natoire, dans ses lettres à Marigny, raconte à celui-ci, au jour le jour, tous les menus faits de la vie quotidienne à l'Académie, ainsi que les petits cancans de la ville éternelle : ses ennuis à propos du cuisinier, l'entrée des ambassadeurs, les propos de soirées, les démêlés du suisse de l'Académie avec les sbires de la police pontificale, une promenade de deux élèves dans la campagne de Rome, où ils ont été maltraités par des buffles ; il lui envoie quatre pots d'une pommade de Rome, très à la mode, d'un goût plus parfumé et plus fin que celui des pommades françaises, etc. Il est bien singulier que Natoire entre dans des détails circonstanciés sur toutes sortes de choses et soit muet sur les aventures d'un élève pour lequel il avait de l'affection. Comment admettre, par exemple, qu'il ne parle à Marigny, ni de l'émeute que Robert faillit susciter dans Rome, ni de la comparution de l'élève devant le Pape ? C'étaient là des événements considérables pour l'Académie, et qu'il eût même été de son devoir de signaler à son chef. Comment admettre encore qu'il rapporte, à propos de Robert, des incidents insignifiants et qu'il ne dise pas un mot de l'excursion dans les catacombes, si Robert y eût réellement couru quelque danger ? C'est donc qu'elle ne présentait rien qui sortît de la banalité ordinaire.

D'autre part, on ne connaît ces exploits de Robert que par ce qu'il en a raconté lui-même, et beaucoup plus tard. Il les racontait dans le monde, pas trop, à ce qu'il semble, devant ses anciens condisciples. Il avait de l'esprit, c'était un causeur brillant, très recherché dans les sociétés ; or chacun sait que quelques hâbleries ne sont pas pour effrayer les causeurs de salons, pourvu qu'ils parviennent à intéresser. Comment résister au plaisir de faire frémir l'auditoire féminin par la peinture pathétique des angoisses éprouvées dans les souterrains de Rome ? Je me figure qu'à l'origine, Robert avait *failli* s'égarer dans les catacombes, puis que le mot *failli*, par suite d'un phénomène psychologique assez commun, avait, avec le temps, disparu de ses récits et même de sa mémoire. Du reste, la marquise de Grollier qui, d'après ce que rapporte Mme Lebrun, connaissait comme elle par Robert l'aventure des cata-

LE BASSIN.
Sanguine d'Hubert Robert.

combes, disait, après avoir entendu les vers de l'abbé Delille : « L'abbé
Delille m'a fait plus de plaisir, mais Robert plus de peur. » Ce qui
semblerait indiquer que le peintre, aussi bien que le poète, avait surtout
le souci, non de la vérité, mais de la sensation à produire.

PORTRAIT DE MADAME VIGÉE-LE BRUN,
par elle-même.

Je crois donc qu'on serait assez près de la réalité en rétablissant ainsi
l'affaire des catacombes : Robert étant descendu dans les catacombes,
eut à un certain moment quelque inquiétude, parce que la torche que
portait son guide vint à s'éteindre. Quoi qu'il en soit, puisque nous ne
connaissons pas la version de Robert, je donnerai ici quelques passages

de l'épisode de Delille, pour le lecteur qui n'aurait pas le livre sous
les yeux :

.   .   .   .

Jaloux de tout connaître, un jeune amant des arts,
L'amour de ses parents, l'espoir de la peinture,
Brûlait de visiter cette demeure obcure,
De notre antique foi, vénérable berceau.
Un fil dans une main, et dans l'autre un flambeau,
Il entre, il se confie à ces voûtes nombreuses
Qui croisent en tous sens leurs routes ténébreuses.
Il aime à voir ce lieu, sa triste majesté,
Ce palais de la nuit, cette sombre cité,
Ces temples où le Christ vit ses premiers fidèles,
Et de ces grands tombeaux, les ombres éternelles.
Dans un coin écarté, se présente un réduit,
Mystérieux asile où l'espoir le conduit ;
Il voit des vases saints et des urnes précieuses,
Des vierges, des martyrs, dépouilles précieuses;
Il saisit ce trésor; il veut poursuivre. Hélas!
Il a perdu le fil qui conduisait ses pas ;
Il cherche, mais en vain; il s'égare, il se trouble,
Il s'éloigne, il revient et sa crainte redouble.
Il prend tous les chemins que lui montre la peur;

.   .   .   .

Et quels regrets touchants viennent aigrir ses peines !
Ses parents, ses amis qu'il ne reverra plus !
Et ces nobles travaux qu'il laissa suspendus !
Ces travaux qui devaient illustrer sa mémoire,
Qui donnaient le bonheur et promettaient la gloire !
Et celle dont l'amour, celle dont le souris
Fut son plus doux éloge et son plus digne prix!
Quelques pleurs de ses yeux coulent à cette image,
Versés par le regret et séchés par la rage.
Cependant il espère, il pense quelquefois
Entrevoir des clartés, distinguer une voix.
Il regarde, il écoute. Hélas! dans l'ombre immense,
Il ne voit que la nuit, n'entend que le silence,
Et le silence même ajoute à sa terreur.
Alors de son destin sentant toute l'horreur,
Son cœur tumultueux roule de rêve en rêve;
Il se lève, il retombe et soudain se relève;
Se traîne quelquefois sur de vieux ossements,
De la mort qu'il veut fuir, horribles monuments !

Quant tout à coup son pied trouve un léger obstacle :
Il y porte la main..... O surprise! ô miracle!
Il sent, il reconnaît le fil qu'il a perdu,
Et de joie et d'espoir il tressaille éperdu.....

. . . .

Ces vers sont encore très agréables à lire, et à tout prendre nous devons être reconnaissants au peintre de les avoir inspirés. Robert fit de ce même sujet un tableau, qui se trouvait, dit-on, vers 1844, dans la galerie de Mme de Hostemberg, princesse du sang impérial de Russie.

Enfin notre artiste, étant à Naples avec Saint-Non, il lui arriva une dernière aventure qui ne présente rien cette fois de merveilleux, mais qui aurait pu avoir des conséquences assez désagréables pour celui qui en fut le héros. C'est le biographe de Saint-Non qui la raconte, toujours d'après Robert; on y sent encore l'arrangement : « Ils avaient fait ensemble le voyage de Naples, et le jeune Robert, qui ne négligeait aucune occasion d'enrichir ses pinceaux, alla, sans la permission du commandant, dessiner la citadelle de Naples, ce qui était expressément défendu. Comme il finissait son dessin, un officier le surprend, deux fusiliers l'arrêtent; il est conduit en prison. L'artiste demande la permission d'envoyer un exprès à l'abbé de Saint-Non pour le prier de venir le trouver. Celui-ci vole et arrive avant même que l'exprès ne fût de retour. Instances, prières, argent, tout fut mis en usage pour obtenir la liberté du jeune artiste; il ne put rien gagner. Enfin, pour grâce unique, il demanda l'autorisation de prendre la place du prisonnier, tandis que celui-ci irait chez l'ambassadeur : Je prends tout sur moi, s'écria-t-il, et la vue de ce dessin suffira seule pour instruire l'ambassadeur. En effet, Saint-Non reste en otage, Robert court chez le ministre de France. (Pourquoi pas Saint-Non lui-même?) Celui-ci vient en personne trouver le commandant de la forteresse, lui dit qu'il se charge des suites de cette affaire, et en peu de temps elle est terminée à la satisfaction de toutes les parties.

« Et Robert ajoutait: Ce trait de générosité, d'amitié et d'intérêt pour les arts ne s'est jamais effacé du cœur de son plus tendre ami. Ce sont ses propres expressions, dit le biographe, qui les honorent l'un et l'autre. »

CHAPITRE VI

Après onze années de séjour en Italie, onze années, comme on l'a vu, d'un labeur acharné, Hubert Robert rentrait à Paris complètement maître de son métier. Il s'agissait maintenant pour lui de tirer parti du talent acquis et de vivre de son travail. On peut penser qu'il ne négligea point tout d'abord ses anciens protecteurs, particulièrement Marigny, directeur des Bâtiments, dont l'appui pouvait lui être d'une grande utilité à ses débuts. Un tableau « qui devait être placé dans les appartements de Bellevue » figure au Salon de 1767 ; la commande de ce tableau, vraisemblablement due à l'intervention de Marigny, semble témoigner des bonnes intentions de ce dernier à l'égard de son protégé. (Le château de Bellevue, bâti par Mme de Pompadour, avait été cédé par elle au roi.)

Mais Hubert Robert ne pouvait exercer la profession de peintre qu'en se faisant recevoir membre de l'une des corporations qui avaient le monopole des arts, l'Académie de peinture et la corporation de Saint-Luc, sans quoi il eût été poursuivi par celles-ci [1]. Il avait assez de talent pour penser à l'Académie royale de peinture et de sculpture. Cette académie se recrutait par voie d'élection et le nombre des membres n'était pas limité. Tous les artistes en renom en étaient et un peintre de quelque

---

1. Certains ouvrages que Pajou avait exécutés à son retour de Rome, deux ou trois ans auparavant, furent saisis par la maîtrise de Saint-Luc. Pajou réclama, et l'Académie de Saint-Luc fit des excuses, donnant pour raison qu'elle pensait que Pajou n'était qu'un prête-nom, et que d'ailleurs elle ignorait que le sculpteur fût agréé à l'Académie Royale.

mérite et de mœurs avouables pouvait toujours s'y faire recevoir [1] ; on le
voit bien par les tableaux de réception, dont quelques-uns sont sans
doute remarquables, mais dont la plupart ne sont pas des chefs-d'œuvre.
Entrer à l'Académie était donc la grande affaire des jeunes peintres de
ce temps-là [2]. C'était un honneur d'abord, c'était surtout la voie la meilleure pour se faire connaître du public. Les faveurs royales allaient à
peu près exclusivement aux académiciens ; puis, entre autres privilèges,
ceux-ci avaient seuls le droit de se dire peintres du roi, et d'exposer aux
Salons bisannuels qui s'ouvraient au Louvre le jour de la Saint-Louis,
les années à numéro impair. Aucune autre exposition n'était régulièrement tolérée en dehors de l'Académie, et si l'antique corporation de
Saint-Luc put faire sept de ces expositions dans le courant du siècle, ce
fut par exception et grâce à de puissants protecteurs ; quant à celles dites
de la jeunesse, consacrées par l'usage, ce n'étaient que des expositions
d'élèves, qui se tenaient de la façon précaire que l'on sait et ne pouvaient
porter ombrage à personne. Les académies de province étaient d'ailleurs
sous la dépendance de celle de Paris, première et principale, qui en
autorisait l'établissement et en réglait les statuts.

Notre peintre s'occupa donc tout d'abord de son admission à l'Académie. A l'ordinaire, le postulant, présenté par un des officiers (directeur, recteur, professeur ou conseiller), « apportait de ses ouvrages », et
l'Académie, réunie en séance, l'admettait, s'il avait au moins les deux
tiers des suffrages, comme agréé d'histoire, de genre ou de paysage. Il
était alors peintre du roi et pouvait exposer aux Salons, mais ne pouvait
prendre part aux délibérations de l'Académie. L'agréé devait ensuite
faire un tableau, ordonné par le directeur, pour sa réception définitive

1. Charles Eisen, par exemple, ne put être de l'Académie à cause de ses mœurs.
Il y avait exception aussi pour les artistes se livrant au commerce. C'est pour cette
raison qu'il y eut des difficultés à l'admission de Mme Vigée-Lebrun dont le mari,
qui était de l'Académie de Saint-Luc, faisait le commerce des tableaux. Mme Lebrun,
de l'Académie de Saint-Luc comme son mari, ne fut reçue à l'Académie Royale
qu'exceptionnellement et par ordre de la reine.

Au commencement du règne de Louis XVI, la liberté fut accordée aux arts par
le nouveau Directeur des Bâtiments, d'Angiviller, mais les privilèges de l'Académie
Royale furent maintenus et son règlement, en 1777, rendu plus étroit.

2. Les amateurs d'art pouvaient être aussi de cette Académie. Ils y entraient
depuis 1747, par élection et sans présenter d'ouvrages, dans la classe des honoraires
associés libres au nombre de huit, qui correspondaient aux agréés. De là, ils entraient
de droit et par extinction dans la classe des honoraires amateurs, également au
nombre de huit, et correspondant aux académiciens.

Dessin de Cochin le fils.

PORTRAIT DE FRANÇOIS BOUCHER.

Dessin de Cochin le fils.

comme académicien ; le tableau devait encore réunir les deux tiers des suffrages ; dans le cas contraire, très rare, le postulant perdait même son titre d'agréé.

Après avoir fait visite à tous les officiers (formalité exigée jusqu'en 1774), Robert fut présenté à la Compagnie, dit-on, par Joseph Vernet. Puis il fit un choix des meilleures études qu'il avait rapportées d'Italie, y ajouta quelques tableaux brossés depuis son retour, entre autres le *Port de Rome*, et présenta le tout à l'Académie le 26 juillet 1766. Voici l'extrait du procès-verbal de la séance le concernant :

Aujourd'hui samedi 26 juillet (1766), l'Académie s'est rassemblée à l'ordinaire.....

Agréement et réception de M. Robert. — Le Sr Hubert Robert, Peintre d'Architecture, né à Paris, ayant présenté de ses ouvrages, l'Académie, après avoir pris les voix à l'ordinaire et reconnu sa capacité, a agréé sa présentation, et s'étant trouvé, dans le nombre des ouvrages qu'il a présentés, un tableau d'architecture (le Port de Rome) dont il pouvait disposer, l'Académie, sans tirer à conséquence, l'a accepté pour sa réception.

En conséquence, l'Académie a reçu et reçoit le Sr Robert académicien pour avoir séance dans ses assemblées et jouir des privilèges, prérogatives et honneurs attribués à cette qualité, à la charge d'observer les statuts et règlements de l'Académie, ce qu'il a promis en prêtant serment entre les mains de M. Boucher, Premier peintre du Roy, Directeur et Recteur.

Ont signé au registre : *Boucher*. — *J. du Mont le romain*. — *Van Loo*. — *Belle*. — *Lemoyne*. — *Mariette*. — *Soufflot*. — *Pierre*. — *Watelet*. — *Hallé*. — *Dandré Bardon*. — *Falconnet*. — *Allégrain*. — *Vassé*. — *L. Lagrenée*. — *N. S. Adam*. — *Bachelier*. — *Chardin*. — *Vernet*. — *Robert*.

Robert ayant prêté le serment exigé, il ne lui restait plus qu'à retirer sa lettre de réception [1] pour être définitivement académicien. A partir de

1. La forme de la lettre de réception nous est parvenue. Celle de Jean Thierry, sculpteur lyonnais, de novembre 1717, est donnée dans les Nouvelles Archives de l'Art Français.

On trouve dans les procès-verbaux des séances une vieille formule du serment, des premiers temps de l'Académie, qui devait s'être conservée sinon pour la forme du moins pour le fond :

« La forme de Faire prester le serment à ceux quy se recevront en l'Académie.

« L'aspirant ayant été jugé capable, l'ancien (c'était le nom primitif des officiers) qui sera en mois, l'appèlera et lui parlera en ces termes :

« Désiré vous être de l'Académie? La compagnie vous en recoignois digne ; mais advent de vous y recevoire elle requiert de vous le serment convenable. Levé la main.

« Ne promcté vous pas de servir fidèlement le Roy dans la callité que vous

ce jour, son tableau du *Port de Rome* devenait la propriété de l'Académie. Il est actuellement à la bibliothèque de l'école des Beaux-Arts.

On remarquera qu'Hubert Robert fut agréé et reçu dans la même séance. C'était une exception. L'Académie rendait ainsi hommage à son talent, « sans tirer à conséquence », c'est-à-dire sans créer de précédent. Toutefois il faut dire que cette faveur s'accordait assez facilement aux peintres « à talents », peintres d'animaux, de genre ou de paysage. Des exemples assez nombreux le prouvent. On l'accordait aussi le plus souvent aux peintres étrangers de distinction qui désiraient faire partie de l'Académie (exemple Panini, le maître de Robert), et c'était une galanterie qu'on faisait d'ordinaire aux dames reçues académiciennes. Pour les peintres d'histoire, on était plus difficile ; ils ne l'obtenaient presque jamais, car seuls, avec les sculpteurs, ils pouvaient être professeurs, recteurs ou directeurs de l'Académie. Je ne vois guère, dans le courant du siècle, que Charles-Antoine Coypel, qui ait eu cette faveur en considération de son père, et peut-être un ou deux autres. C'est ce qui explique pourquoi Fragonard, l'ami de Robert, qui pourtant venait d'être agréé avec distinction le 30 mars de l'année précédente, ne l'obtint pas. Il fut chargé, pour sa réception, de peindre un des plafonds de la galerie d'Apollon, *le Printemps*, qu'il ne fit pas, puis, en échange, d'un tableau qu'il ne fit pas davantage, car il ne fut jamais qu'agréé.

Après sa réception, notre artiste assista régulièrement aux séances de la Compagnie [1]. Avec les années la renommée lui vint, et ses collègues

embrassé, de maintenir et advancer autant qu'il vous sera possible, l'honneur de l'Académie, de garder et observer religieusement ces Statuts et Reglement et de vous assujétir à tous ces ordres ? »

« Ouy ».

1. L'Académie tenait ses séances au Nouveau Louvre. On sait qu'à cette époque le Louvre était loin d'être terminé comme il l'est aujourd'hui. Il n'existait alors que le Vieux-Louvre (carré de bâtiments dont la colonnade occupe une face), et, dans le Nouveau-Louvre, la Grande-Galerie du bord de l'eau qui allait jusqu'aux Tuileries et l'aile en équerre reliant la Grande-Galerie au Vieux-Louvre. L'aile intérieure du Sud du Nouveau-Louvre, ainsi que les deux ailes du Nord occupées par le ministère des finances, n'existaient pas. L'emplacement de ces ailes était occupé par des maisons particulières qui allaient jusqu'à la Galerie du bord de l'eau, dont elles étaient séparées par la rue des Orties.

D'après Blondel, l'Académie occupait au premier étage du Nouveau-Louvre cinq pièces dans ce qu'on appelait l'Appartement du Roi. Les deux premières pièces étaient consacrées aux élèves de l'Académie; la première n'était qu'une antichambre où étaient déposés des modèles moulés d'après l'antique, destinés à l'étude; dans la

le nommèrent conseiller, la plus haute dignité à laquelle pût aspirer à
l'Académie un peintre de genre ou de paysage. « Le (31 juillet 1784), dit
Wille dans son journal, j'allay à l'assemblée de l'Académie Royale, où
M. Robert fut élu conseiller. » Les procès-verbaux des séances de l'Académie donnent en effet à cette date l'élection de Robert.

En ouvrant la séance (31 juillet 1784), en vertu de la délibération de l'as-

seconde on posait le modèle deux heures par jour. La troisième pièce était une
grande salle où se tenaient les assemblées publiques des académiciens; c'était la
salle dite du Laocoon, où la Commune des Arts tint ses assemblées pendant la Révolution. Elle occupait à peu près l'emplacement du grand escalier où se trouve la
Victoire de Samothrace. La quatrième pièce était la salle ronde ou Rotonde de la
Galerie d'Apollon, où l'on exposait les tableaux des grands-prix de l'Académie le
jour de la Saint-Louis. La cinquième pièce, entre cette rotonde et le Salon des
Sept-Cheminées, était destinée aux assemblées particulières de l'Académie. A côté des
deux pièces d'entrée se trouvaient trois petites salles pour le concierge. De plus,
depuis 1764, Marigny avait, à la sollicitation de Cochin le fils, rendu à l'Académie la
jouissance de la Galerie d'Apollon, occupée auparavant par les élèves protégés de
l'École Royale. Enfin il y avait encore au second étage une autre salle où on posa le
modèle depuis 1774. Les expositions bisannuelles des œuvres des académiciens se
faisaient dans le grand salon où sont actuellement *les Noces de Cana*, d'où le nom
de Salons donné à ces expositions.
    On accédait à ce salon par un escalier dépendant de l'Académie.
    On trouve une description des salles de l'Académie dans Blondel et dans l'Alma-
nach des Beaux-Arts de 1762. Cette dernière est faite surtout au point de vue des
richesses artistiques de l'Académie. « L'Académie Royale, dit l'Almanach, possède un
grand nombre de tableaux, statues, bas-reliefs et gravures qui ont été ou qui sont de
ses membres. Des deux premières pièces, la première renferme des tableaux de
réception et plusieurs moules d'après l'antique; l'autre est tapissée de dessins des
professeurs et de bas-reliefs en terre cuite.
    Dans la première salle (troisième pièce) sont les tableaux de réception, les por-
traits de Louis XIV, Louis XV, des protecteurs, et les morceaux en marbre de
réception. Dans la deuxième, tous les portraits en marbre des académiciens et les
modèles des plus belles antiques tant d'Italie que de Versailles. (Peut-être l'Almanach fait-il ici une petite erreur, les antiques étaient dans la première.) Dans la
troisième qui est celle d'assemblée, des sujets d'histoire peints par les académiciens,
un beau plafond en bois sculpté, au milieu duquel est le tableau de réception de
M. Challes (Allégorie à la gloire de Louis XV).
    La galerie d'Apollon, rétablie magnifiquement après son embrasement en 1661,
e plafond peint par Lebrun (en partie du moins) est enrichi de sculptures faites par
Gaspard, Balthasar de Marsy; Renaudin et Girardon; un portrait de Louis XIV, par
Rigaud, une grande Annonciation dans le goût du Titien, les quatre fameuses
batailles d'Alexandre, par Lebrun; une Descente de croix, par le même; la Famille
de Darius, par Pierre Mignard; un Saint-Michel et une Nativité, par Lebrun; le Roi
à cheval, le portrait du Roi en profil et à pied, la Famille de Monseigneur, par
Mignard.

semblée dernière, l'Académie a procédé à remplir la place de conseiller, vacante par la mort de M. Beaufort, et M. Robert, académicien, a été élu à la pluralité des suffrages.

Portrait peint par Navez, en 1817, à Bruxelles.

Cette élection fut confirmée par le roi, le lendemain 1er août.

Comme conseiller, Robert fit partie de diverses commissions de l'Académie. En 1785 et en 1791, il figure dans celles qui sont chargées

d'examiner les envois faits par les élèves de l'école de Rome. Il fait partie
en 1787 et 1793 du comité chargé de donner aux élèves les sujets des
grands prix.

En 1787 encore il est commissaire pour l'examen des œuvres du
Salon. Les académiciens et les agréés avaient le droit de prendre part à
ces expositions ; néanmoins à partir d'une certaine époque, il y eut un
comité chargé d'examiner les œuvres présentées et notamment de veiller
à ce qu'elles ne fussent pas trop licencieuses.

L'Académie était quelquefois appelée à donner son avis sur des questions industrielles, sur les qualités que pouvaient avoir des couleurs
nouvelles, par exemple ; ainsi en 1787, Robert et un autre conseiller sont
chargés de faire un rapport sur un nouveau bleu imaginé par un sieur
Dumarets.

On voit encore Robert assister à l'avant-dernière séance de l'Académie, le 27 juillet 1793. La dernière eut lieu le 3 août. Le 8 du même
mois, l'Académie fut supprimée par un décret de l'Assemblée Nationale,
sur la proposition de son comité d'Instruction publique, ou pour mieux
dire à l'instigation de Louis David, qui pourtant avait, en toute liberté,
prêté le serment dont on a vu la forme plus haut.

Dans l'année 1767, qui suivit celle de sa réception à l'Académie,
Hubert Robert demanda la main d'Anne-Gabrielle Soos. Anne-Gabrielle
était, dit Jal, fille de feu Didier-Théodore Soos, chirurgien major du
régiment de Fienne, cavalerie, et de Anne-Charlotte d'Hervilly. Elle
habitait avec sa mère et sa sœur rue des Bons-Enfants, paroisse Saint-
Eustache, et avait vingt-deux ans, étant née le 18 octobre 1745. Hubert
qui demeurait alors hôtel Bazin, rue Saint-Paul, avait trente-quatre ans.
Membre de l'Académie royale, déjà presque célèbre, il fut accueilli avec
empressement, et le mariage fut célébré, à Saint-Eustache, le 6 juillet 1767. Il y avait eu contrat de mariage, passé le dix mai précédent,
par devant maître Lhéritier, notaire, rue Grenier-Saint-Lazare : Hubert
avait eu en dot près de quatre mille livres et sa femme environ deux
mille livres.

Ce fut le plus joli ménage qui se puisse voir. Mme Robert eut pour
son mari une sorte d'adoration. Bel homme, de l'humeur la plus joyeuse
du monde, bon travailleur, Robert avait tout ce qu'il fallait pour plaire
à une femme ; la sienne se montra le modèle des épouses. Il aimait le

monde ; Anne-Gabrielle, d'après Diderot, était une élégante, et encore
de ce côté ils étaient bien assortis. Le seul nuage qui troubla leur longue
union fut la perte de leurs enfants. Ils en eurent quatre (et non trois
comme le dit Jal) : Gabrielle-Charlotte, née le 25 août 1768, qu'on
appela familièrement Caroline, et qui eut pour marraine sa grand'mère
maternelle ; Adélaïde-Catherine, du 8 juillet 1772 ; Charles-Hubert, du
27 juillet 1778, et enfin une troisième fille, que sa mère appelle Adèle,
et dont on ignore la date de naissance. Sur ce nombre de quatre enfants,
on a comme témoignage celui de la mère elle-même, par des extraits de
son testament : elle laisse à sa nièce un portrait, « celui de sa fille Adèle,
son quatrième et dernier enfant ». Elle laisse à une amie une tabatière
en buis où est peint son portrait, celui de son mari et « de ses quatre
enfants, tout ce qu'elle a aimé ». Tous ces enfants étaient morts à
l'époque de la Révolution.

Anne-Gabrielle regretta son mari pendant les treize années qu'elle
lui survécut. En fidèle épouse, elle voulut être enterrée à côté de lui
dans le cimetière d'Auteuil où ils reposent l'un et l'autre.

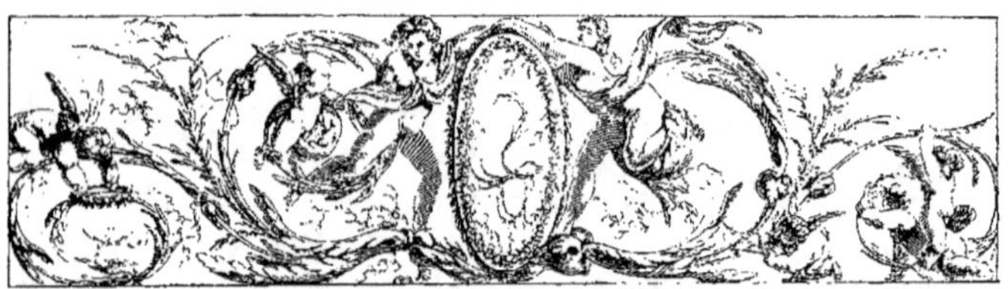

CHAPITRE VII

Salon de 1767. — Diderot se plaint de la pauvreté de ce Salon. Il
brodera sur ce thème, dans les années suivantes, plus d'une variation.
A la vérité, quelques peintres des plus en vue, Boucher, Pierre, La
Tour, Greuze n'ont pas exposé. Ils donnent pour raison de leur absten-
tion qu'ils sont las d'être livrés aux bêtes, d'être déchirés par la critique.
Le reproche s'adresse surtout à cette petite critique à douze, vingt et
vingt-cinq sols, qui se vendait jusqu'à la porte du Salon, et, sous le
couvert d'un anonymat presque toujours très transparent, se montrait
quelque peu irrévérencieuse à l'égard de certains exposants. Cela cour-
rouçait fort Messieurs de l'Académie de peinture; plusieurs de ces
opuscules furent saisis par la police, et quelquefois le folliculaire
emprisonné, témoin Fréron. Les libertés que prenait cette critique
étaient pourtant assez anodines; nous avons vu bien autre chose depuis.

Quoi qu'en écrive Diderot, le Salon de 1767, auquel, du reste, il
consacre plus de trois cents pages de l'édition Assezat, n'était pas indigne
des précédents. Il offrait des œuvres importantes, comme le *Saint Denis
prêchant la foi dans les Gaules* de Vien, et le *Miracle des Ardents*
de Doyen, tableaux pour lesquels Paris se divisa en deux camps, et
qu'on peut voir à Saint-Roch; des portraits de Perroneau et de Deshays;
de jolies choses, comme cette petite gouache de Baudouin, *le Coucher
de la Mariée*, qui depuis a fait quelque bruit dans le monde des amateurs; d'autres encore, signées Fragonard, Chardin, Vernet, Lépicié,
Loutherbourg, Taraval, Michel van Loo.

Robert, reçu académicien l'année précédente, exposait pour la première fois. Ses débuts firent sensation. Écoutons Diderot :

PORTRAIT DE J. B. M. PIERRE.
Dessin de C. N. Cochin le fils.

Robert est un jeune artiste qui se montre pour la première fois. Il revient d'Italie, d'où il a rapporté de la facilité et de la couleur. Il a exposé un grand nombre de morceaux entre lesquels il y en a d'excellents, quelques-uns médiocres, presque pas un mauvais.

Suivent trente-six pages de description et d'appréciation des tableaux de Robert; à la fin de son Salon il conclut ainsi sur le débutant : « Excellent peintre de ruines antiques. Grand artiste. »

Puis, dans les mémoires secrets, Bachaumont, qui était bon juge :

Je quitte M. le Prince pour passer à un des hommes les plus étonnants du Sallon, M. Robert. C'est le rival de M. Machy pour les morceaux d'architecture, comme Loutherbourg l'est de Vernet en marines. Rien de plus beau, Monsieur, pour la perspective et les effets de lumière, que la *Cour du Palais romain, qu'on inonde dans les grandes chaleurs*, pour donner de la fraîcheur aux galleries qui l'environnent. Vous passez à travers ces colonnes comme si tout était en relief. Ses autres ouvrages ne sont pas tous si bien entendus à cet égard, mais en général cet auteur est majestueux; tous ses tableaux sont imposants par la magnificence des édifices qu'il a choisis et bien rendus. Il me semble en ce genre avoir une bien plus grande manière que son modèle, plus recherché, plus fini, plus français.

Les autres ne sont pas moins élogieux. L'*Année littéraire*, dirigée par Fréron :

Un autre artiste dans la même carrière a paru cette année pour la première fois au Salon. Un grand nombre de tableaux prouve les talents et la facilité de M. Robert. Le *Port de Rome* orné du Panthéon et d'autres monuments d'architecture est d'une couleur solide et argentée. L'Académie a choisi cet ouvrage pour son morceau de réception; ce choix, sans contredit, en confirme le vrai mérite. Parmi beaucoup d'autres ouvrages de sa main, celui qui représente une *Grande Galerie éclairée du fond*, et la vue du *Palais Romain* inondé dans les grandes chaleurs de l'été, a été reçu avec les plus grands éloges; on y admire un grand effet, une profondeur immense, une touche légère, le jeu de l'air dans tous les objets et une harmonie de tons mystérieux très séduisants.

Le *Mercure* :

Les talents de M. Robert pour les ruines ne peuvent être assez loués. On a vu quantité de tableaux de sa main que Panini lui-même n'aurait pas désavoués. On distingue surtout son morceau de réception à l'Académie, représentant le *Port de Rome*, orné de vieux monuments d'architecture; une *Grande Galerie* antique éclairée du fond; la *Cour d'un Palais Romain* qu'on inonde dans les grandes chaleurs pour raffraîchir les galeries qui l'environnent, et différentes autres productions de son génie qui lui annoncent une réputation des plus brillantes et des mieux méritées.

Robert exposait sous douze numéros, de 101 à 112, treize tableaux, des esquisses et des dessins, pour la plupart ceux qu'il avait présentés à

VUE DU CAPITOLE A ROME.

Sanguine d'Hubert Robert. — (Musée du Louvre.)

MAURICE-QUENTIN DE LA TOUR.

Gravure de Schmidt, en 1772.

l'Académie l'année précédente. On en trouvera la liste à la fin du volume. Diderot les décrit et les apprécie longuement; il en fait évidemment grand cas; ils lui fournissent en outre le prétexte de quelques tirades sur la poétique des ruines.

Les meilleurs morceaux, ceux du moins qui semblent avoir été les plus appréciés des contemporains, sont la *Grande Galerie antique éclairée du fond* et la *Cour du Palais Romain qu'on inonde dans les grandes chaleurs.* Ce sont ceux, dit l'*Année littéraire*, que l'Académie avait reçus avec de grands éloges :

Oh! les belles, les sublimes ruines! s'écrie Diderot à propos de la Grande Galerie éclairée du fond; quelle fermeté et en même temps quelle légèreté, sûreté, facilité de pinceau! Quel effet! quelle grandeur! quelle noblesse! Qu'on me dise à qui ces ruines appartiennent afin que je les vole... C'est une grande galerie voûtée et enrichie intérieurement d'une colonnade qui règne de droite et de gauche. Vers le milieu de sa profondeur, la voûte s'est brisée, et montre au-dessus de sa fracture les débris d'un édifice surimposé. Cette longue et vaste fabrique reçoit encore la lumière par son ouverture du fond. On voit à gauche, en dehors, une fontaine; au-dessus de cette fontaine une statue antique assise; au-dessous du piédestal de cette statue, un bassin élevé sur un massif de pierre; autour de ce bassin, au devant de la Galerie, dans les entrecolonnements, une foule de petites figures, de petits groupes, de petites scènes très variées...

Suit une longue tirade sur la poétique des ruines, après quoi Diderot conclut ainsi : Le morceau dont il s'agit est le plus beau de ceux qu'il a exposés.

La Cour du Palais Romain qu'on inonde dans les grandes chaleurs... pas de figures, c'est le bâtiment pur et simple. On ne peut se tirer avec succès d'un pareil sujet que par la magie de la peinture. Aussi Robert l'a-t-il fait. Son tableau est très beau et d'un grand effet.

Diderot ne goûte pas moins le n° 105, *Écurie et magasin à foin :*

Ce morceau est, ou je suis bien trompé, un des meilleurs de l'artiste. La lumière du grenier à foin est ménagée de manière à ne point trancher avec l'obscurité forte de l'écurie, et l'arcade lattérale n'est ni aussi éclairée ni aussi sombre que le reste. Il y a un grand art, une merveilleuse intelligence du clair obscur. Mais ce qui achève de confondre, c'est d'apprendre que ce tableau a été fait en une demi-journée.

Au sujet du *Grand escalier qui conduit à un ancien portique,* « c'est bien un morceau de Robert, dit-il, et ce n'est pas un des moins bons. »

Il trouve une grande profondeur dans le *Pont sous lequel on voit les campagnes de la Sabine*. L'effet de la *Cuisine italienne* est charmant. Les *Ruines d'un portique* et la *Vigne Madame*[1] sont mauvaises; la composition en est négligée.

LES CASCADES.
Dessin d'Hubert Robert.

Et à propos de presque tous ces tableaux reviennent continuellement le même reproche et le même conseil : « Monsieur Robert, soignez vos figures; faites-en moins et faites-les mieux. » Diderot ne s'aveuglait pas sur les défauts de Robert.

Un autre tableau, des plus célèbres sinon des meilleurs de Robert,

1. La Villa Madame, située sur le mont Marius et dominant Rome. Ainsi nommée de Madame, Marguerite d'Autriche; elle a été faite plusieurs fois.

faisait partie de son exposition. C'était le *Port de Rome* qu'il avait donné à l'Académie pour sa réception. Diderot en dit du bien :

C'est un Vernet pour le faire et pour la couleur. Que n'est-il encore un Vernet pour les figures et pour le ciel? Les fabriques sont de la touche la plus vraie; la couleur de chaque objet est ce qu'elle doit être, soit réelle, soit locale. Les eaux ont de la transparence. Toute la composition vous charme...

Ce morceau est très beau; il est plein de grandeur et de majesté; on l'admire, mais on n'en est pas plus ému. Il ne fait point rêver; ce n'est qu'une vue rare où tout est grand, mais symétrique. Supposez un plan vertical qui coupe par leur milieu la rotonde et le port, les deux morceaux qui seront de droite et de gauche de ce plan montreront les mêmes objets répétés. Il y a plus de poésie, plus d'accidents, je ne dis pas dans une chaumière, mais dans un seul arbre qui a souffert des années et des saisons, que dans toute la façade d'un palais. Il faut ruiner un palais pour en faire un objet d'intérêt. Tant il est vrai que point de beauté vraie sans l'idéal. La beauté de l'idéal frappe tous les hommes. La beauté du faire n'arrête que le connaisseur.

Ce tableau ne m'enthousiasme que médiocrement. Robert y a réuni, comme il l'a fait bien souvent, plusieurs monuments éloignés les uns des autres. Ce n'est pas de cela que je le blâme. Je lui ferai un autre reproche : son tableau a été fait trop vite; il y a dans le ciel des oppositions trop violentes de rouge orangé et de bleu; dans le reste, des lumières trop dures, notamment dans le mur de la terrasse à droite; les valeurs et les tons, en un mot, ne sont pas justes, d'où résulte une impression peu agréable. Ce n'est pas non plus la meilleure composition de Robert; à ce dernier point de vue, j'aime presque mieux la première idée du tableau, que Saint-Non a gravée au lavis. (Cab. des Est. album Saint-Non.)

Enfin, sous le n° 112, l'artiste avait exposé plusieurs dessins et esquisses. Le livret n'en donne pas le détail, mais Diderot les décrit presque tous, ou au moins en donne les titres. Ce sont : *des Ruines* avec rotonde dans le fond; sur le devant, obélisque et fontaine avec un bassin et des groupes de femmes. — *Ruines d'escalier.* — *Intérieur d'un lieu souterrain.* — *Ruines;* à gauche, une colonnade avec une arcade qui éclaire le fond obscur et voûté de la ruine; au delà de l'arcade, un grand escalier. — *Partie d'un temple;* à droite, un suisse près d'une fenêtre grillée; au fond, trois moines blancs. — *Ruine de Palais.* — Autre *Ruine* d'un grand effet; voûte sous laquelle se trouve une taverne avec des gens attablés. — *Esquisse* coloriée d'après nature à Rome; une fontaine avec un ange et des figures. — Très beau dessin de *Ruines*; à

PORTRAIT DE JOSEPH VERNET.
Dessin de C. N. Cochin le fils.

droite, une grande fabrique; à gauche, des figures, et derrière, une construction en bois dont l'étage supérieur est un grenier à foin.

« Pourquoi, demande Diderot à propos de ces esquisses de Robert, une belle esquisse nous plait-elle mieux qu'un beau tableau ? c'est qu'il y a plus de vie et moins de formes; l'esquisse est l'ouvrage de la chaleur et du génie. » Et pour commenter cette pensée, il raconte une aventure de M. de Buffon et du président de Brosses, laquelle est charmante, surtout accompagnée de la moralité qu'en tire le conteur, mais dont le récit ne pourrait guère être reproduit ici qu'en latin.

SALON DE 1769. Cette année-là, Robert « orne » le Salon d'un grand nombre de tableaux. Son exposition comprend quinze numéros, de 84 à 98. Un seul grand : *Tableau représentant des portiques, galeries et jardins tels qu'on en voit aux environs de Rome*, sept pieds six pouces de large, sur cinq pieds quatre pouces de haut, au ministre Saint-Florentin. Un autre de quatre pieds de large sur trois de haut : *Port orné d'architecture*, à M. le duc de Choiseul; les autres de dimensions moindres. Par le livret de ce Salon, on voit que Robert avait conquis rapidement la faveur du public ; presque tous ses tableaux sont donnés comme appartenant à des particuliers. Ainsi, *la Cascade du Belvédère Pamphile à Frescati, les Restes d'un escalier antique* sont au marquis de Séran. *Une Ruine du vestibule d'un temple, une Pièce d'eau environnée de Galeries*, appartiennent à M. Hennin, résident de France à Genève. *L'Intérieur d'un édifice circulaire orné de colonnes et de statues, avec une pièce d'eau au milieu* et *les Cascatelles de Tivoli* à la marquise de Langeac. *Le Dessous du quai de Gesvres*, à l'architecte Le Carpentier. *L'Intérieur de la colonnade de Saint-Pierre* et *la Grotte de Pausilippe*, à M. de la Ferté.

Sur cette exposition de Robert, il n'y a guère que la critique de Diderot et celle de l'*Année littéraire* qui soient intéressantes :

Si je vous faisais passer en revue, écrit Diderot, toutes les compositions de Robert, je n'en finirais pas. C'est un peintre assurément que ce Robert ; mais il fait trop facilement, ses morceaux sentent la détrempe ; leur mérite principal est d'offrir des points de vue et des fabriques antiques. Il n'excelle pas pour la figure. Ses arbres sont lourds et, en général, le choix de ses accessoires pourrait être meilleur. Négligez, s'il vous conduit, son *Port orné d'architecture* (84. appart. à M. le duc de Choiseul), quoiqu'il appartienne à un ministre qui peut se procurer de belles choses sans s'appauvrir. Passez devant son imitation des *Portiques, galeries et jardins tels qu'on en voit autour de Rome* (85. appart. au comte de Saint-Florentin), parce que ce tableau appartient à un autre ministre qui ne mérite pas mieux que cela ; devant sa *Cascade*

PORTRAIT DE E. C. FRÉRON.

Dessin de C. N. Cochin le fils.

du belvédère Pamphile, à Frescati, 86, parce que je la trouve froidement touchée. Mais regardez avec attention *les Restes d'un escalier antique*, 87; *les Ruines du vestibule d'un temple*, 88; *la Pièce d'eau environnée de galeries*, 89; *la Maison de campagne du prince Mattéi*, 92; *le Paysage avec des monuments*, 93; ma foi, la plupart des autres parce qu'ils sont beaux. *Les dessins coloriés de paysages, de jardins, de temples et autres édifices antiques et modernes de Rome*, 98, ont de l'effet, de la verve et sont très précieux.

Bachaumont n'en dit que quelques mots : « Je ne vois rien du fameux Machy, mais M. Robert nous console. Cet artiste étonnant orne aujourd'hui le salon d'un nombre considérable de tableaux... »

L'article de l'*Année littéraire* sur ce Salon est très remarquable. On sait que Fréron, l'ennemi de Voltaire, dirigeait cette publication. Je ne sais si la critique est de lui; en tous cas, elle prouve que son auteur avait beaucoup de goût et une connaissance approfondie du métier[1]. Tout ce qu'il dit est en général fort judicieux, notamment sur Perroneau et Chardin. Ses observations sur l'exposition de Robert ne sont pas sans fondement, quoique cependant la perspective de cet artiste soit, en général, bonne :

M. Robert, que ses succès multipliés ont rendu célèbre, a, cette année, enrichi le Salon de quinze tableaux de toutes grandeurs. Il est plein de génie à bien des égards; il a surtout une intelligence délicate des effets de lumière. Il serait trop long de détailler tous ses nouveaux ouvrages; je me borne à quelques réflexions générales. Les tableaux de sa façon qui font le plus d'effet sont ceux où il a pu placer de grandes ombres, comme celui qui représente le dessous du quai de Gesvres à Paris, vu du bas du quai Pelletier, au bord de la Rivière, et ceux où il y a le moins de paysage. Il ne parait pas que cette dernière partie soit autant son genre que l'architecture, et on a lieu de douter, à sa touche, qu'il ait fait beaucoup d'arbres d'après nature. On croit qu'il serait à souhaiter qu'il s'assujettît plus sévèrement aux règles de la perspective essentielle au genre qu'il a embrassé, et particulièrement qu'il prît ses points de

---

1. On se faisait alors d'étranges idées sur les droits de la critique. Celle-ci était complètement soumise au régime du bon plaisir. Ce pauvre Fréron, dans ce même Salon (il était en tous cas responsable de l'article), ayant apprécié un peu librement la peinture de Casanova, celui-ci se prétendit diffamé et obtint l'emprisonnement du folliculaire. Voici le passage le plus condamnable :

« De plus sa façon de peindre (de Casanova), peut être peu durable, a quelque chose de glutineux et de luisant, qui n'est point dans la nature. Ces tons bruns, olivâtres, ces roux affectés, sont ce que les peintres appellent de la manière dans le coloris, et si vous me permettez une comparaison qui rend bien mon idée, les terrains paraissent peints au caramel et les feuillages avec des confitures de verjus. »

distance plus éloignés. On pourrait désirer encore que ses masses d'ombre fussent plus grandes et distinguées des masses de lumière d'une manière plus décidée. Il y a quelquefois des demi-teintes qui ont autant de force que les ombres et qui font tache, placées à côté des lumières vives. M. Robert peut aisément éviter ces petits défauts par des observations suivies sur les effets généraux de la nature. En la considérant, non par petites parcelles, mais par grandes masses, il verra que tout ce qui reçoit la lumière, de quelque couleur qu'il soit, est toujours lumineux en comparaison des parties ombrées, quelque couleur claire qu'elles renferment; que cette nature, le modèle de tous les arts, prend toujours un parti décidé dans les lumières; que les terrains sont d'une couleur, les arbres, les édifices d'une autre, et que l'union harmonique qui les accorde tous consiste dans les ombres. Au reste, les tableaux de M. Robert sont ingénieusement composés et touchés avec esprit. Il y a dans ses tons une magie qui prouve qu'il est né avec le véritable sentiment de la peinture.

On retrouve cette année la petite critique, qui se vendait en brochures à la porte du Salon, et contenait parfois des observations justes et piquantes. Sur celle du Salon précédent, on a peu de documents. Sur celle de 1769, on a entre autres *le Chinois au salon* et *la Lettre de M. Raphaël à M. Jérôme, son ami.* Celle-ci fit beaucoup de bruit; on l'attribue à Daudet de Jossan; elle parut sous ce titre : *Lettre sur les peintures, gravures, etc., exposées cette année au Louvre, par M. Raphaël, peintre de l'Académie de Saint-Luc, entrepreneur général des enseignes de la Ville, etc., à M. Jérôme, son ami, râpeur de tabac et riboteur.* La lettre de Raphaël contient quelques critiques spirituelles; malheureusement, à l'égard de Robert, elle est insignifiante :

Je ne te parlerai pas d'une infinité de tableaux, de ruines, de colonnades des environs de Rome; il faudrait les avoir vus pour juger de leur mérite et j'aime mieux mon gigot et mon pâté (allusion à un autre tableau) que la grotte de Pausilippe ou la maison de campagne du prince Mattéi, quelque belle qu'elle soit.

Cette lettre scandalisa l'Académie qui y fit répondre par son secrétaire Cochin le fils. La brochure de Cochin: *Réponse de M. Jérôme, râpeur de tabac, à M. Raphaël,* etc., est fort inférieure à celle de Daudet de Jossan ; l'affectation de trivialité du style y est fatigante ; voici le passage concernant Robert :

Je te reconnais bien; tu aimes mieux un pâté qu'une belle maison, de belles pièces d'eau ; fy ! est-ce qu'il faut être comme ça sur sa bouche. D'ailleurs, cela empêche-t-il que ce soient de beaux tableaux ? Eh bien, s'ils ne te plaisent pas, ils plaisent à d'autres.

Salon de 1771. Douze tableaux de Robert, dont deux de neuf pieds six pouces de haut sur quatre pieds six pouces de large, représentant des monuments et édifices de Rome antique et moderne ; deux dessins faits d'après nature au château d'Amboise, et plusieurs dessins coloriés de différentes vues et monuments d'Italie sous le même numéro ; en tout dix numéros.

Diderot, comme toujours, s'arrête volontiers devant l'exposition de Robert, et, comme toujours, lui reproche, non sans raison peut-être, de ne pas assez finir et de ne pas assez soigner ses figures.

80. *Monuments et édifices de Rome ancienne et moderne*, deux tableaux. — 81. *Vue de la forêt de Caprarole; Le Pont de Tivoli*, deux tableaux. Par ces deux tableaux, M. Robert démontre visiblement combien il est plus difficile de peindre le paysage d'après nature que de peindre des pierres et des colonnes dans son cabinet, d'après des dessins et les colorier. Ils ne sont cependant pas sans mérite.

82. *Une fontaine antique au milieu des campagnes de Rome.* Ce morceau confirme ce que je viens de dire ci-dessus. La partie la plus essentielle de ce tableau est l'architecture et elle est bien rendue et d'un bon ton de couleur. Le paysage qui n'y est qu'accessoire et lointain est plus vrai et mieux traité.

83. *Incendie dans les principaux édifices de Rome. — Ruines d'architecture.* Le premier a beaucoup d'effet et est vigoureux de couleur ; il est dommage qu'il ne soit pas traité plus en grand, l'illusion y ajouterait. Le deuxième est d'un bon choix et la couleur est vraie.

84. *Vue des jardins du prince Borghèse à Rome.* Le point de vue est choisi avec discernement et produit un effet agréable. Les figures sont d'une touche légère et bien coloriées ; mais Watteau était peintre aussi.

85. *Une vue des jardins Barberini. — Montagnes de Sora entre Rome et Naples. —* 86. *Fontaine des jardins Pamphile à Frascati.* Je regrette, Monsieur, que l'auteur ne se soit point attaché à terminer ces trois tableaux dont il aurait pu faire des morceaux fort agréables. Quelle est donc cette manie de ne vouloir que croquer du paysage ? de se faire un mérite d'expédier sans se soucier comment ?

87. *Une partie des portiques de l'ancien palais du pape Jules à Rome.* C'est une fort jolie esquisse dont M. Robert pouvait se faire un mérite réel.

88. *Deux dessins faits d'après nature au château d'Amboise. —* 89. *Plusieurs autres dessins coloriés de différentes vues et monuments d'Italie.*

Encore des idées et point de tableaux. Et ! mes amis, dirai-je à ces messieurs les croqueurs, gardez vos dessins et croquis bistrés, coloriés et tout comme il vous plaira, dans vos portefeuilles et qu'ils ne paraissent à nos yeux qu'en tableaux bien rendus et bien finis. On court après les dessins de Rubens, de Raphaël, etc., parce qu'on n'a pas de leurs tableaux autant qu'on en désire et que tout ce qui vient d'eux est marqué au coin de l'homme savant, du grand homme. Mais vos progénitures si promptement mises au jour décèlent la quantité de vos idées, il est vrai ; sont-elles grandes et sublimes ?

Un mot sur Robert. Si cet artiste continue à esquisser, il perdra l'habitude de finir ; sa tête et sa main deviendront libertines. Il ébauche jeune, que fera-t-il donc lorsqu'il vieillira ? Il veut gagner ses dix louis dans la matinée ; il est fastueux, sa femme est une élégante, il faut faire vite ; mais on perd son talent, et, né pour être grand, on reste médiocre. Finissez, Monsieur Robert ; prenez l'habitude de finir, Monsieur Robert, et quand vous l'aurez prise, Monsieur Robert, il ne vous en coûtera pas plus pour faire un tableau qu'une esquisse.

L'encyclopédiste Bachaumont, principal rédacteur de cette chronique du Salon de Mme Doublet, qui est connue sous le nom de *Mémoires de Bachaumont*, était mort au mois de mai de cette année 1771 ; son continuateur, Pidansat de Mayrobert, secrétaire des commandements du duc de Chartres, est moins connaisseur que lui ; l'esprit ne lui manque pas, mais il est presque toujours malveillant. Robert cependant n'en est pas trop maltraité :

Les amateurs d'architecture admirent M. Robert, dont la fécondité ne s'est point démentie à cette exposition, mais dont l'amour-propre s'est étendu au point de croire pouvoir balancer M. Vernet ; parce que dans quelques-uns de ses tableaux il y a des cascades, des fontaines, des rivières, etc., il les appelle des marines et le public rit de cette folle prétention (insinuation purement gratuite de la part de Mayrobert). On rend justice à son *Incendie dans les principaux édifices de Rome*, dont l'embrasement, d'un grand effet semble éclairer toute la salle. On se repose agréablement la vue fatiguée en ramenant les yeux sur la *Forêt de Caprarole*. Son vert doux et dégradé forme un contraste agréable et séduisant. En général trop de monotonie dans cet auteur fait qu'on ne s'y arrête qu'en partie.

Son prédécesseur, M. de Machy, qui n'avait rien offert aux amateurs l'année dernière, a aussi donné quelques morceaux et a semblé vouloir éviter cet inconvénient en ne se prodiguant pas trop. Mais aussi, il s'est tellement atténué qu'il se trouve presque éclipsé sous la fécondité imposante de son rival. Toujours correct, toujours délicat, il n'a pas ces masses majestueuses dont l'autre s'est enrichi dans son voyage d'Italie. Celui-ci, avec moins de régularité, frappe davantage la multitude. On trouve que le premier a lourdement péché contre le clair-obscur et l'entente de la perspective dans sa vue de la *Chapelle de la Sainte-Vierge à Saint-Roch*, dont les figures collées les unes aux autres repoussent les yeux, qu'on reporte bien vite sur son voisin.

Le *Mercure*, généralement du reste d'une fadeur insupportable, ne dit rien de Robert; les autres comptes rendus, en ce qui regarde cet artiste, n'offrent rien de remarquable, sans en excepter ceux de la petite critique, telle que: la *Lettre de Raphaël le jeune, neveu de M. Raphaël, etc*, à un de ses amis architecte à Rome, ou encore *L'ombre de Raphaël, ci-devant peintre de l'Académie de Saint-Luc, à son neveu Badigeon, marchand de couleur*, prix trente sols.

SALON DE 1773. Diderot voyage cette année-là en Russie et en Hollande. Nous sommes donc privés de sa critique, à l'ordinaire si intéressante. Précisément Robert présente au Salon de 1773 deux petits essais dans un genre qu'il n'avait pas encore traité; ce sont deux petites scènes d'intérieur dans le goût de celles que Lépicié faisait si agréablement: *Une petite fille récitant sa leçon devant sa mère, Un enfant que sa bonne fait déjeuner*. Cette tentative paraît avoir été bien accueillie du public; il eût été curieux de voir ce qu'en eût pensé Diderot.

Dans ses autres tableaux, Robert traite ses sujets ordinaires; ces tableaux sont nombreux; son exposition ne comprend pas moins de treize numéros. de 90 à 102. Quatre toiles de moyenne grandeur, le reste de petites dimensions, la plupart appartiennent à des particuliers.

Les salons du *Mercure*, de l'*Année littéraire*, des *Mémoires secrets*, ne méritent guère cette année qu'on s'y arrête; le passage des *Mémoires secrets* concernant Robert est un exemple, comme on en trouve beaucoup dans le *Mercure*, de cette critique artistique faite par des littérateurs, qui, étant forcés de parler de choses qu'ils ignorent, se battent les flancs pour rassembler quelques phrases plus creuses les unes que les autres. Mayrobert compare Robert et Machy, qu'il oppose régulièrement l'un à l'autre à tous les salons :

On ne peut guère parler de M. de Machy sans faire mention de M. Robert, peintre du même genre, mais d'une manière et d'une touche bien opposée. Le pinceau du premier est toujours riche, moelleux, brillant; celui du second est plus sec, plus terne, plus pauvre. On prendrait l'un pour un artiste fastueux, qui ne se plaît que dans les palais magnifiques, parmi les chefs-d'œuvre du luxe, chez les grands seigneurs et les princes; l'autre, pour un génie mélancolique, méditant dans la solitude, au milieu des ruines et des dévastations.

Aussi est-on attristé en voyant les ouvrages de celui-ci, qui nous remet sans cesse sous les yeux les monuments dégradés de l'ancienne Rome, et nous atteste trop bien que rien ne résiste au temps destructeur. Celui-là, au contraire, réjouit par le spectacle florissant des arts à leur point de splendeur, par des édifices imposants, qui semblent devoir être immortels. Tous deux, au surplus, sont d'un mérite supérieur. On a vu que M. de Machy savait faire autre chose que de l'architecture ; M. Robert prouve aussi son talent dans un autre genre. *Une petite fille récitant sa leçon devant sa mère ; Un enfant que sa bonne fait déjeuner* sont des idées simples exécutées avec naïveté ; tandis que son rival, dans le tableau dont nous avons parlé (Mgr le Dauphin et Mme la Dauphine aux Tuileries, allant vers le Pont tournant, le 23 juin 1773) aime encore les idées grandes et cherche à déployer la majesté de son pinceau. Ces petits sujets de M. Robert sont dans le goût de Lépicié.

La petite critique, *Vision du juif Ben Esron, fils de Sépher marchand de couleur, Dialogues sur la peinture, Éloge des tableaux exposés au Louvre*, est un peu plus instructive, au moins dans l'un de ses représentants. *Les dialogues sur la peinture*, tirés seulement à cent exemplaires, presque tous saisis par la police, avaient pour auteur Renou, alors agréé et plus tard secrétaire-adjoint de Cochin à l'Académie de peinture ; ce sont des dialogues entre milord Lyttelton, Mgr Fabretti prélat romain et Remi, marchand de tableaux alors bien connu ; quelques académiciens, entre autres M. Pierre, y sont assez malmenés ; peu de choses sur Robert :

Fabretti. — S'il y a pris ses sujets (à Rome), il n'y a pas pris sa couleur. Le climat lui en eût donné une plus chaude. C'est un peintre très agréable, plein d'imagination et de goût.

Mylord. — Il devrait seulement s'accoutumer à finir davantage et à rendre ses effets plus solides. La légèreté de touche de Jean Paul Panini ne l'empêchait pas d'être vigoureux et solide de masse.

*L'éloge des tableaux exposés au Louvre, suivi de l'entretien d'un lord avec l'abbé A****, de Daudet de Jossan, parle plus longuement de Robert :

Mylord. — ... Qu'est-ce que ce tableau, monsieur l'abbé, n° 93, il me paraît qu'il a du mérite ?

L'abbé. — Vraiment c'est d'un très bon auteur qui nous a enrichis de plusieurs morceaux d'architecture romaine ; ceci représente la grande pièce d'eau et les jardins Conti à Frescati.

Mylord. — Bon style, il y a de la vapeur ; l'auteur a mis des treillages dans ce jardin ; dans mon voyage en Italie je n'en ai pas vu.

L'abbé. — Parcourez un peu, Mylord, les n°s 94, 95, 96, 97, 98. Je leur juge du mérite, car ils appartiennent à un connaisseur (le comte de Strogonoff).

Mylord. — Beaucoup de correction et d'élégance dans le dessin ; le marbre est fort bien imité, la perspective bien observée ; vous avez deux excellents auteurs dans ce genre de ruines, ce me semble... Hein ?

L'abbé. — Nous en avons, s'il vous plaît, Mylord, bien encore un troisième. (Clérisseau).

Mylord. — Vous aimez un peu les ruines en France, en voilà beaucoup dans ce Salon.

L'abbé. — Voyez-vous, Mylord, cette belle grande dame qui est là-bas près de ce tableau sous le n° 101 ?

Mylord. — Oui, très belle femme, monsieur l'abbé.

L'abbé. — Eh bien ! c'est la femme de l'artiste qui a peint ces paysages et ces morceaux d'architecture (Robert) que vous examiniez avant le n° 126.

Mylord. — Approchons-nous un peu, ma foi très belle. Le paysage qu'elle regarde (autre tableau) très agréable ; mais comment le peintre qui avait devant ses yeux un si charmant modèle a-t-il pu placer cette vilaine figure dans ce paysage ?

L'abbé. — Il n'aura pas regardé sa femme dans ce moment-là.

Ainsi, comme on pouvait s'en douter, le tableau de Robert, n° 99, représentant *Une Petite Fille récitant sa leçon devant sa mère* n'est autre chose que le portrait de sa femme et sans doute aussi celui de sa fille aînée. On voit par ce qui précède qu'Anne-Gabrielle Soos était une des belles femmes de son temps. On sait déjà par Diderot que c'était une élégante.

Salon de 1775. Grands, très grands tableaux. Robert commence à faire de la décoration et à dessiner des jardins. Il prend rang parmi les décorateurs et veut se faire connaître comme tel. La plupart de ses tableaux de cette année sont des panneaux décoratifs, dont les possesseurs sont indiqués par le livret. Tels sont, sans doute, deux tableaux de sept pieds de haut sur trois pieds et demi de large : *Retour des bestiaux dans les ruines* et *Portique d'une maison de campagne près de Florence*, appartenant à M. de Frouville. Tels sont certainement trois tableaux de ruines : *Les Restes d'un temple de Jupiter*, le *Temple de la Concorde avec la pyramide de Cestius*, les *Ruines du Palais des Césars*, appartenant au duc de Nivernois. Un petit livre, le *Provincial à Paris* (1789), donne de Robert trois tableaux de ruines dans la salle de billard de l'Hôtel de Nivernois, rue de Tournon ; ce sont sans aucun doute les trois précédents. *Une Vue du château de Gaillon*, quinze pieds de large sur dix de haut, appartenant à l'archevêque de Rouen, l'*Extérieur d'une colonnade d'ordre dorique*, neuf pieds de haut sur huit de large au marquis de Chavigny, sont très probablement aussi des panneaux décoratifs.

BUSTE DE DIDEROT,
par Rosset-Dupont.

L'un des tableaux de Robert, le *Décintrement du pont de Neuilly*, eut un vif succès de curiosité. Ce décintrement, fait le 22 septembre 1772, en présence du roi Louis XV, avait été un événement pour la population parisienne. L'heureux achèvement du pont de Neuilly (le pont actuel) avait mis le comble à la réputation de son auteur Perronet[1]. Ce pont, dit Thierry, le plus hardi qui soit en France, est un chef-d'œuvre qui assure à jamais l'immortalité de M. Perronet. Malgré cette belle assurance d'immortalité, combien de personnes savent aujourd'hui pourquoi une rue de Neuilly porte le nom de Perronet?

La foule s'arrêtait devant le tableau de Robert pour reconnaître les personnages qui figuraient à cette solennité du décintrement. Dans les *Mémoires secrets*, Mayrobert parle plus longuement du tableau :

On ne peut parler de cet habile homme (Machy) sans faire mention de son digne émule M. Robert. Ses *Ruines du palais des Césars* offrent une percée capable de reproduire à nos yeux la merveille du tableau de Zeuxis et de tromper les oiseaux essayant de passer à travers la toile.

Son *Décintrement du pont de Neuilly* excite surtout la curiosité. Chacun aime à parcourir en détail cette multitude de têtes innombrables et à y retrouver sa place. On y distingue, dans le groupe principal, le Roy, M. le Comte de la Marche donnant la main à Madame la Comtesse Dubarri ; le chancelier avec sa simarre, ornement si étrange dans de pareils spectacles ; l'abbé Terrai, le duc de la Vrillière, le duc d'Aiguillon, M. de Boisne, tous ces ministres du feu roi, tombés dans la disgrâce et si redoutables alors ; et l'on sent une joie secrète en songeant à la révolution qui les a culbutés (la mort de Louis XV). Le peintre a choisi le moment le plus intéressant du spectacle, celui où les cintres ont tombé. L'effet de cette chute dans la rivière est rendu avec une grande magie de couleur. On voit les ondulations, l'écume de l'eau ; mais on saisit surtout l'attention générale des regardants portée vers le même objet et qui forme cette unité précieuse dans les ouvrages de tout genre.

Diderot en quelques mots très brefs blâme l'exécution de ce tableau :

Ah! Monsieur Robert que ce *Décintrement du pont de Neuilly* est pauvre, mal colorié et sans effet! Les mauvaises figures! Vous destinez là un beau cadot à M. de Trudaine! Vos bestiaux qui passent entre des ruines sont un

---

1. Aujourd'hui nous élevons des ponts à la douzaine; mais alors la construction d'un pont était une entreprise importante et difficile, dont la réussite n'était pas toujours certaine. Celui de Perronet, à cause de la largeur des arches, fut regardé comme un prodige de hardiesse; c'est ce qui explique pourquoi le décintrement de ce pont fut une espèce de fête pour les Parisiens.

Catherine II nomma Perronet son premier architecte et lui demanda des plans pour un pont sur la Néva.

L'ARC DE TRIOMPHE.

Sanguine dessinée à Rome par Hubert Robert.

peu meilleurs ; j'en excepte cependant les figures qui ne sont pas des chefs-
d'œuvres. Mais Robert, il y a si longtemps que vous faites des ébauches, ne
pourriez-vous faire un tableau fini ?

Le *Mercure* a surtout remarqué les panneaux destinés à M. de Frouville et au duc de Nivernois, et il semble bien en effet que ce soit ceux-
là que Robert ait le plus soignés. Il trouve très intéressant aussi le décintrement « qui offre le portrait fidèle d'une fête que tout Paris a vue avec
la plus grande satisfaction. »

Le grand tableau du château de Gaillon ne semble pas avoir produit
beaucoup d'effet.

Quant à la petite critique, comme *le Coup d'œil sur le Salon de 1775
par un aveugle*, de Lesuire ou *la Lanterne magique aux Champs-Élysées*,
elle ne dit rien de Robert.

A ce même Salon, Hall, un agréé de l'Académie, qui se fit un nom
comme portraitiste, exposa, avec son propre portrait et celui de Saint-
Non, un portrait de Robert, au pastel, de deux pieds de haut sur un pied
huit pouces de large, qui fut très remarqué. Tous les critiques en firent
l'éloge, Diderot et le *Mercure* notamment.

Diderot : « Hall, agréé, a fait le portrait de Robert ; il est d'une ressemblance étonnante, superbe, grand comme nature, d'une manière
large, d'une couleur vraie ». (Le Salon de Diderot est fait sous la forme
d'un dialogue entre Diderot et un peintre nommé Saint-Quentin ; c'est
Saint-Quentin qui parle).

Le *Mercure* : « Le portrait au pastel de M. Robert peintre du roi est
d'une ressemblance et d'une magie étonnantes. »

CHAPITRE VIII

Les Salons *(suite et fin)* de 1777 à 1798. — *Le Journal de Paris*. Renou, Carmontel.

Salon de 1777. Outre les sujets ordinaires de Robert, on voit de lui cette année cinq ou six tableaux de jardins. C'est l'époque où il dessine des jardins dans le genre anglo-chinois. Il vient de donner ses dessins pour la transformation des Bains d'Apollon à Versailles. On a déjà abattu les arbres de cette partie du parc, et, dans le temps qu'on procédait à cette opération, Robert en a fait deux vues qu'il expose et qui sont pour le roi. Ces deux tableaux, de sept pieds de large sur quatre et demi de haut, sont actuellement à Versailles, avec un petit dessin du même, à la plume et au bistre, représentant la grotte et deux des groupes des Bains d'Apollon. Les tons gris argentins des tableaux sont agréables.

Les comptes rendus de ce Salon n'offrent rien de bien remarquable en ce qui concerne l'exposition de Robert. Diderot se trompe quelquefois, mais combien on le regrette lorsqu'il manque, et c'est le cas pour cette année. Comme il fait revivre pour nous ce monde intéressant des artistes d'alors, et quelle différence entre ses causeries animées et la fade réthorique ou la banalité de la plupart des autres ! Mayrobert fait également défaut (les *Mémoires secrets* ne donnent que quelques Salons). *L'Année littéraire* est beaucoup moins sérieuse qu'en 1769 ; les successeurs de Fréron pensent sans doute que, pour les arts, un emprisonnement est suffisant. Ils ne se compromettent pas en parlant de Robert :

Un des artistes qui rend la nature avec le plus de vérité est M. Robert. Dans les vues des Jardins de Versailles, exécutées pour le roi, ainsi que dans les autres tableaux de cet artiste, qui rappellent les monuments de l'ancienne

Rome, on trouve un ton de couleur argentin, des détails riches et majestueux, des effets étonnants par la vérité et la perspective aérienne, portée au point de faire aux spectateurs l'illusion la plus agréable. Si les figures qui se trouvent dans les compositions de M. Robert étaient d'un meilleur choix et plus terminées, je doute qu'il y eût rien à désirer dans ses charmantes productions.

Les brochures sur le Salon, à titres plus ou moins bizarres, sont nombreuses cette année et le deviendront davantage de Salon en Salon : *Jugement d'une demoiselle de quatorze ans sur le Salon de 1777*, par Lesuire. — *La Prêtresse, ou nouvelle manière de prédire ce qui est arrivé. Les tableaux du Louvre où il n'y a pas le sens commun, histoire véritable.* — *Réflexions d'un petit dessinateur qui voit peut-être les choses trop en grand, à l'occasion des peintures et sculptures exposées au Salon du Louvre de cette année 1777*, et pictura poesis. — *Lettres pittoresques à l'occasion des tableaux exposés au Louvre en 1777*. Malgré leurs titres alléchants, ces brochures sont assez insipides ; la dernière est la plus sérieuse, quoique trop laudative. Les jugements sur Robert sont en général insignifiants, exemple *la Prêtresse* :

M. Robert est admirable. Ces ruines de Rome sont majestueuses ; il est impossible de les rendre avec plus d'esprit. Je lui reprocherai cependant qu'il se livre trop à la pratique et qu'il néglige trop ses productions. L'artiste qui possédera dans un juste milieu les talents de M. Robert et ceux de M. de Machy sera inimitable. (*La Prêtresse* reproche à de Machy de trop finir.)

Salon de 1779. Onze tableaux, dont dix appartiennent à des particuliers, et des dessins. Quatre de ces tableaux ont douze pieds de haut sur six ou sept de large et appartiennent au comte de Brionne. Ce sont évidemment des tableaux de place : *l'Entrée d'un temple, Des portiques et des colonnades, Une fontaine antique* et *Un palais ruiné*. Trois autres de cinq pieds de haut sur trois ou quatre de large : *Une pêche sur un canal, Un grand jet d'eau dans des jardins, Une partie de la cour du Capitole*, sont pour le comte d'Artois.

Dans les comptes rendus, toujours les mêmes louanges et les mêmes reproches : pinceau spirituel, pas assez de fini, figures négligées. La critique de Diderot fait défaut ; Mayrobert, qui vient de se suicider le 1er avril de cette année, est continué par Moufle d'Angerville, fort inférieur à son prédécesseur. D'Angerville ne dit rien de Robert. En revanche, le *Journal de Paris*, fondé en 1777, et qui avait à se créer une clientèle, loue tous les artistes, « de peur qu'on ne croie que l'art baisse en France ». Il reproduit même, pour les réfuter, les critiques des autres opuscules, et ceux-ci ne manquent pas : *le Mort vivant*, par Lesuire (qui fait parler François Lemoyne, mort en 1737). — *Les Connaisseurs ou la matinée du Salon des tableaux* — *Le Visionnaire*. — *Janot au Salon*, par L. J. H. Lefébure. — *Encore un rêve, suite de la Prêtresse*, par Radet, élève peintre. — *Coup de patte sur le Salon de 1779* (dialogue entre un éditeur et divers personnages), par Carmontel. — *Le Miracle de nos jours ou la bonne lunette*. — *Ah ! Ah ! Encore une critique du Salon, voyons ce qu'elle chante*, par un ancien élève de l'Académie. — *Le littérateur au Salon ou l'examen du paresseux*, etc.

Cette réfutation ou *combat des critiques* est faite dans le *Journal de Paris* par un abonné. On sait qu'Antoine Renou[1] était cet abonné. Renou, secrétaire-adjoint à l'Académie de peinture depuis 1776, est devenu plus sage et défend, comme c'est son devoir, l'Académie ; ce n'est plus le Renou de la brochure de 1773. Il passe en revue les autres publications et répond à leurs allégations. Dans l'ensemble, celui qu'il prend le plus vivement à partie est Carmontel[2], comme étant le plus sérieux ; ce dernier s'en plaindra au Salon suivant et rendra la pareille à Renou au sujet du plafond de celui-ci pour la Galerie d'Apollon. Carmontel avait beaucoup de goût ; malheureusement sa brochure est très courte et il ne dit rien de Robert. Voici l'extrait de la lettre de Renou, concernant notre peintre, dans le *Journal de Paris* :

La Lunette. — M. Robert a fait plusieurs tableaux qui ne sont pas assez terminés, mais qui prouvent beaucoup de talent.

Janot. — On remarque toujours dans les productions de cet artiste un pinceau spirituel, facile et léger, si léger que les différents objets de son tableau vus de près semblent se dissiper en vapeur.

Le Journal de Paris. — Le fécond M. Robert a garni le Salon d'une multitude de grands tableaux d'architecture et de paysage. Ses compositions ont

1. Antoine Renou, agréé à l'Académie en 1766, adjoint à Cochin fils, secrétaire de l'Académie, en 1776 ; reçu académicien le 18 août 1781 sur son tableau : *Castor ou l'Étoile du Matin*, plafond ovale de la Galerie d'Apollon, faisant pendant au *Morphée*, de Lebrun. Renou, comme Dandré-Bardon, aima mieux être littérateur médiocre que bon artiste.

2. Carmontel, littérateur, artiste et homme d'esprit, ordonnateur des fêtes du duc d'Orléans. D'après la correspondance de Grimm, il a fait les dessins du Jardin de Monceau ; d'après certains souvenirs, Hubert-Robert y aurait collaboré avec lui.

VUE PRISE DANS LES JARDINS PAMPHILE : RUINES ROMAINES,

d'après une aquarelle d'Hubert Robert. — (Collection de M. Henry Lacroix)

de la noblesse et de la variété. Il règne dans son exécution une facilité qui plaît généralement. Il ne paraît pas être au pouvoir de l'artiste de porter ses ouvrages à un certain degré de fini, en sorte qu'ils ont tous l'air de grandes esquisses avancées où brillent une couleur aimable et un bon effet. S'il pouvait rendre un peu plus les détails et soigner davantage les figures, ses tableaux doubleraient de mérite.

La Prêtresse. — L'Italie ne peut avoir de peintre plus spirituel ni plus agréable que M. Robert. Quoique peintre de genre, il peut aisément faire oublier certains prétendus peintres d'histoire qui ne le trouveront pas assez fini ni assez varié de couleur : c'est le trait de la forme et la vérité du ton qui font le fini et non la couleur posée d'une manière froide et bien polie ensuite.

Réponse du Journal de Paris. — *La Prêtresse*, si difficile pour M. Vernet et M. Le Prince, semble prête à dire des injures et à arracher les yeux à quiconque oserait reprocher à M. Robert quelques négligences légères dans ses tableaux. Elle est chaude pour ses amis, car elle immole tout pour eux.

J'avouerai ici que je suis un peu de l'avis de *la Prêtresse*. Robert, comme tous les artistes, a fait des esquisses et des tableaux ; je n'ai jamais remarqué que les tableaux de lui que j'ai vus ne fussent pas finis. On n'attribuait pas alors, je crois, au mot fini le sens que nous y attachons maintenant. D'ailleurs, il est facile de voir qu'il en était de ce temps-là comme du nôtre ; on empruntait volontiers l'opinion du voisin : les critiques se copient les uns les autres avec un ensemble touchant.

SALON DE 1781. L'exposition de Robert est peu nombreuse en tableaux, six seulement ; mais, en revanche, elle compte une très belle suite de *neuf grands dessins coloriés des plus célèbres monuments de l'ancienne Rome*, chacun de trois pieds de large sur deux pieds de haut. Ces dessins étaient pour le chevalier de Coigny ; il serait intéressant de savoir ce qu'ils sont devenus.

Parmi les tableaux, deux rappelaient un événement récent, l'incendie de l'Opéra, au Palais-Royal, qui avait eu lieu l'année même ; le premier représentait l'*Incendie de l'Opéra vu d'une croisée de l'Académie de peinture, place du Louvre,* et l'autre, l'*Intérieur de la salle le lendemain de l'incendie.* Ces deux tableaux furent jugés diversement : l'incendie fut en général moins goûté que le *Décintrement du pont de Neuilly.* Voici, d'ailleurs, ce que pense Diderot de cette exposition de Robert dans son Salon de cette année, le dernier que nous ayons de lui :

94. *L'Incendie de l'Opéra vu d'une croisée de l'Académie de peinture, place*

du Louvre. — Intérieur de la salle le lendemain de l'incendie. L'éruption de l'incendie de l'Opéra fait de l'effet, mais cet effet est dur et sec : il n'y a pas assez d'air et les figures sont mal dessinées. L'intérieur de la salle incendiée me plaît davantage. Je le trouve mieux d'accord, mais je n'en aime pas les figures. Du reste, ces figures sont bien groupées.

95. *Les Ruines du Colisée de Rome* me paraissent égales de ton ; les masses y sont et produisent de l'effet ; j'y voudrais voir seulement une variété qui ne détruise pas cet effet ; cela donnerait de l'harmonie et ajouterait au pittoresque.

96. *Lavoir au milieu d'un jardin. — Un Casin italien.* Très agréables, mais crus de couleur, avec des sécheresses que je n'aime pas, surtout aux laveuses. Arbres fort lourds, surtout à leurs cimes.

97. *Neuf dessins coloriés des plus célèbres monuments d'architecture et de sculpture de l'ancienne Rome.* Ces dessins sont fort beaux, mais les figures mal dessinées.

Comme il l'a fait déjà au Salon précédent, Renou, dans le *Journal de Paris*, répond aux autres critiques :

Le critique prétend que ce feu (l'incendie de l'Opéra) se voit de trois cents lieues et il le juge par la grandeur d'une ouverture dont les côtés sont privés de la lumière, et que l'artiste a placée de cette façon pour faire une opposition sûre à son feu. On se permet aussi une plaisanterie qui porte à faux, puisque des spectateurs habillés à l'italienne ne doivent pas faire sensation.

Observation du Journal. On observe pourtant que si M. Robert n'eût point pris son point de vue si au milieu, mais dans un des côtés et de plus près, son feu aurait été d'une plus grande masse, et une partie des maisons de la place, privée de lumière, lui aurait ménagé une opposition plus sûre et plus vraie. Il aurait agrandi ses figures, mis quelques accessoires intéressants et la scène aurait pris un caractère d'horreur. On peut dire à peu près la même chose sur le point de vue de son pendant.

La petite critique est amplement représentée : *la Patte de velours, pour servir de suite à la deuxième édition du Coup de patte* (dialogue entre un éditeur et différents personnages), par Carmontel. — *La Muette qui parle au Salon de 1781,* par Lesuire. — *La peinturomanie ou Cassandre au Salon de 1781.* — *La Vérité, critique des tableaux exposés au Salon du Louvre en 1781.* — *Panard au Salon.* — *Réflexions joyeuses d'un garçon de bonne humeur sur les tableaux exposés au sallon de 1781,* prix 20 sous, par un ancien élève de l'Académie (qui avait donné précédemment *Ah! Ah! encore une critique*). Celui-ci n'est pas de l'avis des autres sur Robert :

Tout Paris peut juger du mérite de ce tableau, représentant *l'Incendie de l'Opéra*. M. Robert a parfaitement rendu cette belle horreur. Son pendant n'est pas aussi bien. Cette fumée blanche nuit à l'effet général du tableau. A l'égard des autres productions de M. Robert, le talent de cet artiste est généralement applaudi, et on peut dire qu'il soutient glorieusement sa réputation.

Carmontel ne dit que quelques mots de Robert :

Le peintre. — Voici deux jolis tableaux de M. Robert.

L'éditeur. — Le Colisée surtout et cette fontaine antique me plaisent assez pour que je ne dise rien de l'Opéra incendié.

Carmontel et Diderot traitent assez mal le tableau de Renou : *Castor ou l'Étoile du Matin*.

SALON DE 1783. Rien de particulier à signaler sur les dix tableaux qu'offre notre artiste ; toujours les sujets ordinaires, en moyens et petits tableaux. Il faut excepter pourtant les deux tableaux sous le n° 66, qui sont des *Vues de Marly*, quatorze pouces de haut sur neuf de large, appartenant à M. de Courmont. Un amateur parisien bien connu possède actuellement *Une Allée couverte de Marly, sur un canal*, qui est dans ces dimensions et fort jolie ; c'est probablement l'une de ces deux toiles.

Le peintre est toujours bien accueilli des critiques, qui ne font guère en général que se répéter à son sujet et se bornent le plus souvent à quelques mots d'appréciation.

Dans le *Journal de Paris*, par exemple, le Salon n'est plus de Renou ; on le voit :

M. Robert comprend depuis le n° 59 jusqu'au n° 67 inclusivement. Cet artiste est toujours séduisant par ses effets ; mais ses tableaux ne paraissent pas assez rendus ; ils ne le sont pas au moins autant que ceux de J. P. Panini, qu'il semble avoir pris pour modèle.

Parmi les nombreuses brochures ayant ce Salon pour objet, l'une des plus intéressantes est encore celle que fit paraître Renou : *l'Impartialité au sallon, dédiée à Messieurs les critiques présents et à venir. Prix 12 sols. Elle se trouve à Paris chez tous les marchands de nouveautés.* Renou, devenu académicien, trouve que tout est pour le mieux à l'Académie. Selon son habitude, il passe en revue les autres critiques, et cette revue est toujours curieuse ; par exemple, *le Triumvirat des arts*, par

VUE DE LA VILLA PAMPHILE : RUINES ROMAINES,

d'après une aquarelle d'Hubert Robert. — (Collection de M. Henry Lacroix)

son adversaire Carmontel, dit qu'à son avis MM. Ménageot, Vincent, David et Regnault sont les seuls hommes dont les ouvrages attirent la foule au Salon ; c'est à Regnault qu'il donne la palme pour la pureté, la correction du dessin, la grandeur du style. *L'Ami de tout le monde* loue précisément dans Robert la partie qu'il n'a pas, le fini précieux. Bien d'autres sont encore cités par Renou : *le Véridique au sallon. — Marlboroug au sallon. — Observations générales sur le sallon. — Lustucru au sallon* (dialogue entre Marlboroug, Lustucru et un marquis). — *La morte de trois mille ans. — Apelle. — Momus au Salon. — Les peintres volans* (les peintres d'histoire, parce qu'ils étaient placés très haut au Salon), *ou dialogue entre un Français et un Anglais. — Les Petites Affiches.*

Renou se plaint que les artistes soient traités par les critiques « comme des criminels condamnés à entendre crier leur sentence dans le lieu même de leur exécution ». Il loue Robert, son confrère :

On connaît son extrême fécondité, son art à disposer largement ses masses et à prendre de grands partis dans son architecture. Ce que j'en dirais n'ajouterait rien à l'estime publique, dont il jouit par son talent.

Sans Quartier, prix 20 sols, ne justifie guère son nom dans ses appréciations du Salon. Il ne dit rien de Robert, sinon qu'il ne trouve rien à lui reprocher.

SALON DE 1785[1]. Sept ou huit tableaux dont deux grands. Ces deux grands tableaux : *Incendie dans la ville de Rome* et *Réunion des plus célèbres monuments antiques de la France*, étaient pour le comte du Nord, le grand-duc héritier de Russie, fils de Catherine II, qui était venu visiter Paris. Ils furent appréciés diversement. Deux petits tableaux : *la Fontaine de Vaucluse* et *les Roches d'Ollion en Provence*, pour l'archevêque de Narbonne, furent généralement loués, ainsi que *le Portique d'Octavie, servant de marché au poisson.*

Le Journal de Paris du 12 septembre[2] critique l'*Incendie dans la ville de Rome :*

Dans le nombre des morceaux exposés par M. Robert, on distingue deux

1. Le Livret de ce Salon ne se trouve pas à la Bibliothèque Nationale. Il n'est pas non plus dans la collection des livrets des anciennes expositions rééditées par M. Guiffrey. Je l'ai restitué, en ce qui concerne Hubert Robert, aussi bien que possible, d'après les critiques du temps, dans la liste des Salons à la fin du volume.

2. Dans le numéro du 5 septembre de ce même journal, une lettre signée Vilette

grands tableaux destinés au Grand Duc de Russie ; l'un représente un *Incendie dans la ville de Rome*, et l'autre la *Réunion des plus célèbres monuments antiques de la France*. Ces deux tableaux ont onze pieds sur huit. Il me semble que M. Robert s'est trompé quant à l'effet de l'incendie. Le plus grand mérite de ce genre de peinture me paraît résider dans la vérité de l'effet et je ne regarde les figures que comme un simple accessoire ; or, je ne rencontre pas cette exacte vérité dans son tableau de l'incendie. Je ne crois pas que la galerie qui forme le premier plan de ce tableau soit éclairée comme elle devrait l'être, relativement à la distance du foyer de la lumière. Le ton rouge qu'il a donné à ses demi-teintes me paraît faux, puisqu'à raison de l'éloignement du foyer ces mêmes parties devraient être entièrement dans l'ombre, et conséquemment sans transparence et privés des différents détails qu'il y a mis. Pourquoi, d'ailleurs, les ombres des corps isolés qui sont portées sur d'autres corps sont-elles de 45° comme si la lumière venait du soleil, tandis que dans ce tableau cette même lumière vient d'en bas ?

Le pendant du tableau de l'incendie me semble plus heureux par le ton, mais trop décousu dans la composition. A l'égard du *Portique d'Octavie, à Rome*, il mérite les plus grands éloges ; la couleur en est vraie et l'effet très harmonieux.

L'auteur des *Observations critiques sur les tableaux du sallon de l'année 1785* loue ces mêmes tableaux :

Son exécution (de Robert) est belle, son faire est moins vague et moins indécis. Ce défaut a même disparu dans les deux tableaux qu'il vient de faire pour le comte du Nord, dont l'un représente un incendie dans Rome et l'autre les monuments antiques de la France. L'effet de son incendie est vrai et ses monuments antiques ont du charme pour l'imagination. On peut donner les mêmes éloges à son tableau représentant *la Poissonnerie de Rome*.

Les autres brochures ne parlent pas de Robert, ou bien leurs observations sont insignifiantes. Ce sont : *Figaro au sallon de peinture; par l'auteur de Momus au sallon*, prix 18 sols (pièce dont le lieu est le Salon et les personnages Almaviva, la comtesse, Figaro, Suzanne et Chérubin ; l'auteur a oublié seulement d'emprunter à Beaumarchais un peu de son esprit). — *Mélange de doutes et d'opinions sur les tableaux exposés au*

apprécie assez curieusement les tendances des artistes d'alors à ne donner que des sujets antiques. Parlant du tableau de David, *Priam ramenant le corps d'Hector :* « Peut-on, dit l'auteur, prendre un intérêt bien vif pour un événement avec lequel l'Histoire et la Fable nous familiarisent depuis trois mille ans? Si je me passionnais vivement pour un semblable sujet, je croirais ressembler au poète Chapelle qui s'attendrissait volontiers à table et qui pleurait à chaudes larmes la mort du poète Pindare... »

sallon du Louvre en 1785, prix 12 sols. — *Le peintre anglais au sallon de peinture de 1785*. — *Réflexions impartiales sur les tableaux du sallon de 1785* (blâme l'association des monuments dans le tableau de Robert : *les Antiquités de la France*, et trouve que les deux petits tableaux de l'archevêque de Narbonne sont très jolis de ton. — *L'Aristarque moderne au sallon*. — *Minos au sallon*, prix 24 sols. — *Observations sur le sallon de 1785*, par l'abbé de Fontenay, d'après des notes données par un académicien. — *Promenades de Critès au sallon*. — *L'espion des peintres*. — *Jugement d'un musicien*.

Carmontel, dans *le Frondeur ou dialogue sur le sallon*, par *l'auteur du Coup de patte et du Triumvirat*, blâme la réunion, dans le tableau des antiquités, de monuments éloignés l'un de l'autre, les Arènes, la Maison quarrée de Nîmes, le Pont du Gard, l'Arc de triomphe d'Orange :

M. Robert ne finit pas ses tableaux, ce sont de très agréables esquisses. Il y rapproche les uns des autres des objets fort étonnés de se trouver ensemble..... il orne ses vues des copies de belles antiques. Ses ouvrages sont presque toujours les rêves d'un homme d'esprit. Cette vue de la célèbre fontaine de Vaucluse est d'une vérité frappante.

Citons encore pour terminer *l'Avis important d'une femme sur le sallon de 1785* :

Robert. — Cet artiste est celui de tous les virtuoses connus, passés et présents, qui fasse le plus hardiment, le plus inconsidérément, le plus invraisemblablement d'assez ingénieuses esquisses. C'est un homme d'esprit et de goût, mais ce n'est pas un peintre.

SALON DE 1787. Robert reprend cette année le sujet des Antiquités du Languedoc, dont il avait fait deux tableaux au dernier Salon. Il le répartit en quatre grands tableaux de huit pieds six pouces de large sur huit pieds deux pouces de haut : *l'Intérieur du Temple de Diane, à Nîmes*. — *La Maison quarrée et la Tour Magne de Nîmes*. — *L'Arc de triomphe et l'Amphithéâtre de la ville d'Orange*. — *Le Pont du Gare* (sic). Le livret donne ces quatre tableaux comme appartenant au roi. L'administration des Bâtiments les avait sans doute achetés, en effet ; mais on ne sait pour quelle cause, peut-être le défaut de paiement, deux de ces tableaux : *l'Arc d'Orange* et *la Maison carrée*, revinrent en la possession du peintre. Sa veuve les offrit au Musée du Louvre par son testament du

13 juillet 1821 (voir le dernier chapitre). Les quatre tableaux sont actuellement à la salle française de ce Musée.

Un autre tableau, représentant *le Temple de Jupiter*, est indiqué comme appartenant au comte d'Artois. Aujourd'hui, le Musée du Louvre possède un *Temple de Jupiter* signé *H. Robert, 1787*. M. Villot pense que c'est très probablement le précédent. Les dimensions des deux tableaux, dans l'ancien livret et dans le catalogue du Louvre, ne concordent pas, pas plus du reste que celles des quatre précédents tableaux, mais je pense que dans l'ancien livret le cadre comptait pour la mesure.

Il faut encore signaler, à ce Salon, trois grands dessins de Robert, de trois pieds sur deux, appartenant à M. Le Pelletier, prévôt des marchands : *Un jeune homme qui tombe d'un monument ruiné, une Marchande vendant des fleurs au pied de la statue de Marc-Aurèle, les Ruines du temple circulaire de Vénus, servant de colombier.*

Sur l'exposition de cette année-là, l'article du *Journal de Paris* fut encore, dans le public, attribué à Renou ; celui-ci, cependant, eut l'air de s'en défendre dans un mémoire lu à l'Académie, le 1er septembre, sur l'abus des critiques injustes. Quoi qu'il en soit, le journal parle ainsi de Robert :

N° 46 jusques et y compris le n° 55, ce qui fait dix tableaux par M. Robert. Ce sont des monuments d'architecture tant anciens que modernes ; ceux qui se font remarquer le plus par la couleur et l'effet sont : *la Maison carrée, l'Arc de triomphe, l'Amphithéâtre de la ville d'Orange, l'Intérieur du Temple de Diane, à Nîmes et l'Intérieur de l'église des Innocents, à Paris.* Je n'entreprendrai point de développer toutes les beautés qui s'y rencontrent ; elles sont nombreuses et on les attend du mérite reconnu de l'auteur, mais il est bien fâcheux que cet artiste, si supérieur d'ailleurs, persiste à se montrer si négligent sur la perspective. Ce défaut frappe surtout dans le tableau de l'*Intérieur de l'église des Innocents ;* le plan en est tout à fait brisé. Il est nécessaire en le regardant de rétablir dans sa pensée l'ordre du plan du monument pour pouvoir le comprendre ; il y a trop de disproportion des objets du premier plan au second. M. Robert ne peut pas ignorer et n'ignore pas sans doute que, lorsqu'on veut rendre un intérieur et qu'il n'y a pas de reculée, il faut la supposer, attendu qu'il est impossible de voir l'objet sous lequel on est. Ce tableau, au surplus, est très fier de ton et a beaucoup de profondeur.

Le reproche est peut-être fondé. Le tableau étant petit, quatre pieds sept pouces de large sur quatre pieds de haut, Robert n'avait pas besoin d'exagérer outre mesure le premier plan. De Machy exposait aussi plusieurs vues de la même église, détruite à cette époque.

Encore un coup de patte pour le dernier, ou dialogue sur le Salon de 1787 (entre l'auteur et un peintre) est cette fois d'un nommé Lefèvre et non plus de Carmontel. Il est injuste envers Robert :

L'auteur. — Oh ! si les parodies vous amusent, vous avez de quoi vous égayer : 86, vous voyez ici *Horace près des Cascatelles de Tivoli* (par Hue, académicien) ; plus loin : 171, *Cicéron découvrant à Syracuse le tombeau d'Archimède* (par Valencienne, académicien). Autrefois, M. Robert nous croquait des figures de trois pouces de haut, dans une immensité de vieilles masures, et il appelait cela *Marius assis sur les ruines de Carthage* (Salon de 1783). En lisant ces annonces emphatiques et en regardant les numéros indiqués, on s'imagine être aux associés quand ils jouent Zaïre.

Le peintre. — M. Robert se distingue cette année dans cette vue de l'église des Innocents, 51. Il perce la toile.

L'auteur. — Il la perce en peignant des carreaux de vitre. M. Vernet la perce bien autrement.

Le passage de *Merlin au Salon* sur notre peintre est assez curieux :

Qu'il est agréable de voir ce bon Marc-Aurèle monter si bien à l'anglaise ! C'est bien hardi de vouloir défigurer une des plus belles statues antiques. Je n'ai pu me refuser au plaisir d'admirer ces petites femmes bien chiffonnées qui ont l'air de poupées au milieu des ruines de l'ancienne Rome. O fureur de tout franciser !

On voit que nous sommes arrivés à un moment où les admirateurs de l'antiquité commencent à pontifier. Il n'est plus permis de franciser, cela sent trop le terroir.

Les autres brochures : *l'Ombre de Rubens. — La plume du coq de Micylle. — Promenades d'un observateur. — Le cousin Jacques. — L'ami des artistes. — La bourgeoise au salon. — Lenlaire au Salon académique. — Les grandes prophéties du Grand Nostradamus*, sont insignifiantes. Il y a aussi sur ce Salon une lettre de Denon.

Pour la première fois cette année, les honoraires associés libres sont admis à participer à l'exposition. Le marquis de Turpin, l'un d'eux, élève de Robert, expose : *Une vue de la villa Madama, Portiques d'une rue de Tivoli* et plusieurs dessins faits d'après nature à Rome.

Salon de 1789. Encore les monuments antiques de la France, mais cette fois accompagnés des principaux édifices parisiens. Encore la statue

PORTRAIT DE MADAME VIGÉE-LEBRUN,
par elle-même.

de Marc-Aurèle, avec la destruction d'un temple; cette statue de Marc-Aurèle, Robert l'a faite bien des fois; on voit qu'il en avait un modèle dans son cabinet. Deux tableaux d'actualité : *Vue prise sur la rivière sous l'une des arches du Pont-Royal dans le temps de la grande gelée de l'hiver dernier, la Bastille dans les premiers jours de sa démolition.* Dans son ensemble, l'exposition de l'artiste ne présente rien de particulièrement remarquable. Le Salon, du reste, ne fait guère de bruit cette année. Des événements bien autrement graves que l'ouverture d'une exposition artistique sollicitent l'attention. Aussi ne voit-on, dans les journaux, que quelques comptes rendus très courts, et le nombre des petits opuscules qui s'en occupent est sensiblement diminué. On en trouve cependant encore quelques-uns, peu intéressants d'ailleurs, comme : *Vérités agréables. — Remarques sur le Salon. — L'Amphigouri ou les élèves au Salon.* Ce dernier est une conversation entre des élèves qui se nomment l'Enthousiaste, l'Antique, la Grâce et le Goût :

L'enthousiaste. — M. Robert est toujours agréable et ses tableaux délicieusement touchés; son tableau où il a rassemblé divers monuments de Paris est des plus ingénieux ; je crois seulement qu'il aurait pu prendre un parti plus sévère dans sa vue de la Bastille.

Tous ensemble. — Il pouvait effrayer au lieu de faire un tableau agréable.

Le *Journal de Paris* donne encore de ce salon un compte rendu que Meister, dans la correspondance de Grimm, persiste à attribuer à Renou ; sur Robert :

On sait que les ouvrages de ce maître sont caractérisés par une grande facilité et que cet artiste a le don de plaire. Je désirerais cependant, pour l'avantage du Salon, qu'on n'y exposât que deux ou trois tableaux de ce genre.

Au Salon de 1789, Mᵐᵉ Vigée-Lebrun expose le portrait de Robert, qu'elle avait fait l'année précédente, pendant un séjour à Moulin-Joly. C'est celui qui est au Louvre, et que nous reproduisons en frontispice. Il en existe, à l'École des Beaux-Arts, une copie faite, dit-on, par le peintre lui-même.

Pajou expose également le buste en terre cuite de son ami Robert. Ce buste est à l'École des Beaux-Arts, à laquelle il a été donné par M. Rey, élève de Robert.

Salons de 1791-93-95-96-98. Dans ces derniers Salons, ainsi que dans les deux ou trois précédents, il y a chez notre artiste une tendance

L'ESCALIER.

Sanguine dessinée par Hubert Robert, en 1759. — (Collection de M. Ange Déglise.)

visible à animer son architecture par des scènes familières et même à mettre la banalité de ces scènes en opposition avec la majesté des anciens édifices. Ainsi, c'est, en 1787, *Une marchande vendant des bouquets auprès de la statue de Marc-Aurèle.* — En 1789, *Un temple circulaire jadis dédié à Vénus, que l'on a restauré pour servir d'asile aux pigeons qui désertent le colombier* (sujet déjà traité en dessin au Salon précédent). — En 1791, *Un aveugle demandant l'aumône à deux perroquets, Un prédicateur, au milieu de ruines anciennes, endormant son auditoire, Ruines du palais de Caracalla, près desquelles se fait une partie de ballon.* — En 1793, *Un jeune homme, grimpé au haut d'un monument, jette des fleurs à de jeunes femmes et tombe dans un tombeau* (sujet déjà traité en 1787). Après la Terreur, cependant, Robert redevint sérieux. Ce n'était plus le moment de plaisanter avec l'antiquité.

Il est assez difficile de savoir ce que pensaient de ces sujets les contemporains. Dans ces années, les articles sur les Salons se font rares. Les journaux s'occupaient d'autres choses. Un extrait de la préface du livret de 1793 montre bien cependant que ce genre d'esprit ne devait guère être goûté : « Il semblera peut-être étrange à d'austères républicains de nous occuper des arts quand l'Europe coalisée assiège le territoire de la liberté... » Quelques jours après, du reste, le joyeux artiste était incarcéré.

Lorsque la tranquillité commença à revenir, Robert était trop âgé et se sentait un peu dépaysé. A son dernier Salon, qui est celui de 1798 (1er Thermidor an 6), il ne donnait que deux tableaux. Au Salon précédent, il avait exposé un *Projet pour éclairer la Gallerie du Musée* (Robert faisait partie du conseil de conservation du Musée central des Arts). On s'occupait beaucoup du système d'éclairage qu'il convenait d'appliquer à la Grande Galerie du Louvre, où était installé le Musée ; c'était une grosse question, qui avait arrêté l'ouverture du Muséum royal pendant une douzaine d'années et n'était pas encore résolue sous la Révolution. (Voir plus loin les origines du Musée du Louvre.)

CHAPITRE IX

La peinture d'Hubert Robert a pu quelquefois prêter à la critique ; ses dessins n'ont obtenu que des éloges. Il a fait de ces dessins un nombre prodigieux, un nombre tel que lui-même eût été, je crois, incapable d'en établir un compte exact. C'est là surtout qu'il a montré la souplesse de son talent ; c'est là surtout qu'on voit, selon l'expression de Diderot, qu'il a jeté sa règle pour ne garder que son crayon. De quelques traits, de quelques touches jetés comme au hasard, il sait faire une chose pittoresque ; cela est composé agréablement et avec esprit, et enlevé avec une hardiesse, un bonheur que n'a jamais eus aucun peintre d'architecture. Mariette loue ces dessins sans réserve, et c'était un connaisseur difficile à satisfaire. Ce que Robert a surtout aimé à faire, ce sont les aquarelles rehaussées de plume, ou plus exactement des dessins à la plume rehaussés de teintes légères. En ce genre, excepté peut-être celles qu'il a faites sur la fin, toutes ses productions seraient à citer. Il y est inimitable. Il a dessiné aussi au crayon, soit à la sanguine, soit à la pierre noire. Ses dessins faits en France sont plutôt à la pierre noire. En Italie, il se servait plus volontiers de la sanguine, notamment pour faire des études de figures. On lui a reproché bien souvent sa faiblesse en cette partie, il l'avait pourtant travaillée ; la vocation lui manquait sans doute. Il faut dire que dans ses desins les figures sont suffisantes et très joliment croquées.

Aucun document ne permet d'affirmer d'une façon absolue que Robert ait, à Rome, gravé à l'eau-forte avec Saint-Non ; mais la manière du

premier ressemble si singulièrement à celle du second, et les deux
artistes ont eu tant et de si intimes relations en Italie qu'on ne peut avoir
le moindre doute sur ce point ; très probablement aussi, Robert a fait de
l'eau-forte avec Watelet. Néanmoins, la gravure, procédé trop lent, ne
convenait pas au tempérament de notre peintre. Il a donc peu gravé. On
ne connaît de lui que dix-huit pièces, toutes à l'eau-forte, et je crois
faites toutes à Rome. Elles ont de la finesse et du pittoresque.

D'après Le Blanc, douze de ses pièces (on en compte dix ordinairement) font partie de la suite connue sous le nom de *Soirées de Rome* ;
elles ont de 133 à 136 millim. de long sur 84 à 90 de large. Les nᵒˢ 11 et
12, *Monuments antiques de Rome* et *Vue de l'église de la place Saint-
Pierre* sont très rares et se trouvent dans un ouvrage intitulé : *Nella
Venuta in Roma di Madama Le Comte, 1764.* Les pièces de cette suite
venaient d'être gravées à Rome, lorsque Watelet arriva en cette ville, à
la fin de l'année 1763. Elles sont dédiées à Mᵐᵉ Le Comte qui accompagnait Watelet dans son voyage. On les trouve en trois états : 1º avec
l'adresse de Wille au titre, 2º avec les mots *à Paris chez Prévost*, 3º *à
Paris chez Basan*. Nous reproduirons dans ce volume trois de ces
pièces.

Outre cette suite, on connaît de Robert six autres eaux-fortes :
*la Galerie à la fumée, Paysage avec marbre cassé, 1764, Tombeau de
M. de Buchelay, 1764, la Carte de visite de H. Robert, Bas-reliefs
antiques, Combat de cavalerie, d'après Van der Meulen, 1764.* (Voir
la liste des dix-huit pièces à la fin du volume.)

Mais si Robert a peu gravé, plusieurs de ses tableaux et un grand
nombre de ses dessins ont été reproduits par d'autres, soit à l'eau-forte,
soit à la gravure en couleur.

A peine de retour en France, Saint-Non, cherchant à mettre à profit
les observations qu'il avait faites en Italie, fit paraître, de 1763 à 1767,
divers recueils de pièces gravées par lui-même : en 1763, une suite de
dix-neuf feuilles à l'eau-forte comprenant des bas-reliefs, trépieds,
autels, vases et ustensiles à l'usage des anciens, copiés en Italie ou
inventés par Robert dans le goût antique. En 1764 et 1765, des vues
d'Italie, de villas notamment, à l'eau-forte, d'après Fragonard et Robert ;
plusieurs de ces vues prises dans les environs de Naples, reparaîtront
dans le *Voyage pittoresque de Naples*. En 1767, une autre suite à l'aquatinte, d'après les dessins de Fragonard et de Robert. De 1767 à 1770 il

publia une suite de gravures au lavis, d'après différents artistes, Boucher, Fragonard, Robert, etc.; on remarque dans cette suite la première pensée du tableau de réception de Robert à l'Académie de Paris ; au bas : *il primo pensiere del quadro sopra il quale il signor Roberti é stata gradito e ricevuto à l'Academie reale di pittura in Parigi.*

Vers 1771, Saint-Non entreprit une publication plus considérable ; ce fut un recueil de planches à l'aquatinte intitulé : *Fragments choisis dans les peintures et les tableaux les plus intéressants des palais et des églises d'Italie.* Ce recueil comprend cinq suites et même six : première et deuxième suite, *Rome ;* troisième suite, *Bologne ;* quatrième suite, *Naples ;* cinquième suite, *Venise.* Naples a une seconde suite comprenant *un choix de quelques morceaux des peintures antiques d'Herculanum, extraits du Musœum de Portici,* où sont réunis les plus jolis morceaux de ce musée, notamment *la Marchande d'amour,* d'après un dessin de Clodion. Ce sont surtout les dessins de Fragonard, d'après les peintures d'Italie, qui ont été mis à contribution dans ce recueil; Robert en a donné aussi quelques-uns; les titres de la seconde suite de Rome, de la quatrième et de la cinquième, et deux ou trois autres pièces sont d'après lui.

Ces fragments parurent à partir de 1772, à en juger par l'annonce suivante publiée par le *Mercure :*

Mercure, juillet 1772. — Suites de gravures dans la manière des dessins lavés à l'encre de Chine.

Un amateur des arts ayant fait en Italie un voyage assez long pour y pouvoir réunir une collection de ce que ce pays renferme de plus intéressant en tableaux italiens et fragments antiques, qu'il y a fait dessiner par les meilleurs artistes, se plaît à les graver lui-même.

Il lui fallait pour entreprendre une suite aussi nombreuse une manière de graver plus expéditive que la gravure à l'eau-forte dont on se sert ordinairement. Il a eu recours pour cela à un genre qui imite les dessins lavés à l'encre de Chine, qui lui a été communiqué par M. De La Fosse, graveur, et qui, sans être le procédé de M. Le Prince, peintre du Roi, semble en approcher au moins par la rapidité de l'exécution.

Le commencement de cette exécution intéressante, contenant la suite de Rome, est de 60 planches, prix : 24 livres.

On pourra s'en procurer des exemplaires chez Basan, rue et hôtel Serpente, et Chereau, marchand d'Estampes rue Saint-Jacques à Paris.

Je crois que cette suite annoncée comprend en réalité les deux suites

PORTRAIT DE M. DE LA BORDE.

Gravé à l'eau-forte par Augustin de Saint-Aubin, d'après Roslin.

de Rome, car l'annonce suivante, *Mercure* août 1773, passe à la troisième suite, Bologne.

A peu près au moment où Saint-Non préparait ses *Fragments*, en
1771, Basan fit paraître une suite à l'eau-forte de *Différentes vues disséminées d'après nature dans les environs de Rome et de Naples, par
MM. Robert et Fragonard;* on trouve là, par exemple, de Robert,
gravées par Adélaïde Allou, *les Bains de Néron, le Tombeau de Virgile*
lesquels se verront aussi dans *le Voyage pittoresque de Naples.*

Plus tard, les ouvrages de Robert furent reproduits par divers autres
graveurs. Les pièces en couleurs d'après lui, les plus importantes, sont
dues à Janinet; celui-ci a donné notamment *les Restes du palais du pape
Jules,* 11 pouces sur 9, en couleurs, prix : 6 livres et son pendant *Colonade et jardins du palais Médicis.* (Ces deux pièces, ensemble, 14 fr , à
une vente en 1862). On a en outre, de Janinet, *la Villa Madama* et *la
Villa Sachetta* à l'aquatinte et en couleurs. Morret a aussi gravé Robert
en couleurs ; ses estampes les plus connues sont *l'Hermite du Colisée,*
le Cloître, le Couvent. Descourtis a donné le pendant de l'Hermite, *la
Prière interrompue.* Martini, Chatelain, Legrand, Le Veau, Helman,
Shelton, Maugein, et beaucoup plus tard Régine Carrey ont encore
gravé Robert à l'eau-forte.

Enfin, notre artiste fut mêlé dès l'origine aux grandes publications
illustrées qui parurent dans les premières années du règne de Louis XVI
et dont je dirai ici quelques mots.

* *

Ce ne fut certes pas un homme ordinaire que Jean-Benjamin de La
Borde, valet de chambre de Louis XV, artiste, musicien, homme de
lettres et un peu fou par dessus le marché. Il défit et refit trois ou quatre
fois sa fortune sans se mettre en peine d'accidents aussi peu importants.
On lui doit entre autres un *Choix de chansons mises en musique,* qui
passe pour une des plus jolies choses du siècle dernier et dont un exemplaire, avec dessins originaux de Moreau le jeune, ayant appartenu à
Marie-Antoinette, a atteint, il y a quelques années, le prix de 7.500 fr.
Après la mort de son maître, ayant été nommé fermier général, il occupa
ses loisirs à des entreprises littéraires et artistiques. Il n'y a aucune exagération à dire que ce fut lui qui, directement ou indirectement, mit en

branle toutes les grandes publications illustrées qui parurent coup sur coup aux environs de 1780. Le libraire Lamy, qui termina son *Voyage pittoresque de Suisse*, le prétend, et il semble bien que ce soit avec raison.

De la Borde conçut d'abord le projet d'un vaste ouvrage sur la Suisse et l'Italie, dont les frais devaient se couvrir par souscription. Au mois de juillet 1776 paraissait le prospectus suivant, reproduit par le *Mercure* en mars 1777 :

Tableaux typographiques, pittoresques, physiques, historiques, moraux, politiques, littéraires de la Suisse et de l'Italie, ornés de 1,200 estampes, gravées par les meilleurs graveurs, d'après les dessins de MM. Robert[1], Pérignon, Fragonard, Paris, Poyet, Raymond, Le Barbier, Barthélemy, Ménageot, Le May, Houël, etc., et les plus habiles maîtres de l'Italie. A Paris, chez Née et Masquelier, graveurs, rue des Francs-Bourgeois, près la place Saint-Michel. — Ruault, libraire, rue de la Harpe. — A Londres, la Société typographique, rue Saint-James. — Lyde, libraire dans le Strand et chez les principaux libraires de l'Europe, avec approbation et privilège du Roy.

Nous rendons un compte détaillé de cet ouvrage, un des plus importants qui aient été annoncés dans ce siècle.

L'ouvrage sera divisé en six volumes :

Le premier contiendra la Suisse. — Le deuxième et le troisième, Rome et les États du pape. — Le quatrième, Naples et une partie de son royaume. — Le cinquième, la Toscane, les États de Lucques, ceux de Gênes, de Modène, Parme. — Le sixième, les États de Venise, le duché de Milan, le Piémont, la Savoie.

Deux cents estampes par volume. Ces estampes se distribuent six par six, de mois en mois, et l'on se flatte d'en pouvoir donner un nombre plus considérable avant peu, afin que chaque volume soit complet en dix-huit mois. Le prix de chaque estampe sera de 30 sols pour les souscripteurs et de 40 sols pour les autres. A la dernière livraison des estampes de chaque volume, le texte sera distribué gratis.

Les amateurs qui désirent voir quelques-uns des dessins destinés à cet ouvrage pourront se transporter chez les graveurs ci-dessus indiqués.... On

---

1. Il faut remarquer que le nom de Robert est ici mis en avant. C'était intentionnellement. On comptait sur ce nom pour attirer les souscripteurs, à en juger du moins par ce passage de la Correspondance de La Harpe : « M. de La Borde, ancien valet de chambre du roi, annonce un projet fait pour réussir ; il propose toutes les vues d'Italie et de Suisse, dessinées sur les lieux par Robert et gravées par nos meilleurs artistes. On distribue un certain nombre d'estampes tous les mois et la souscription est de neuf livres par mois. J'attends les ordres de V. A. I. pour souscrire en son nom. »

sera libre de ne souscrire que pour un volume, ou deux, ou trois, ou quatre. La souscription sera ouverte jusqu'au 1er avril 1777. (Jusqu'en juillet pour l'étranger).

Ce qui était nouveau dans tout cela, c'était cette idée de voyages illustrés, qui devait faire fortune; elle répondait au goût du temps pour l'art et la géographie; c'était le moment des voyages d'Italie et des voyages autour du monde. Quant au mode de publication, il y avait des précédents : depuis 1760, Cochin fils et Lebas avaient entrepris par souscription les gravures des *Ports de France* de Joseph Vernet et les souscriptions avaient été nombreuses[1]. En 1773, Monnet et Tilliard avaient donné, pour *les Aventures de Télémaque*, une illustration de 72 gravures, paraissant par cahiers de 6 gravures, prix : 8 livres le cahier, le texte à part.

L'ouvrage de de La Borde réunit immédiatement trois ou quatre cents souscripteurs, parmi lesquels on remarque les membres de la famille royale, la noblesse de cour, la ville de Paris, Voltaire, Fragonard, Watelet, etc. La première livraison parut le 1er janvier 1777, et la publication se continua de mois en mois; « on ne portait les estampes chez les souscripteurs que le 8 du mois, afin de laisser la liberté pendant huit jours de venir choisir les épreuves chez les sieurs Née et Masquelier, rue des Francs-Bourgeois. »

1. La première livraison des *Ports de France* parut en 1760; elle comprenait quatre planches, chaque planche coûtait 9 livres, et la livraison revenait ainsi aux souscripteurs à 36 livres. On pouvait ne souscrire que pour une livraison. La deuxième, de quatre planches également, parut en 1762. La troisième en 1764. Vernet recevait 6,000 livres par tableau; l'argent manquant, il s'arrêta après les ports de La Rochelle et Rochefort, et les graveurs se résignèrent, en 1767, à faire paraître une demi-livraison de deux gravures. La publication semblait arrêtée là; mais en 1763, Vernet étant allé peindre le port de Dieppe, ayant terminé son tableau à Paris, et l'ayant fait graver par Martini, Lebas, en 1775, demanda à Martini l'eau-forte du Port de Dieppe, la termina et, en 1778, Lebas et Cochin proposèrent au public une nouvelle livraison de quatre planches, dont la première était le Port de Dieppe, et les trois autres une vue du Havre et deux vues de Rouen que Cochin s'en alla dessiner; les souscripteurs devaient donner d'abord 18 livres, soit 12 livres pour la première gravure et 6, acompte sur les trois autres, puis pour achever la livraison 12 livres et deux fois 9 livres, total 48 livres. Ce projet de compléter ainsi les ports de France ne paraît pas avoir eu un grand succès. La Vue du Havre de Cochin parut cependant en 1780, gravée par Martini et Lebas. Quelques années après, Basan fit paraître une vue de Rouen, et ce fut tout. — Les quinze gravures d'après Vernet revenaient donc à 144 livres aux souscripteurs et à 156 avec celle de Cochin.

PORTRAIT PRÉSUMÉ DE LE BAS.
Dessin de Moreau le Jeune. — (Musée du Louvre.)

Il faut remarquer que la partie principale de l'ouvrage consistait dans les estampes, en planches gravées sous la direction de Née et Masquelier, élèves de Lebas, ou par eux-mêmes. Ceux-ci donnèrent 36 livraisons. Robert et Fragonard ne parurent pas dans ce premier ouvrage; on les réservait pour l'Italie. Les dessins des *Tableaux de la Suisse* sont de Le Barbier, Pérignon, Chastelet, etc. Pour le texte, qui n'était donné qu'à la fin, la partie historique en est due au baron de Zurlauben, Suisse au service de la France, la partie minéralogique à Besson, la table à Quétant. L'ouvrage parut ensuite en trois volumes in-folio, non compris la table, ornés de 428 estampes en tout, et revint aux souscripteurs à 360 livres. Il est dédié par de La Borde au comte d'Artois.

Ces vues de Suisse n'ont rien de particulièrement intéressant et ne valent pas les planches du Voyage de Saint-Non. Le public ne tarda pas à les trouver monotones. C'est sans doute pour cela que dès la fin de l'année 1777, l'avis suivant était envoyé aux souscripteurs :

L'auteur des Tableaux de la Suisse et de l'Italie, s'occupant de plus en plus de ce qui pourra satisfaire MM. les souscripteurs de son ouvrage, et craignant que les vues de la Suisse (tels soins qu'on apporte pour les rendre les plus intéressantes qu'il est possible) ne paraissent peut-être uniformes à quelques personnes, a pensé que, sans interrompre cette première partie de son ouvrage, qui continuera d'être donnée tous les mois, il pouvait s'occuper de la description de l'Italie, et pour donner une idée de la manière dont elle sera exécutée, il fera dans le courant du mois de mars prochain une première livraison composée de huit estampes, au lieu de six, attendu la variété des sujets qui doit y entrer.

M. l'abbé de Saint-Non, honoraire associé libre de l'Académie de peinture et de sculpture, connu par son amour pour les arts, s'est chargé de présider à l'exécution de cet intéressant ouvrage, et secondé des conseils de MM. Cochin, Fragonard et Robert et des talents des premiers graveurs en tous genres qui y seront employés, on espère pouvoir se flatter de quelque succès.

Une seconde livraison sera remise à MM. les souscripteurs dans quelques mois et continuée ensuite de mois en mois, lorsque le volume de la Suisse sera prêt d'être achevé.

On croit pouvoir assurer le public que, par les soins qu'on a pris pour avoir les dessins les plus beaux, les plus curieux et les plus fidèles, cet ouvrage deviendra le plus intéressant qu'on ait vu en ce genre.

Lu et approuvé. Ce 31 décembre 1777. Cochin.

On voit par là, qu'à l'origine, Saint-Non fut simplement chargé de diriger l'ouvrage sur l'Italie, de La Borde restant à la tête de la publica-

tion. Mais la persévérance n'était pas, je crois, la vertu capitale de La
Borde ; puis l'ouvrage qu'il avait projeté était trop vaste, et l'eût entraîné
encore plus loin qu'il ne le croyait, puisque les vues de Suisse, qui ne
devaient avoir dans le projet qu'un volume, en eurent trois en réalité ;
les frais aussi étaient considérables et la fortune d'un seul homme n'y
eût pas suffi. Quelles difficultés s'élevèrent entre lui et Saint-Non ? On

HÉLIODORE.

Peinture de Solimène dans l'église de Gesù Nuovo, à Naples.
Gravure exécutée, en 1773, par l'abbé de Saint-Non, d'après le dessin de Fragonard.

ne sait trop. Saint-Non se plaint quelque part de conventions qui n'ont
pas été observées, de promesses qui n'ont pas été tenues, mais sans rien
préciser. Toujours est-il qu'il prit l'ouvrage sur l'Italie à son compte et
en devint seul propriétaire ; mais il se borna sagement aux royaumes de
Naples et de Sicile, « moins connus que le reste de l'Italie ». Quant à
de La Borde, il céda le fond de la publication sur la Suisse au libraire
Lamy, quai des Augustins, qui l'acheva et, à peine débarrassé de ce côté,
en entreprit un autre non moins vaste, le *Voyage pittoresque de la
France*, qui ne fut pas non plus terminé.

La première livraison des estampes du *Voyage d'Italie* parut, comme on l'avait annoncé, à la fin de mars 1778. C'était la suite du *Voyage en Suisse ;* les souscripteurs restaient les mêmes, ainsi que les conditions de la souscription, c'est-à-dire trente sous par planche ; seulement comme on donnait huit planches au lieu de six, le prix de la livraison était porté à douze livres.

On publie, dit un compte rendu du *Mercure* d'avril 1778, la première livraison du *Voyage pittoresque de l'Italie*, pour donner à MM. les souscripteurs une idée de la manière dont l'ouvrage sera exécuté..... On livrera bientôt une autre suite du *Voyage d'Italie*, et dans l'intervalle on continuera de donner les estampes concernant la Suisse, qui sont du même auteur et proposées par la même souscription.

Quant à ce qui concerne l'Italie, il faut s'adresser à M. de Lafosse, graveur, rue du Carousel, vis-à-vis la porte des écuries du Roy. C'est chez lui que se fera la distribution de ce voyage.

Saint-Non s'était assuré le concours de plusieurs artistes, particulièrement celui de ses amis Robert et Fragonard. Cochin et Lépicié avaient la direction des gravures. Robert et Fragonard firent presque tous les frais de la première livraison.

L'*Année littéraire*, 1778, tome 3, donne le détail des estampes qui la composent : Nº 1, *Héliodore chassé du temple*, d'après le tableau de Solimène. — Nº 2, *Un Christ mort*, d'après l'Espagnolet, et nº 3, *Une Sainte Famille*, d'après le Schidone ; ces trois estampes, d'après des dessins faits à Naples par Fragonard. — Nºˢ 4 et 5, *Vues du Temple de Sérapis*, dessinées sur les lieux par M. Robert. — Nº 6, *L'Élévation du même Temple*, par le même artiste, et, nº 7, le *Plan général du même Temple*, par M. Paris, architecte. Enfin, nº 8, *Une autre vue de Naples, partie de la côte de Pausilippe au-dessus de la grotte de Pouzzoles*, d'après M. Robert.

« Comme on abuse souvent, ajoute le rédacteur de l'*Année littéraire*, de cette expression générale « célèbres artistes » pour en imposer au public, je vous citerai MM. Prévost, Martini, Choffart, Weisbrodt, qui ont travaillé à cette première livraison, pour écarter tout soupçon de médiocrité. »

La seconde livraison du *Voyage d'Italie* parut deux mois après, le 1ᵉʳ juin. L'*Année littéraire*, tome 6, en donne encore le détail : nº 9, *Vendeurs chassés du Temple*, de Luca Giordano, qui occupe toute la façade intérieure de l'église Saint-Néri à Naples, dessinée sur les lieux par M. Robert et gravée par Martini. — N° 10, *Figures de l'Espagnolet et de Solimène*, dessinées par M. Fragonard. — Les n°s 11 et 12 représentent les *Vues intérieure et extérieure du temple de Pestum*, à vingt lieues de Naples sur le bord de la mer, dessinées d'après nature par M. Robert, et gravées par MM. Germain et Dupuy ; ce temple est d'ordre dorique et les colonnes sont cannelées, courtes, sans base ni plinthe (on le considérait comme très ancien). — N° 13, *Objets trouvés d'Herculanum et conservés à Portici*. — N° 14, deux sujets, *Bains de Néron et Ruines du temple de Mercure*, dessinés par M. Robert, eau-forte de Weisbrodt, terminée au burin par de Ghendt. — N° 14, deux sujets, *Vue du temple de Vénus*, près Pouzzoles, et *Tombeau de Virgile*, dessinés par Robert, eau-forte de Weisbrodt, terminée par de Ghendt. N° 16, *Vue de Naples*, d'après un tableau peint par Vernet, gravé par Nicolet.

Quelques personnes avaient critiqué, paraît-il, dans la première livraison, le choix de l'Élévation du temple de Sérapis ; c'est pourquoi cette seconde livraison est précédée d'un avertissement des éditeurs, dans lequel on fait observer, avec beaucoup de sagesse, qu'il est impossible de satisfaire tous les goûts.

La troisième livraison parut le 1er décembre 1778 ; puis les livraisons se succédèrent de deux mois en deux mois, et pendant quelque temps de mois en mois, dans l'ensemble, assez irrégulièrement.

J'ai donné à dessein le détail des estampes de ces deux premières livraisons : les planches qui y figurent ne se trouvent pas toutes dans les exemplaires ordinaires de l'ouvrage de Saint-Non ; tel est le cas, pour ce qui concerne Robert, du *temple de Sérapis*, par exemple, et des deux *vues du Temple de Paestum*. D'autres manquent dans les livraisons suivantes, notamment une planche de phallus antiques et des planches de médailles des anciennes villes de Sicile, mais celles-ci n'ont, au point de vue de l'art, qu'un intérêt secondaire. (Pour ces dernières, voir le Dictionnaire de Brunet.)

Outre les planches indiquées plus haut, voici, je crois, toutes celles qui ont été faites d'après les dessins de Robert pour l'ouvrage de Saint-Non :

1er volume, page 79. — *Ruines d'un ancien palais bâti par la reine Jeanne, près de Naples, du côté de Pausilippe*, dessiné d'après nature, par Robert, peintre du roi. — Gravé à l'eau-forte par Germain, terminé par Dequauvillers.

Page 82. — *Vue de l'entrée de la grotte de Pausilippe, près de Naples,* dessiné d'après nature par Robert, peintre du roi. — Gravé à l'eau-forte par Marillier, terminé au burin par de Ghendt.

Page 209. — *Vue de la sommité et du cratère du Vésuve,* au moment de la dernière éruption du 8 août 1779, à 9 heures du soir. — Dessiné par Robert, peintre du roi, gravé par Guttemberg.

Page 213. — *Cul-de-lampe.* — Signé Robert ; gravé par Guttemberg.

2e volume, page 3. — *Fouilles d'Herculanum.* — Composé par Robert, peintre du roi ; gravé par Guttemberg.

4e volume. — *Cicéron découvre le tombeau d'Archimède, près des portes de Syracuse.* — Composé par Robert, peintre du roi ; gravé par de Ghendt.

Le *Voyage* de Saint-Non, connu d'abord sous le titre de *Voyage d'Italie* et définitivement sous celui de *Voyage pittoresque des royaumes de Naples et de Sicile,* fut terminé en avril 1786. Il comprend quatre volumes divisés en cinq tomes : Naples et ses environs forment la matière des deux premiers tomes ; la Grande Grèce et la Sicile celle des trois autres. Il est dédié à la reine Marie-Antoinette ; avec un fort joli titre de Fragonard. A cause des frais, le texte, qui devait être donné gratis, dut être payé en partie par les souscripteurs, comme on le voit par ce passage d'un prospectus qui accompagne le second volume :

Les deux premiers volumes du *Voyage de Naples,* tant du texte que des estampes seront revenus à 10 louis et demi, puisqu'il y a eu seize livraisons de gravures à 12 livres qui font 8 louis, les deux volumes de texte, un louis chaque, ce qui fait 10 et cette dernière livraison de gravures sur les cirques et spectacles des Romains à 12 livres de plus.

Actuellement, le Voyage de la Grande Grèce et celui de la Sicile devant former vingt-quatre livraisons en tout, y compris le texte qui sera donné avec les gravures, à 12 livres chacune, cette deuxième suite reviendra à la somme de 12 louis ; donc les deux articles ou l'ouvrage entier coûtera 22 louis et demi ou 23 en tout, en supposant que des plans et des détails d'architecture nécessaires exigent une livraison de plus.

Ainsi l'ouvrage entier revint aux souscripteurs à 22 louis et demi ou 23 louis, soit (le louis étant de 24 livres) à 540 ou 552 livres. Je ne sais si on trouverait aujourd'hui, pour une somme aussi considérable, autant de souscripteurs qu'en réunit Saint-Non ; mais aussi le *Voyage de Naples* fut considéré comme un monument. Les contemporains le jugèrent plus équitablement que nous. On dit un peu dédaigneusement aujourd'hui que ce livre n'est qu'une compilation et que les dessins en sont peu exacts. Il fut fait très sérieusement pour le temps, et entraîna

des frais considérables qui absorbèrent une partie de la fortune de l'auteur. Les dessins sont faits par des artistes, et les artistes ne sauraient
s'astreindre à la fidélité d'un appareil de photographie ; plusieurs
estampes de ce voyage, signées Fragonard, Robert et même Duplessis-
Bertaud, valent la peine d'être regardées, par exemple le titre, de Fragonard, qui est une chose charmante ; on y voit aussi des culs-de-lampe
de Saint-Non lui-même, qui ne sont pas à dédaigner. Quant à la valeur

FLEURON DE DÉDICACE A LA REINE MARIE-ANTOINEITE.
Dessin de Fragonard pour le *Voyage pittoresque des royaumes de Naples et de Sicile*,
de l'abbé de Saint-Non.

scientique de l'ouvrage (laquelle nous importe peu ici), on ferait mieux
aujourd'hui assurément, mais, à cet égard, Saint-Non fit ce qu'on fait
encore maintenant, il s'adressa aux hommes en renom de son temps [1].

Pour employer à la fois tous les genres de séduction, dit l'abbé Brizard

1. On voit par là et on a vu par ce qui précède que Saint-Non ne pensait nullement à ce livre à son retour d'Italie. Il avait utilisé les observations faites en ce
pays dans ses précédentes publications. C'est de La Borde qui en a eu la première idée.

dans l'analyse qu'il fait de l'ouvrage (*Mercure*, Janvier, Février, Mars 1787), l'auteur s'est entouré de tous les talents ; chaque art y parle son langage..... C'est Delille qui traduit Stace et Sannazar ; Nivernois et Chamfort font revivre Le Tasse ; Barthe lutte contre Ovide ; c'est Piccini qui parle des grands maîtres de Naples en musique et Fragonard qui reproduit les compositions des grands peintres.....

A la tête des artistes, M. l'Abbé de St N** nomme MM. Fragonard et Robert dont les dessins pleins d'esprit et d'imagination ont embelli cette collection, M. Paris, architecte. Parmi les savants et gens de lettres, il se plaît à rappeler MM. Chamfort, de Dolomieu, Romé de l'Isle, Faujas, de Non (Denon écrivait alors son nom en deux mots).....

Il faut tenir compte aussi des difficultés de tous genres qu'on eut à vaincre (on ne les aurait plus aujourd'hui) et qui ne le furent que grâce au zèle et aux lumières de Vivant Denon, alors chargé des affaires du roi à Naples. Denon dirigea les travaux des artistes que Saint-Non envoya en Sicile, et presque toute la partie du texte qui se rapporte à cette ile fut rédigée, d'après les notes du premier, par Saint-Non. Denon ne fut pas moins utile pour ce qui regardait les antiquités. Le royaume de Naples n'a jamais passé pour la citadelle du libéralisme ; le roi de Naples gardait ses trésors avec un soin jaloux, et on se rappelle que ses antiquaires faisaient des difficultés même pour laisser visiter, à Winckelmann, le musée de Portici. Pour les fouilles, c'était bien une autre chose : « La description de Pompéi dans Saint-Non est curieuse, dit encore l'abbé Brizard, à cause des difficultés qu'on eut à surmonter pour lever les plans et dessiner les vues. Les défenses les plus sévères, des sentinelles, des gardes placés de tous côtés, empêchaient qu'aucun dessinateur en pût approcher..... Tout devait être fait à la dérobée ; chacun se chargeait d'une partie, et les dessinateurs coordonnaient ensuite leur travail en commun sous la présidence de Denon. »

Presque au moment où Saint-Non donnait la première livraison du voyage de Naples, un autre amateur, le comte de Choiseul-Gouffier, qui revenait de Grèce, faisait paraître (au mois de mai de la même année 1778), le *Voyage pittoresque de Grèce*, qui devait faire autant de bruit que le premier. La forme de publication était la même que celle des voyages de Suisse et de Naples. Le nouvel ouvrage, inspiré évidemment par les deux précédents, paraissait par souscription ; une toute petite innovation s'y remarquait ; il était publié non plus par livraisons,

LA FONTAINE.

Sanguine d'Hubert-Robert

mais par cahiers, c'est-à-dire que le texte, qui semblait ici plus important, accompagnait les gravures; on avait soin cependant de faire remarquer dans les prospectus que les estampes formaient la partie principale
de l'ouvrage; le prix du cahier était de 12 livres, comme pour le *Voyage
de Naples*. Il n'en parut alors que douze cahiers formant la matière d'un
premier volume et revenant aux souscripteurs à 114 livres (la dernière
livraison est de janvier 1783). La publication fut interrompue, je crois,
faute de matériaux et aussi peut-être parce que Choiseul-Gouffier fut
envoyé comme ambassadeur à Constantinople. Elle ne fut reprise
qu'en 1809. Les gravures courantes de ce premier volume du *Voyage
de Grèce* n'offrent rien de bien remarquable; seulement les chapitres
sont terminés par des culs-de-lampe dessinés et gravés par des artistes en
renom tels que Chauffard, Moreau le jeune, Jean-Baptiste Huët, Auguste
de Saint-Aubin. Mais quoi qu'en dise Brunet dans son dictionnaire, cet
ouvrage ne me semble pas supérieur à celui de Saint-Non, et ne fut pas
« incontestablement, à l'époque où il parut pour la première fois, sous
le rapport de la gravure, la plus belle production de ce genre qu'on eût
encore vue ». Il fut accueilli avec intérêt parce que la Grèce était encore
peu connue.

Ces voyages pittoresques furent les plus importants parmi les livres
illustrés de cette époque. Il faut y ajouter toutefois le *Voyage pittoresque de la France*. Cet autre voyage fut commencé en mai 1780, et,
comme on l'a vu plus haut, par Jean Benjamin de La Borde, en société
avec Guettard, Béquillet et autres, à la suite du voyage de Suisse. Cédé
ensuite au libraire Lamy, le *Voyage pittoresque de France*, qui devait
compter douze volumes, n'en eut que quatre. Il fut publié dans les
mêmes conditions que celui de Suisse et gravé sous la direction de Née
et Masquelier. Cochin y a donné des dessins.

Mais ces publications ne furent pas les seules; elles en firent éclore
une foule d'autres. Ainsi, cette même année 1778, Lebas commence ses
livraisons d'estampes pour *l'Histoire de France*, à raison de dix-huit
estampes par livraison; après sa mort, 3 mars 1781, le travail est continué par Moreau le Jeune. Ainsi encore, toujours en 1778, Clérisseau
fait paraître ses *Antiquités de la France*. Puis, en 1780, ce sont des
livraisons d'estampes, d'après les dessins de Le Barbier, pour une
édition des Idylles de Gessner, qui se terminent en 1786. A la fin
de 1781, un membre de l'Académie de peinture, Houël, commence une

publication, toujours par livraisons, d'un *Voyage pittoresque de Sicile, Malthe et Lipari.* C'est encore Moreau le Jeune, qui, en 1782, demande à l'Académie de peinture de faire paraître, sous son privilège, des estampes pour une édition de Voltaire (édition de Kehl), et s'engage à restituer à chaque souscripteur la somme de 24 livres si la souscription ne réussit pas.

Jusqu'au bon de Machy qui, voulant avoir aussi sa petite publication, sollicite en juin 1781 le privilège de l'Académie, pour publier *six estampes de différentes vues de la ville de Paris,* qu'il se propose de faire graver en couleurs, sous sa direction et d'après ses tableaux.

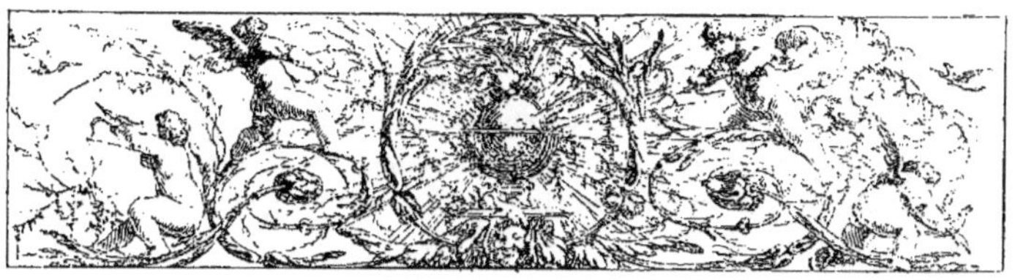

CHAPITRE X

Les nouveaux jardins. — Le peintre est nommé dessinateur des Jardins du Roi.
Les Bains d'Apollon à Versailles. — Méréville.

Sceptique en apparence, par simple bon ton, cette société de la seconde
moitié du xviiie siècle fut, en réalité, avide de sensations nouvelles.
Curieuse de science, d'art et de beaucoup d'autres choses, elle toucha à
peu près à tout, préparant ainsi, sans beaucoup s'en soucier d'ailleurs,
le grand bouleversement final. Puis, par une réaction naturelle, elle
envia, littérairement, les simples plaisirs champêtres, et se reposa de ses
émotions en inventant la nature. C'est de ce temps que date en France
le goût des jardins dits anglais, ou plus exactement d'une sorte de
jardins anglo-franco-chinois qui répondait mieux aux idées du moment.

Le vieux jardin de Le Nôtre était démodé. Il avait d'abord le grand
tort de s'imposer depuis près d'une centaine d'années. On avait assez de
ce genre pompeux, avec « ses sentiers ennuyés d'obéir au cordeau », et
qui donnait « ... aux arbres des lois, aux ondes des entraves ». Puis
Rousseau avait appris à aimer certains aspects de la nature qu'on ne
soupçonnait pas auparavant. Les irrégularités, les rencontres imprévues,
les négligences du paysage naturel, soigneusement proscrites autrefois,
étaient devenues charmantes. Il est à remarquer que chaque époque a eu
la prétention de comprendre seule la nature; au fond, chaque époque
goûte simplement, dans l'éternel modèle, certaines beautés inconnues à
l'époque précédente. Les belles ordonnances de lignes qu'y voyait
Poussin ne sont pas celles qu'y découvrent nos paysagistes modernes.
Après Rousseau, après l'invasion des modes anglaises, on crut avoir
retrouvé la vraie nature. Le jardin dut se plier au goût nouveau, et le

parc irrégulier, qui venait de prendre faveur en Angleterre, fournit à peu près les éléments de celui qu'on voulait. Dans son poème *Les Jardins*, Delille marque en quelques vers la différence du genre anglais et de l'ancien :

> Quand de leur symétrique et pompeuse ordonnance,
> Les jardins d'Italie eurent charmé la France,
> Tout de cet art brillant fut prompt à s'éblouir ;
> Pas un arbre au cordeau n'osa désobéir ;
> Tout s'aligna, partout en deux rangs étalées
> S'allongèrent sans fin d'éternelles allées. ·
> Autre temps, autre goût. Enfin le parc anglais
> D'une beauté plus libre avertit le Français ;
> Dès lors on ne vit plus que lignes ondoyantes
> Que sentiers tortueux, que routes tournoyantes.

Quelle était l'origine de ces nouveaux jardins ? On ne sait trop. Au siècle précédent, les Anglais imitaient le jardin de Le Nôtre. Kent, architecte fameux en Angleterre, est le premier qui ait tenté avec succès le genre libre. Watelet et après lui Delille [1] disent que ce genre nous vient des Chinois, et il se pourrait qu'ils eussent raison [2]. Les Anglais prétendent que la description du Paradis terrestre de Milton et quelques autres morceaux de Spencer en ont donné l'idée, et peut-être n'ont-ils pas non plus complètement tort. C'étaient les jardins de Pétrarque et c'étaient aussi ceux du Tasse : « Les jardins d'Armide montrent leur aspect enchanteur ; de toutes parts s'offrent à la vue des lacs, des ruisseaux, des fleurs, des arbustes variés, d'agrestes collines, des vallons ombragés, des grottes, des bois, et, ce qu'il y a de plus admirable, la main qui créa toutes ces merveilles ne s'y laisse point deviner. La simplicité s'y mêle à la richesse, et l'on dirait que les sites et les embellissements y sont l'ouvrage de la nature, tant l'art a pris plaisir à l'imiter. » Glück, dans son opéra d'Armide, n'a garde d'oublier un chœur des jardins.

Toutefois, en France, on n'adopta pas complètement le jardin anglais,

1. Watelet : *Essai sur les Jardins*, 1774, in-8°. — Delille : *Les Jardins*, 1782 ; notes.

2. A cette époque la Chine était en relation avec l'Europe. En 1770, par exemple, l'Empereur de la Chine faisait graver des estampes à Paris, sous la direction de Cochin, pour illustrer un poème de sa composition. (1770, *Année littéraire*, et autres, Catalogue de l'œuvre de Cochin.)

qui n'était pas assez selon la nature. Delille, qui a exprimé à peu près dans son poème les idées qu'on avait alors sur cet objet, condamne son affectation d'irrégularité :

> Lassé d'errer, en vain le terme est devant moi.
> Il faut encore errer, serpenter malgré soi.
> Et maudissant cent fois votre importune adresse,
> Suivre sans cesse un but qui recule sans cesse.

On voulait se rapprocher davantage de la nature à la Rousseau. Les plus intelligents embellisseurs se proposèrent simplement de donner au jardin l'aspect le plus agréable que le site adopté ou imposé pût comporter, mais en général on y mit de tout : ruisseaux, vallons, collines, rochers, précipices, ferme, ruines et le reste.

Le nombre est grand des « nouveaux » jardins créés à cette époque. Tivoli, à M. Boutin ; Auteuil, à Mme la comtesse de Boufflers, le premier jardin dans le véritable goût anglais. Le Petit-Trianon, à la Reine, qui était cité comme le modèle du genre; Montreuil, près de Versailles, qui appartenait à Mme Elisabeth, sœur de Louis XVI (lequel fut probablement dessiné par Robert), et à côté, sous le même nom, celui de la comtesse Diane de Polignac, sa dame d'honneur; le jardin de Maupertuis, appelé l'Élysée, à M. de Montesquiou, très beau; le Désert, à M. de Monville; Limours, à la comtesse de Brionne; Bagatelles, au comte d'Artois; la Colline, près de Caen, au duc d'Harcourt, précepteur du premier fils de Louis XVI; puis la Falaise, Morfontaine, Roissy, la Malmaison, etc., et un peu plus tard, en 1784, la belle propriété de Méréville, près d'Etampes, sur laquelle nous reviendrons plus loin. Il faut citer surtout le Moulin-Joli, du sage et modeste Watelet, près d'Argenteuil. Watelet, avec beaucoup de goût, avait su tirer parti des ressources de ce lieu, et un des premiers avait transformé sa propriété en un des plus agréables parcs qui se pût voir. Moulin-Joli faisait l'admiration de Mme Vigée-Lebrun, Saint-Non et Robert ont dédié des eaux-fortes à sa charmante meunière Marguerite Le Comte, dont Cochin aussi a dessiné le portrait.

Après 1770, la manie des nouveaux jardins fut portée à son comble. Il fut de très bon goût d'aller, une partie de l'année, habiter sa terre et d'y faire des embellissements. Mais pour quelques-uns qui aimaient vraiment la campagne, les champs, comme on disait, pour le plus grand nombre ce fut surtout une affaire de mode. « On apportait à la campagne les goûts et les habitudes de la ville. Tout en vantant l'air pur des champs, on se levait à deux heures de l'après-midi, on jouait jusqu'à quatre heures du matin, et tout en s'attendrissant sur la simplicité des mœurs champêtres, les femmes mettaient du rouge et des mouches et portaient des paniers »[1].

Il y eut surtout l'exagération contraire. Le sentimentalisme se mêla de l'affaire. On fit paraître un enthousiasme affecté pour tous les aspects de la nature, comme si on eût fait tout à coup la découverte de leurs beautés. Cette passion produisait chez nombre de personnes une extase puérile et leur faisait trouver dans un site mille choses qui n'y étaient pas. Les faiseurs de jardins rassemblaient toutes les scènes qui pouvaient les faire naître. Lorsque l'espace ne permettait pas de varier beaucoup les sites, on y suppléait à force d'inscriptions ou de petites fabriques, qui vous apprenaient où vous deviez rêver, vous attendrir. Vingt arpents pouvaient contenir un cours complet de morale. Une promenade rappelait tous les devoirs et tous les sentiments; chaque rocher disait quelque chose de tendre, chaque arbre portait une devise sentimentale... mais des gens distraits riaient dans la vallée des tombeaux, ou se querellaient sur le banc de l'amitié[2].

Delille et Watelet, qui pourtant étaient des hommes de goût, donnaient dans ce travers. Moulin-Joli avait, comme les autres, ses devises sentimentales ou morales. Delille vante l'Ermitage de M. de Rulhière, « distingué surtout par ses inscriptions en vers, telles que M. de Rulhières en sait faire ». Mais Delille veut surtout des ruines et des tombeaux. Avoir une ferme dans son jardin, avec une laiterie, était de rigueur; une ruine, même factice, s'imposait; un tombeau était infiniment distingué. Il nous rappelait que nous devions retourner dans le sein de la nature. Thierry n'oublie pas de nous prévenir qu'il y en avait un à Bagatelles et que celui qu'on se proposait de mettre au jardin de Monceau devait être magnifique. On jalousait beaucoup Ermenonville, qui possédait le corps de J.-J. Rousseau, et Maupertuis, le tombeau de Coligny. Lorsqu'on avait le malheur de ne point avoir un mort de conséquence dans sa

---

1. Le comte Alexandre de Laborde : *Discours sur la vie de campagne et la composition des jardins*, préface de la *Description des nouveaux jardins*, Paris, 1808, in-fol.

2. Même auteur.

famille, on en empruntait un à l'histoire, et c'est ainsi qu'à Méréville se trouvait le tombeau de Cook.

« Sitôt, dit malicieusement le comte Alexandre de Laborde, qui fut de ce temps, sitôt que Rousseau eut élevé un autel à la rêverie dans les jardins d'Ermenonville et fait grimper Saint-Preux sur les rochers de Meillerie, tout le monde voulut l'imiter. On ne vit plus que des rochers et des précipices dans les jardins, et des gens attendris et contemplatifs dans les salons. C'est alors qu'on commença à employer les mots *mélancolie*, *tristesse*, *romantique*, et surtout celui de *nature* : nature de l'homme, nature des choses; le monde fut le grand livre de la nature; si on se tuait, on outrageait la nature, ou encore on s'endormait dans le sein de la nature, et dans une pièce de théâtre, on disait que Buffon avait composé ses ouvrages sur les genoux de la nature. »

Puis on célébra le bonheur de l'homme des champs, auquel peu à peu on prêta, non seulement toutes les félicités, mais encore toutes les vertus. Dans la première moitié du siècle, tout le monde avait été berger, dans celle-ci on devint paysan. Depuis l'*Astrée* de M. Honoré d'Urfé, les bergeries avaient droit de cité dans la littérature; mais les premiers bergers littéraires étaient, comme on le sait, d'illustres personnages. Sous Louis XV, les Colettes à rubans et les Lucas à jarretières envahirent tout. Avec Boucher et son école, ils furent si gracieux que la mode s'en empara : ils parurent sur la table en biscuits de Sèvres; on vit partout Rosette assise près de la pendule, gardant son troupeau, pendant que Colas jouait du chalumeau sur les panneaux du salon; et toujours l'amour était de la partie; cela était charmant; c'était là sans doute l'heureux temps, dont parlent les contes, où les rois mêmes épousaient des bergères.

Mais voici que sous l'influence de l'école philosophique, les Céladons, qui s'étaient contentés jusque-là d'avoir une grâce peut-être un peu maniérée, se mirent à être moralistes, et de bergers se firent paysans. Des bords du Lignon, où vivait Astrée, ils se transportèrent dans la Beauce ou la Brie pour être plus vraisemblables. Au lieu de grâces et d'éloquence on leur donna des vertus. Les pastorales de Watteau et de Boucher furent remplacées par les scènes villageoises de Greuze : les idylles devinrent des sermons. On n'entendit plus au théâtre que les sentences de Colas ou du vieux Mathurin. Tous les exemples de fidélité et d'honneur furent pris parmi les gens de la campagne, et par extension parmi les gens du peuple, et si un homme du monde paraissait dans cette société, c'était pour y jouer les rôles d'égoïste ou de libertin.

Pour ne pas être en reste, tandis qu'on demandait aux paysans des leçons de morale, on leur donnait des préceptes d'agriculture; on leur apprenait en des vers magnifiques en quel temps ils devaient labourer, semer ou récolter. Jamais on ne vit tant de poèmes sur les choses de la nature qu'à cette époque; ce furent les *Saisons* de Saint-Lambert, les *Mois* de Roucher, l'*Agriculture* de Rosset, la *Nature champêtre* de Marnezzia, les *Géorgiques*, l'*Homme des champs*, les *Jardins* de Delille, etc., et on réédita le père jésuite Vannière, qui avait traduit en vers latins la *Maison rustique*, afin de la mettre à la portée de tout le monde.

Aimable et frivole société, qu'on ne peut s'empêcher de plaindre en pensant au terrible réveil qui l'attendait! Hélas! Lucas ne devait pas tarder à faire des motions dans les clubs, le père Mathurin allait être président de district, et Quatre-Vingt-Treize devait montrer que le temps des jolies pastorales était passé.

*
* *

Puisqu'on mettait des ruines dans les nouveaux jardins, il fallait bien que Hubert Robert s'en mêlât. Ces jardins, d'ailleurs, ne relevaient pas seulement de l'architecte ou du jardinier; le peintre, surtout le paysagiste, pouvait donner d'utiles conseils sur leur arrangement. Robert, ami des nouveautés, se sentit du goût pour ce genre irrégulier, beaucoup plus artistique que l'ancien, et s'en occupa, probablement avec Watelet. D'une imagination fertile en ressources, déjà connu comme décorateur, il ne pouvait manquer d'être consulté par les grands seigneurs et les financiers pour lesquels il travaillait, et qui tous voulaient arranger leur terre à la mode de l'époque. Remarquons qu'il connaissait et fréquentait presque tous les possesseurs de jardins que j'ai cités plus haut.

Sans qu'on puisse rien affirmer à cet égard, faute de documents, il est à peu près sûr qu'avant d'être appelé à donner les dessins des Bains d'Apollon, Robert avait déjà une certaine réputation comme faiseur de jardins. Le comte Alexandre de Laborde parle de lui dans ce sens comme étant « trop connu pour qu'il soit nécessaire d'en faire l'éloge ». On attribue à Carmontel, ordonnateur des fêtes du duc d'Orléans, les dessins du parc de Monceau, mais d'après les souvenirs de famille de

FONTAINE MONUMENTALE.

Aquarelle d'Hubert Robert — (Musée du Louvre.)

M. Étienne Haro, notre peintre y aurait aussi collaboré. Il n'est pas impossible non plus qu'il ait participé à la création du jardin de Montreuil, appartenant à Mme Elisabeth, sœur de Louis XVI, à laquelle il donna des leçons de dessin, et que ce soit par l'entremise de celle-ci qu'on ait eu recours à lui pour les Bains d'Apollon.

En prenant possession du trône, Louis XVI et Marie-Antoinette firent comme tous les jeunes époux, qui renouvellent autant que possible l'ancien mobilier et le mettent au goût du jour. Ils songèrent à remanier quelque peu les châteaux et parcs royaux. Dès 1774, Marie-Antoinette avait créé au Petit-Trianon un jardin irrégulier, qu'on citait comme le modèle du genre[1]. En 1775, on voulut transformer une partie du parc de Versailles; mais les temps n'étaient guère favorables; le mauvais état des finances ne permettait pas de faire grand et on dut aller à l'économie : pour Trianon, on ne laisse « à la charge des Bâtiments du Roy que les constructions des murs de clôture » et il est entendu que « le rétablissement des jardins de Versailles a été envisagé comme devant être exécuté essentiellement sur les fonds à provenir de la vente des bois ».

On voit par les pièces conservées aux Archives Nationales (série O[1], 1789-93) que plusieurs projets des Bains-d'Apollon furent d'abord présentés et abandonnés, soit que l'exécution en fût trop coûteuse, soit qu'ils ne parussent pas assez nouveaux. On s'adressa enfin à Robert, et comme le montre la lettre suivante, sans qu'il eût présenté aucun dessin. Cette lettre, sans signature, est de la Direction Générale des Bâtiments et probablement du comte d'Angiviller, directeur général.

M. Robert, peintre du Roy   Versailles, 1er Juin 1777.
    à l'Arsenal   Jardins de Versailles
               Bains d'Apollon.

Vous me ferez plaisir, Monsieur, si vos affaires ne s'y opposent point, de vous rendre icy mardy prochain pour y faire quelques études qui vous mettent en état de me donner avis sur le nouvel emplacement que je projette de donner aux Bains d'Apollon; ce même mardy, je pourrai bien être absent, mais M. Heurtier (architecte) vous expliquera ce dont il s'agit; je serai de retour le soir, et nous raisonnerons le lendemain des idées que vous aurez prises; si

1. On a trouvé singulières les occupations champêtres de Marie-Antoinette à Trianon. Elle ne faisait autre chose que ce que tout le monde faisait, et suivait une mode qu'elle-même n'avait nullement introduite en France.

vos arrangemens vous forcent à quelque délai, tâchez, je vous prie,
de venir au moins dans la semaine. Je serai encore absent le ven-
dredy, mais je serai également de retour le soir, et nous nous ver-
rions le samedy.

    J'ay l'honneur d'être, Monsieur, votre..... etc.

Robert fit donc ses dessins et son projet fut accepté. L'arrangement
des statues fut confié au sculpteur Boucher, et l'architecte Thévenin,
chargé de l'exécution des travaux, qui commencèrent au printemps de
1778. Les lettres suivantes du comte d'Angiviller le montrent[1] :

De d'Angiviller à Robert :

M. Robert, peintre de
l'Académie Royale   Bains d'Apollon.   V^lles, 1er mars 1778.
  à l'Arsenal

    Le roy ayant agréé, Monsieur, l'exécution du projet que je vous
avais chargé de vous former pour les bains d'Apollon, et dont Sa
Majesté a pris la peine de voir le modèle exécuté de concert avec
vous par le Sr Boucher, sculpteur, je viens de charger M. Thévenin
d'aller en avant. Je ne pouvais confier cet objet important en de
meilleures mains, et le succès ne peut en être douteux, au moyen de
la surveillance que je vous demande dans le cours de l'exécution;
comme le Sr Boucher réside à Versailles, il pourra suivre journellement d'après les avis et les réflexions que vous suggèreront vos
visites successives. Je m'en remets là-dessus à tout ce que j'ai droit
d'attendre de vos connaissances, de votre goût et de votre zèle pour
le service du Roy.

    J'ai l'honneur d'être, Monsieur, votre...... etc.

De d'Angiviller à Boucher :

M. Boucher, sculpteur.   Jardins de Versailles.   V^lles, ce 6 mars 1778.

    Le sentiment que j'avais pris, Monsieur, de votre exécution du
modèle des bains d'Apollon est confirmé d'une manière satisfaisante
pour vous, par celui que Sa Majesté elle même en a pris en voyant
cet ouvrage et en en agréant l'exécution en grand. J'en confie la
conduite à M. Thévenin, sous l'inspection des employés de mon
département soutenus de la surveillance et des avis de M. Robert,
auteur du projet; et comme votre résidence à Versailles vous permet

    1. Archives Nationales : Enregistrement des lettres du Directeur général, série O1,
1171. Ces lettres et la précédente sont inédites. On trouve aussi aux Archives (carton O1, 1791) des croquis de plans et de coupes des bains et bosquets environnants,
mais ces dessins sont purement techniques.

des soins plus suivis que ne pourrait en donner M. Robert, j'en profite pour vous charger de concourir avec M. Thévenin dans tout ce qui pourra émaner de votre art; ce sera pour moi l'occasion de vous faire éprouver les bontés de Sa Majesté en sollicitant pour vous, comme je le ferai pour M. Thévenin, qui ne travaillera point ici par entreprise, une récompense proportionnée à vos services respectifs sur l'objet dont il s'agit; en attendant, il m'a paru juste de distinguer ce que vous avez déjà fait pour le modèle; et je vous ferai délivrer incessamment pour satisfaire à cette partie une gratification de 1,200 livres.

Je suis, Monsieur, votre..... etc.

De d'Angiviller à Thévenin :

M. Thévenin, architecte,
rue d'Argenteuil, Paris.   Bains d'Apollon.   V^lles, 9 mars 1778.

Je vous renvoye, Monsieur, une expédition de la soumission que vous m'avez remise pour servir de réglement sur la manière de procéder dans la conduite que je vous confie de l'exécution des Bains d'Apollon. J'en ai fait déposer l'original dans mes bureaux; vous recevrez en même tems que cette lettre un ordre pour toucher 52,000 livres à la caisse et je vous procurerai la même expédition de mois en mois.

Je suis, Monsieur, votre..... etc.

Les bains d'Apollon occupaient l'emplacement de ce qu'on appelait auparavant le Marais, dessiné par Mme de Montespan, et où l'on voyait un chêne entouré de la végétation des marécages. En 1704, Mansard détruisit le Marais, qui devint le bosquet des Bains d'Apollon. Le projet de Robert comprenait principalement, suivant le nouveau credo, un énorme rocher artificiel couronné de verdure, orné de colonnes à peine dégrossies, et figurant le palais de Thétis. Dans une grotte pratiquée au centre du rocher, fut placé le groupe d'Apollon, dû à Girardon; les deux autres groupes de Guérin et de Marsy furent placés un peu plus bas. En avant du rocher s'étendait une pelouse.

« Entrons, dit M. Philippe Gilles[1], dans la fraîcheur de ces Bains d'Apollon, où Hubert Robert a jeté d'énormes blocs de rochers, dans lesquels il a taillé une sorte de temple pour le dieu de la lumière que la flatterie des courtisans avait fait frère du Roi-Soleil. En homme de goût

---

1. Ph. Gilles : *Versailles. — Le Parc et les Jardins.* Dans la *France artistique et monumentale.*

qu'il était, il débarrassa ces beaux groupes de marbre d'horribles baldaquins chinois[1] qu'on avait construits pour les protéger ; puis à la place où s'élevait un pavillon construit sous Louis XV pour le dauphin, entre les statues du roi et de Marie Leczinska, par Nicolas et Guillaume Coustou, il fit s'étendre une large pelouse d'où le spectateur peut d'un coup d'œil embrasser l'ensemble de la décoration.

Mais ces embellissements marquent une date fatale pour le parc de Louis XIV et de Louis XV, car ils ne furent obtenus que par la destruction totale des bosquets et l'abattage de tous les arbres... »

On a vu que Robert avait fait deux tableaux de l'emplacement des anciens bains (Salon de 1777) et un dessin des sculptures.

Delille déplore dans ses *Jardins* ce massacre des beaux arbres de Le Nôtre :

> O Versailles, ô regrets, ô bosquets ravissants,
> Chef d'œuvre d'un grand roi, de Le Nôtre et des ans !
> La hache est à vos pieds et votre heure est venue.....

Mais comme il aime les nouveaux jardins, il se console après une trentaine de vers, en voyant les bosquets se couvrir de leur parure. Le rocher de Robert fut très admiré des contemporains. « Ainsi s'est formé, dit encore Delille, ce superbe rocher de Versailles, dont l'effet

---

1. D'Argenville donne une description des Bains d'Apollon avant leur transformation par Robert :

« On y voit trois beaux groupes de marbre, couverts par autant de baldaquins en plomb doré, d'où pend une campane (clochette). Perrault en donna les dessins que Le Brun fit ensuite en grand sans presque y rien changer.

« Le grouppe du milieu, composé de sept figures, fait voir Apollon chez Thétis, assis et environné de six nymphes qui s'empressent de le servir. Des trois qui sont sur le devant, deux s'apprêtent à lui laver les pieds et à les essuyer. La troisième tient d'une main un bassin et de l'autre verse des eaux de senteur sur les mains d'Apollon. Ces quatre figures sont de *Girardon*. Des trois nymphes placées derrière le dieu, celle du milieu prend soin de ses cheveux et les deux autres tiennent des vases remplis d'essences. Elles sont sculptées par *Regnaudin*. Ce chef-d'œuvre de Girardon a été bien rendu par François Édelinck.

« Le grouppe qui est à gauche en regardant Apollon est composé de deux de ses chevaux que des tritons abreuvent. Il est de *Guérin*.

« Celui de la droite, fait par Gaspard Marsy, est bien supérieur à l'autre, et représente aussi deux chevaux d'Apollon, abreuvés par des tritons. Un de ces chevaux serre les oreilles, et mord la croupe de l'autre qui se cabre. Un triton, pour les retenir, lève un bras nerveux ; ce sont ces chevaux chantés par Ovide... »

(D'Argenville : *Voyage pittoresque des environs de Paris*, in-8°, 3° édition, 1768.)

ne peut être deviné que par l'imagination qui le fait voir d'avance coiffé de beaux arbres et orné de ce que le temps seul peut lui donner de vraisemblance et de beauté ».

Les figures des nouveaux bains furent mises en place en septembre 1780. A la date du 12 septembre de cette année, une lettre de d'Angiviller invite le premier peintre, M. Pierre, à se rendre à Versailles avec Pajou pour assister à cette mise en place. Les travaux furent complètement terminés au printemps de 1781. Le 2 avril 1781, d'Angiviller informe par lettre l'architecte Thévenin qu'il a visité les Bains le 25 du mois dernier, et que, à part quelques détails, tout lui a paru au point. « En tout état de cause, ajoute-t-il, je désire que vous disposiez toute choses pour qu'à la fin de la semaine prochaine, au plus tard, tout soit absolument terminé; vous voudrez bien communiquer mes intentions à M. Boucher afin qu'il y satisfasse de sa part pour la sculpture. »

Cette création des Bains d'Apollon fit grand honneur à Robert. Dès 1778, il en avait été récompensé par le don d'un logement aux Galeries du Louvre. Ce ne fut pas sa seule récompense, comme on le verra dans le chapitre suivant. Il prit le titre de dessinateur des jardins du roi; je ne sais s'il en eut le brevet, n'ayant trouvé nulle part trace d'une telle pièce. Il ne semble pas, en tout cas, que des appointements fixes lui aient été attribués pour les services qu'il pouvait rendre en cette qualité. A l'égard des travaux des Bains d'Apollon, il attendit ses honoraires assez longtemps; ce n'est qu'en novembre 1782 qu'il reçut enfin 6,000 livres; on le voit par l'enregistrement sommaire d'un rapport du premier commis des Bâtiments.

1er novembre 1782. — Rapport de M. Cuvillier, premier commis des Batiments, sur la demande faite par M. Robert, peintre, auteur du projet et des dessins de la nouvelle construction des Bains d'Apollon, d'honoraires quelconques pour ses peines et soins pendant trois ans.

Au bas est écrit de la main de M. le Directeur Général : bon pour 6,000 livres, payables en deux fois, ce 2 novembre 1782. — Le 13 novembre, expédié l'ordonnance pour moitié.

(Ar. Nat. O¹, 1235, lettres adressées aux Directeurs Généraux.)

La qualification de dessinateur des jardins du roi ne fut point d'ailleurs purement honorifique pour Robert et il paraît en avoir rempli les fonctions d'une façon effective. Ainsi on le voit mêlé aux remaniements qui se firent vers 1784 au jardin de Compiègne; il est chargé aussi de

surveiller la décoration de la nouvelle salle de spectacle de Versailles ;
les enregistrements de lettres suivants, malheureusement peu explicites,
le montrent :

> 12 juin 1785. — Lettre du peintre (sic) Sauvage, qui demande le moment
> de M. le D. G. pour lui faire voir les bas-reliefs qu'il a déjà exécutés pour
> Compiègne. — Répondu : pas de jour fixé, voir avec Mrs Peyre et Robert à
> trouver un entrepôt.
> 18 septembre 1785. — Lettre de M. Robert, peintre sur la décoration
> des jardins de Compiègne.
> 12 octobre 1785. — Lettre de M. Robert, peintre qui annonce le progrès
> des peintures de la nouvelle salle de comédie de Versailles et propose un
> à compte pour Deleuze, entrepreneur.
> 4 novembre 1785. — Lettre de M. Robert qui marque que le travail de
> la nouvelle salle de spectacle de Versailles marche avec activité. — Répondu
> pour presser les travaux.
> 7 novembre 1785. — La nouvelle salle de spectacle ne sera pas prête pour
> le retour de la cour à Versailles. — Répondu pour presser les travaux.
>
> (Ar. Nat. O¹ 1238.)

En 1784, Robert prit part à la création de la magnifique propriété de
Méréville, près d'Étampes, en Beauce. Le fait paraît certain, mais les
détails manquent, toujours faute de documents. Vigée est à peu près le
seul qui en parle dans sa notice. Le comte Alex. De Laborde, fils du
créateur et possesseur de Méréville, n'en dit mot dans ses *Nouveaux Jardins*, et pourtant il y décrit celui de Méréville.

Jean-Joseph de Laborde[1], un des plus riches financiers, et, dit-on,
un des plus honnêtes hommes du siècle dernier, est connu par ses grandes
entreprises de constructions. Vers 1770 entre autres, il acheta tout le terrain entre le boulevard des Italiens, les rues Grange-Batelière, Chante-
reine et de la Chaussée-d'Antin et le mit en constructions ; il y éleva
notamment les grands hôtels de la rue Laffitte, alors rue d'Artois. Il
avait acquis La Ferté-Vidame en 1764, l'avait augmenté, s'y était installé
avec magnificence et y avait reçu royalement Joseph II en 1781. Le duc

---

1. Il ne faut pas confondre Jean-Joseph de Laborde avec Jean-Benjamin de La
Borde dont il a été question dans le chapitre précédent. Ils n'étaient même pas
parents, je crois. Diderot s'est montré injuste envers Jean-Joseph. Celui-ci est
cet apprenti amateur, dont parle le critique dans son Salon de 1769, qui aurait refusé
de laisser mettre à ce Salon des tableaux acquis de Vernet. Jean-Joseph de Laborde
passait au contraire pour un homme d'une haute intelligence et de beaucoup de
goût. Il avait un grand nombre de dessins de Robert.

de Bourbon eut envie de cette propriété et finit par l'acquérir, par l'entremise de Louis XVI et de Marie-Antoinette. C'est alors que de Laborde créa Méréville en 1784, et en fit une merveille. Le parc aurait été tracé d'après les dessins de Robert ou tout au moins d'après ses conseils. Vernet y aurait aussi participé. C'était un des plus complets en son genre ; on y avait utilisé très ingénieusement les eaux de la petite rivière de la vallée, la Juine ; laiterie, ruines, colonne, tout y était. En souvenir de deux de ses fils, compagnons de La Pérouse, de Laborde y avait même élevé un tombeau au navigateur Cook, alors très populaire en France. Ce tombeau, un des meilleurs ouvrages de Pajou, était surmonté d'un dôme porté par quatre colonnes tronquées, et ces colonnes étaient naturellement de l'ordre de Pæstum, si fort en vogue à cette époque. Robert fit de ce parc quatre grandes vues qui sont restées longtemps dans la famille de Laborde, et pour le salon du château quatre tableaux de ruines.

Nous sommes arrivés aux belles années de notre peintre. Il est en vogue comme décorateur ; il dessine des jardins ; le roi vient de le nommer garde des tableaux de son Muséum et l'Académie conseiller ; tout lui sourit.

LA TERRASSE.

Sanguine d'Hubert Robert.

CHAPITRE XI

Les origines du Musée du Louvre. — Le Muséum du Roi et le Muséum de la Nation.
Robert garde des tableaux du Muséum du Roi.

La question des origines du Musée du Louvre ressemble un peu à celle
de la bataille de Toulouse, bataille que pendant longtemps le maréchal
Soult gagna ou perdit tour à tour, suivant les partis qui étaient au pouvoir. Pour certaines personnes, et c'est le plus grand nombre, le Louvre
est une création de la Révolution ; pour d'autres, au contraire, on le doi
à la Royauté. Tout le monde a un peu raison en cette affaire, et il suffit
de préciser les faits pour s'entendre. Il est évident que le gouvernement
de Louis XVI ne pouvait concevoir un musée national tel que le Musée
du Louvre actuel ; c'eût été un non sens, puisque l'Etat c'était le roi ;
mais il est absolument certain qu'il a eu l'idée de fonder un Muséum
royal, devant être ouvert au public, et qu'il a commencé à mettre cette
idée à exécution. Il est non moins incontestable, d'autre part, que quand
Louis XVI, en échange d'une liste civile de vingt-cinq millions, aban-
donna à la Nation les biens de la Couronne, « diamants, tableaux et
autres monuments des sciences et des arts », l'Assemblée Constituante,
dans sa séance du 26 mai 1791, avant la chute de la royauté, décida la
création d'un Muséum National, et que le local de ce Musée fut celui du
Muséum royal, au palais du Louvre.

Ceci posé, je mettrai sous les yeux du lecteur quelques documents se
rapportant au projet de Muséum royal et aux commencements du Museum
de la Nation, Hubert Robert ayant été garde des tableaux du premier
muséum et membre du conservatoire du second.

A la suite des fouilles d'Herculanum, le roi de Naples avait, comme on l'a vu, formé un musée d'antiquités à Portici. En 1773, s'ouvrait à Rome le *Musœum* du Vatican. On allait beaucoup en Italie à cette époque, et c'est précisément alors qu'en France on commence à parler avec persistance d'un muséum. Il ne serait donc pas impossible que la chose et même le mot fussent d'importation italienne. Les éléments ne manquaient pas, du reste, pour un tel établissement. Les rois de France avaient un cabinet fort riche en œuvres d'art, dont une partie, à certains jours, était visible pour le public au Luxembourg; on se plaignait que ces œuvres fussent disséminées un peu partout, et quelques hommes éclairés, La Font de Saint-Yenne par exemple, avaient déjà pensé à les réunir en un même local. L'idée commence à prendre corps vers 1773. On lit dans les Mémoires secrets de Bachaumont, à la date du 14 novembre 1773 :

Il y a une Galerie d'une longueur immense qui unit le palais des Tuileries à celui du Louvre. C'est là où sont placés tous les modèles des diverses frontières et places fortifiées du royaume... On a présenté à M. l'abbé Terrai un projet par lequel on lui propose, des fonds provenant des châteaux du Roi qu'il compte faire démolir, de faire bâtir une galerie à l'École militaire où l'on transporterait ces plans...

Cette galerie, ainsi débarrassée de l'attirail immense de tant de machines, l'auteur propose d'y exposer les tableaux du Roi, les sculptures, les richesses mobilières de S. M. de toute espèce, entassées, soit dans la *Salle des Antiques*, soit dans divers gardes meubles; de former ainsi de cette galerie un wauxhall, c'est-à-dire un lieu d'assemblee publique pour l'hiver, dont n'approcherait aucun wauxhall, aucun colisée possible...

Ce projet, présenté au contrôleur général, en a été très bien accueilli, et ce ministre ne semble pas éloigné de s'y prêter.

Mais l'abbé Terray n'eut pas le temps de prouver ses bonnes dispositions à cet égard. Ce fut le comte d'Angiviller, directeur général des bâtiments sous Louis XVI, qui, trois ou quatre ans après, vers 1777, entreprit de mettre à exécution ce projet de création d'un Muséum. Il y a sur ce point surabondance de documents.

Toutes les feuilles du temps le constatent. L'*Année littéraire*, par exemple, dans son Salon de 1777, dit que « la galerie du Louvre est destinée à former un cabinet de peinture et que ce superbe Musée, le plus beau de l'Europe, sera décoré par des statues des hommes célèbres que la France a produits dans tous les genres ». (On voit en effet Louis XVI, vers 1775, commander des statues de grands hommes français, qui furent placées provisoirement dans la salle des antiques au Louvre). D'Argenville, dans son *Voyage pittoresque de Paris*, en 1778, dit expressément, au sujet de la galerie du Louvre, qu'on se propose « d'y offrir aux yeux du public la riche collection des tableaux du Roy ». Mayrobert, en 1779, dans ses lettres sur l'Académie de peinture, parle aussi du Musée que doit former d'Angiviller « dans la galerie des Tuilleries... imagination hardie ne pouvant s'exécuter qu'à grands frais, avec beaucoup de temps... »

On trouve aux Archives quelques pièces officielles ou enregistrements de pièces relatives à ce projet de Musée. En 1778, d'Angiviller nomme un comité chargé d'étudier les moyens d'appropriation de la galerie :

Du comte d'Angiviller à M. Pierre.

Louvre. Galerie des Tableaux.

M. Pierre, 1er peintre du Roy.   Versailles, 1er avril 1778.

Mes conférences avec vous, Monsieur, vous ayant instruit de mon plan de comité pour un examen approfondi et définitif de l'établissement de la Gallerie du Louvre en dépôt des tableaux du Roy, je vous informe aujourd'hui que je viens d'écrire à Messieurs les Intendants généraux pour leur annoncer mes intentions : je leur marque que je vous ai nommé pour former ce comité, avec eux, Mrs Robert et Pajou que vous y inviterez de ma part, et Mrs Hautier et Brébion qui, déjà prévenus par moi, se rendront aux assemblées quand elles seront convenues entre vous et Mrs les intendants. Je leur ai adressé et je vous remets également une notice des objets capitaux qui doivent faire la base des réflexions du comité, qui pourra, d'ailleurs, et que j'invite même à s'étendre sur toutes les autres vues qui lui paraîtront devoir entrer dans les spéculations d'un monument qui est une affaire nationale. J'observe aussi que si le comité croit utile de s'étaier des lumières de quelques autres membres de l'Académie de peinture seulement, je lui laisse le soin de les choisir et de les inviter de ma part. Je ne suppose pas qu'il puisse y avoir de difficulté sur le lieu d'assemblée; mais si cela arrivait, il n'y aurait qu'à les indiquer dans mon hôtel à Paris, et je donnerai les ordres convenables dès que je saurai qu'ils sont nécessaires.

J'ai l'honneur d'être, Monsieur, votre... etc. (Arch. Nat. o¹1171.)

(Suit la notice des principaux objets que doit examiner le comité: division ou non de la Galerie en plusieurs parties, éclairage, sauvegarde contre les incendies, etc., et invitation à appuyer le travail de plans et devis qui puissent donner une idée de la dépense.)

Voici maintenant quelques enregistrements de pièces relatives à ces travaux d'appropriation :

8 juin 1782. — Procès verbal de MM. les Intendants généraux des bâtiments pour fixer les prix de l'entrepreneur de maçonnerie, pour le rétablissement de la Galerie du Louvre, assistés de MM. Brebion (architecte et contrôleur des Bâtiments) et de l'Espée, approuvé par M. le Directeur général. (A. N. o¹1235).

25 août 1782. — Lettre des Intendants qui envoient les devis de réfection de la Gallerie du Louvre. — Traité avec Sandrié, charpentier (o¹1235).

10 septembre 1782. — Lettre du Sʳ Dufourny de Villiers, qui demande à dessiner les peintures à fresque qui ont été faites par Poussin sur une partie de la voûte qu'on va détruire à la Galerie du Louvre (Poussin avait peint au plafond de la Galerie dix-sept camaïeux et deux Termes) (o¹1235).

14 octobre 1782. — Lettre du Sʳ Chippart qui annonce qu'il a des idées pour subvenir au soutien du Musœum qu'on veut faire dans la grande Gallerie (o¹1235).

23 mars 1783. — Lettre de M. Brébion qui propose les précautions à prendre dans les logements des artistes aux galeries du Louvre (voir chapitre XV) pour remplir en maçonnerie tous les vides abusivement pratiqués dans les gros murs au-dessous de la Galerie du Muséum (o¹1236).

26 mai 1783. — M. Le Roy, de l'Académie des siences, propose d'établir un paratonnerre sur la Galerie.

21 août 1785. — Lettre particulière de M. Guillaumot (intendant des bâtiments) sur la galerie du Louvre ou Musœum et sur les jours à donner à cet édifice (o¹1238).

28 août 1785. — Lettre de M. Renard, inspecteur à Paris, qui discutte le projet de construction pour tirer des jours d'en haut de la Galerie et les objections qu'il a éprouvées de la part des commissaires chargés de l'examen du projet, dont il spécule la dépense à 312359 livres (o¹1238).

31 août 1785. — Rapport souscrit par les trois intendants et Mʳˢ Brébion et de l'Espée, architectes, de l'examen fait par eux d'un projet conçu par le Sʳ Renard, inspecteur du département de Paris, pour donner à la Galerie du Louvre des jours tirés d'en haut.

D'après les devis, la dépense semblerait ne devoir coûter que 427582 livres 3 sous 10 deniers.

En marge : En décembre 1785, joint cette pièce à une liasse adressée le 7 à M. Mique pour la remettre à l'Académie (d'architecture) chargée d'un examen en corps (o¹1238).

22 novembre 1785. — L'Académie d'architecture demande communication de tout ce qui a été dit et écrit sur le Musœum depuis son origine en 1778.

L'Académie nomme des commissaires pour l'éclairage par le haut du Museum (o¹1238).

Le mode d'éclairage fut une grave question qui arrêta le projet pendant plusieurs années. On s'en occupait dans le public :

21 février 1786. — Mémoire anonime mais décent donné à des réflexions critiques sur les projets actuellement en discussion à l'Académie d'architecture d'éclairer d'en haut la Galerie du Louvre destinée à faire un Musœum.

M. le Directeur G. invite les auteurs à se produire et a employé le mot très honnête inséré au *Journal de Paris* le 8 mars 1786 (o¹1239).

(Voici cette note insérée dans le *Journal de Paris*. — Un manuscrit ayant pour titre : *Mémoire sur une matière importante*, a été adressé sous simple enveloppe, par ses auteurs, à la personne qui est dans le cas de traiter l'objet. Ce mémoire, qui joint au mérite apparent du fond celui de l'expression la plus décente et la plus honnête, laisse à la personne qui l'a reçu le désir et le besoin d'en conférer. Elle ne peut le faire plus utilement qu'avec les auteurs, pour lesquels ce qu'on vient d'énoncer est une adresse suffisante. Ils sont invités à se présenter ; le secret auquel ils paraissent tenir ne sera pas compromis ; ils peuvent s'en reposer sur la connaissance qu'eux-mêmes disent avoir du caractère de la personne qui les invite à conférence).

20 mars 1786. — Les auteurs répondent à l'invitation du directeur.

14 août 1786. — Lettre de M. Cochin par laquelle il propose une idée pour éclairer la Galerie. — Répondu poliment, en lui marquant que son idée paraît bonne (o¹1239).

8 avril 1787. — M^{rs} les intendants remettent le rapport de l'examen fait entre eux et six académiciens des moyens d'éclairer et d'arranger le Musœum.

En marge : le 29, M. le D. G. a porté ce rapport au Roy et le lui a laissé avec une feuille tendante à provoquer la décision que S. M. jugera à propos de prendre (o¹1240).

1er avril 1788. — M^{rs} les commissaires de l'Académie d'architecture, nommés pour examiner le moyen d'éclairer la Galerie d'en haut donnent leur avis pris en avril 1787, présenté au Roy le 29 du dit et rendu par S. M. le 31 mars 1788.

Au pied du rapport des dits commissaires est la déclaration de M. Brébion, par laquelle il persiste dans l'opinion que la situation et exposition du lieu ne lui paraissent pas comporter l'admission des lanternes pour produire des jours d'en haut.

Ensuite est celle de M. le D. G. par laquelle il expose que S. M. a gardé le rapport depuis le 29 avril 1787 jusqu'au 31 mars 1788, et y a mis son approuvé pour ce qu'il fût fait un projet en conséquence.

A cette feuille est jointe la feuille remise au Roy pour accompagner ce rapport.

En marge : Le 11 juin 1788. Lettre d'ordre, dans le sens de la feuille remise au Roy, à M. Guillaumot, intendant, et à M. Renard, inspecteur du département de Paris (o¹1241).

Le mode d'éclairage adopté définitivement semble donc avoir été celui de l'architecte inspecteur Renard, des lanternes donnant du jour par le haut. Il semble bien aussi que certains travaux de réfection aient été commencés dans la galerie :

7 septembre 1788. — Plainte d'un M. Bailly (probablement voisin de la Galerie) qui demande principalement suppression d'un escalier construit pour les travaux de la Grande Galerie du Muséum.

Du contenu des enregistrements précédents on peut conclure qu'aux approches de 1789, tout était décidé en ce qui concernait l'arrangement de la Grande Galerie. Mais je crois que les choses en restèrent là pour le Muséum du roi.

Cependant le comte d'Angiviller n'avait pas seulement porté son attention sur les travaux de la Galerie. Dès l'année 1784, il avait nommé deux gardes des tableaux du Muséum projeté, Hubert Robert et Jollain. Le brevet du premier est du 22 juin, celui du second du 1er septembre 1784. On trouve aux Archives copie du brevet de Robert. (Voir cette pièce à la fin du volume.)

Le traitement de ces deux gardes ne fut fixé qu'en 1787, à ce qu'il semble à 1,500 livres par an pour chacun d'eux [1]. Le roi payait mal à cette époque.

12 may 1784. — Fixation des traitements de Mrs Robert et Jollain, gardes du Museum, à partir de la datte de leur nomination. La datte de la commission du premier est du 22 juin, et celle du second du 1er septembre 1784 (o¹ 1241).

En marge : Le 16 may, ordonné payement de la portion de 1784 et de l'année 1785 sur le pied de 1,500 livres pour chacun d'eux.

Puis le Directeur général fait acheter des tableaux et des dessins; on les encadre et on les place provisoirement dans un dépôt contigu, je crois, à la salle des Antiques, au Louvre. Voici quelques-uns des achats faits jusqu'en 1789 et auxquels Robert fut mêlé :

De d'Angiviller à Robert. — *31 décembre 1784.* — Je joins ici, Monsieur, l'ordonnance que je viens de faire expédier à M. le maréchal de Noailles pour prix de son tableau de Wynam, qu'il cède au Roy. Vous voudrez bien, en lui remettant son ordonnance, retirer le tableau pour le placer dans votre dépôt, en charger l'inventaire et m'en accuser réception.

J'ai l'honneur, etc. (o¹ 1177.)

---

1. Durameau, garde adjoint des tableaux du cabinet de Versailles, du 1er juillet 1784, avait un traitement de 2,400 livres. On ne s'explique guère que les deux gardes du Museum n'aient eu chacun que 1,500 livres. Cependant je crois qu'il est difficile d'interpréter autrement le petit enregistrement du 12 mai.

Du même jour lettre d'avis au Maréchal de Noailles constatant que le prix du tableau est de 12,000 livres.

21 février 1785. — Lettre de M. Robert qui demande des ordres pour faire des achats à la vente de M. Dupille. — Répondu à Robert le même jour sur les acquisitions à faire pour le Roy à cette vente.

3 mars 1785. — Quittance du Sr Robert, garde des tableaux à Paris, qui reconnaît que M. Cuvillier (premier commis de la Direction des Bâtiments) lui a remis 6.000 livres pour compte de M. de Choiseul, en prix d'un tableau de Panini, pour être déposé dans la collection du Roy (o¹1238).

16 octobre 1785. — Lettre de d'Angiviller à M. Pierre, premier peintre du Roy, pour que Mrs Pierre, Robert, Jollain, et même M. Vien, s'il veut bien s'y prêter, veuillent bien examiner les tableaux de Lebrun. (Lebrun, marchand de tableaux, venait de faire un voyage en Hollande, où il avait fait des achats, notamment à la vente Slingeland.)

Il est acquis de Lebrun, dans les tableaux qu'il a rapportés : Le Both, le Therbourg, le Rembrand, les chevaux et la marine de Cuyp, les deux figures de Scalcken. (o¹1178. Pas d'autre indication)[1].

15 octobre 1785. — Lettre de M. Pierre sur les tableaux de Marmoutiers ; à son avis, ils sont médiocres. (L'abbaye de Marmoutiers avait offert trois Le Sueur qui étaient dans le monastère. On y envoya Jollain, qui fit un rapport favorable. C'est sur ces tableaux, à leur arrivée à Paris, que Pierre donne son opinion.) (o¹ 1178.)

De d'Angiviller à Robert. — *Versailles, 10 avril 1787.* — Je ferai joindre, M., à cette lettre, les expéditions nécessaires pour que vous puissiez, lundi prochain, recevoir à la caisse et payer de suite à ceux qui sont chargés de la vente des tableaux de M. Ménard de Clesne, les 8,101 livres moyennant lesquelles vous êtes demeuré adjudicataire, pour le Roy, du tableau de Subleyras représentant la Madelaine aux pieds de J. C. J'imagine que c'est entre les mains de l'huissier vendeur que vous aurez à payer et qu'il vous donnera un récépissé. Vous voudrez bien me le renvoyer pour être déposé dans mes bureaux.

J'ai l'honneur d'être, etc. (o¹ 1180.)

Ce petit tableau de Subleyras est au Louvre ; c'est l'esquisse terminée d'un autre plus grand qui se trouve au même Musée. A l'acquisition de cette esquisse se rapporte le certificat autographe que nous donnons et dont j'ai l'original entre les mains. Les archives du Louvre en possédaient autrefois l'enregistrement. M. Villot le donne dans le Catalogue de l'École française du Louvre :

---

1. « L'administration de d'Angiviller fit de fréquentes acquisitions à Lebrun. Ainsi on trouve dans les enregistrements des lettres du Directeur, aux Archives, à la date du 7 février 1781, un à compte de 300 livres pour ses dessins de Le Sueur, ce qui mettrait l'achat de ses dessins à 1780. Je donne cette date qui, selon M. Reiset, serait inconnue. »

« Je certifie et déclare aussi avoir en mes mains le tableau de Subleyras représentant la Magdeleine au pied de Jésus-Christ chez le pharisien, acheté sous mon nom pour le compte du Roy et par les ordres de Monsieur le comte d'Angiviller, 8,101 livres, à Paris, le 8 may 1787.

« Approuvé l'écriture Robert. »

1789. — Diverses lettres de Robert concernant des achats de tableaux (o¹ 1242).

1ᵉʳ mai 1789. — Commission au sieur Lebrun d'acheter à la vente après décès du Maréchal de Soubise soixante-cinq dessins de Le Sueur sur la vie de St Bruno.

Mais les beaux jours sont passés. Voici que le district de Saint-Germain-l'Auxerrois veut s'approprier le local du dépôt des tableaux destinés au Muséum, et dont Robert et Jollain ont la garde.

4 septembre 1789. — Lettre de Cuvillier à Robert pour le tranquilliser sur l'usurpation projetée du dépôt des tableaux. (D'Angiviller était alors absent, malade.)

Dans une lettre adressée le même jour à Vien, premier peintre du roi, Cuvillier dit à Vien : « La demande que vous et moi redoutions n'existe pas encore, quoique le district qui la projette, au moins en apparence, ait écrit pour d'autres objets. » (o¹ 1182.)

Cependant des bruits se répandent que Robert a livré au district le dépôt confié à sa garde.

Lettre de Cuvillier à Robert. — *13 septembre 1789.* — Je ne peux me refuser à vous marquer mon inquiétude sur un avis qui m'arrive. On prétend que vous avez livré au district de St-Germain-l'Auxerrois une partie du magasin des tableaux du Roy. Il m'est impossible d'y croire. (o¹ 1182.)

18 septembre 1789. — Lettre de Robert désavouant l'intention qu'on lui prête d'offrir une partie du dépôt des tableaux au district de St-Germain. (o¹ 1242.)

19 septembre 1789. — Lettre de M. de Saint-Priest, ministre de la maison du Roy, indiquant les intentions de S. M. à cet égard. (Il semble bien qu'on finit par céder au district une partie du dépôt, car à la même date on trouve une lettre de la Direction « sur la partie du dépôt des tableaux du Roy, qu'on cède au district de St-Germain »)

Puis voici les journées d'octobre. Le roi vient habiter les Tuileries. Les nombreux privilégiés installés dans les diverses parties du Louvre sont inquiets. Les artistes de l'Académie adressent au roi une lettre pour le remercier de leur conserver leurs logements du Louvre; mais les habi-

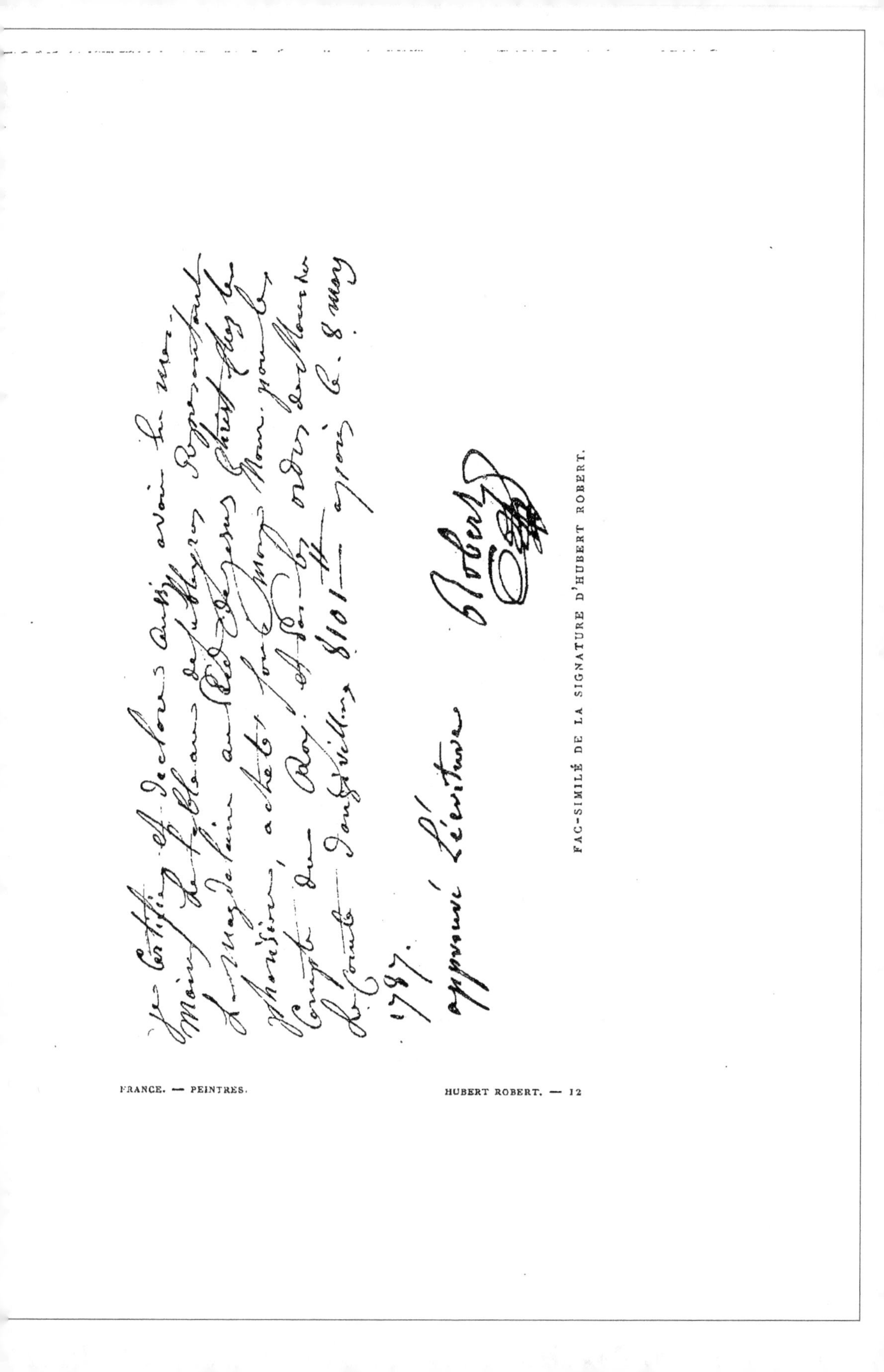

FAC-SIMILÉ DE LA SIGNATURE D'HUBERT ROBERT.

tants des Tuileries sont obligés de déménager. A cette évacuation des Tuileries se rattache une réclamation faite par Robert, à la fois, je crois, comme peintre et comme garde des tableaux :

11 novembre 1789. — M. Robert se plaint de n'avoir pas reçu la lettre qui lui avait été annoncée et qui lui est nécessaire pour arrêter l'enlèvement que les agens de Mme la comtesse Diane de Polignac voudraient peut-être faire des tableaux appartenant au Roy et qui se trouvent dans l'appartement de cette dame. (o¹ 1242.)

Il réclame en même temps le payement du tableau de l'illumination de Trianon qu'il a fait pour la Reine.

De Cuvillier à Robert. — Paris, 11 novembre 1789. — Je ne conçois pas ce qu'a pu devenir la lettre que j'ai certainement eu l'honneur de vous adresser dimanche matin. Quoi qu'il en soit, je vous confirme que les agents de Mme la comtesse Diane de Polignac n'ont pas autre chose à retirer de l'appartement des Tuileries qu'elle a occupé après M. de Guéménée que ce qui est précisément meuble; que les glaces et les parquets ont été remboursés par le Roy et que quant aux tableaux, on ne doit retirer que ceux faits par vous et dont vous avez reçu le payement, soit de Mme Diane, soit de sa part.

J'ai l'honneur, etc. Cuvillier. (o¹ 1182.)

Robert avait fait pour cet appartement, lorsque M. de Guéménée l'habitait, plusieurs tableaux dont deux au moins restèrent dans les décorations de l'appartement et furent portés au compte du roi, comme le montre ce qui suit :

29 janvier 1787. — Lettre de M. Lenoir, conseiller d'État, et l'un des commissaires de la liquidation des créanciers Guéménée, pour annoncer que M. Robert, peintre, est liquidé à 6,000 livres qu'il propose de faire payer par le Roy ; la créance provenant de deux tableaux restés dans les décorations d'un appartement aux Tuileries, d'où ils peuvent être retirés. (o¹ 1240.)

En ventôse, an V de la République, on voit Robert demander, au Ministère de l'intérieur, de la toile en payement d'une somme de 2,000 livres, restant du prix de tableaux faits en 1780 pour les Tuileries. Ce sont sans doute les précédents, ce qui indiquerait que les 6,000 livres ne lui furent pas payées entièrement.

En parcourant cette correspondance des directeurs des Bâtiments, on est étonné de la quantité de parasites qui, avec le temps, avaient fini par envahir, sous l'ancienne monarchie, le Louvre, les Tuileries, le Luxembourg et les autres châteaux royaux ; la plupart n'avaient aucun droit à

une faveur de ce genre, et non seulement ils considéraient le logement à
eux gracieusement octroyé comme leur propriété, mais réclamaient im-
pérativement, de la Direction, des réparations et même des embellissements. On voit que les choses s'étaient passées ainsi pour Mme de Polignac.

Les registres des archives sont interrompus en 1790. Il est vraisemblable du reste, qu'à partir de cette époque, la chronique du Muséum
royal n'offre plus rien d'intéressant. Je passe donc au Muséum de la Nation.

*
* *

Comme le premier, ce Muséum n'apparaît d'abord qu'à l'état de
projet. Il en est question bien avant sa réalisation.

Les biens ecclésiastiques étant devenus propriété de l'État, l'Assemblée
Constituante, dans sa séance du 19 décembre 1789, décida la vente de
ces biens. Deux comités, dits des Biens ecclésiastiques et d'aliénation de
ces biens, furent nommés pour en faire l'inventaire, choisir ceux qui
devaient être conservés et procéder à la vente des autres. Pour cet
examen, il fallait des hommes spéciaux ; c'est pourquoi, le 16 octobre 1790,
six commissaires élus par les deux comités s'adjoignent un certain
nombre de savants, et ainsi est institué un nouveau comité chargé de
l'examen des monuments publics. Aux œuvres d'art qui sont à la disposition de ce comité, viennent s'ajouter, quelques mois après, celles provenant des biens de la Couronne, que Louis XVI abandonne à la Nation
moyennant une liste civile. C'est alors qu'on a l'idée de choisir dans
toutes ces richesses les éléments d'un Muséum national.

En séance du 26 mai 1791, Camus, membre de la commission des
monuments, présente, au nom des comités de constitution des finances,
des domaines et de liquidation, le projet de rédaction du décret sur la
liste civile (voir le *Moniteur*). Ce décret, adopté, porte que :

. . . .

Art. 4. La liste civile du Roy est fixée à vingt-cinq millions.....
Art. 6. Il sera dressé un inventaire des diamants appelés de la Couronne,
perles, pierreries, tableaux, pierres gravées et autres monuments des arts et
des sciences, dont un double sera déposé aux archives de la Nation. L'assemblée se réservant de statuer, de concert avec le roi, sur le lieu où les dits
monuments seront déposés à l'avenir.....

Ce décret est suivi d'un autre, présenté par Barère et concernant les domaines à réserver au roi. Il est dit, dans les considérants du rapport de Barère :

..... Voici nos projets. Les Tuileries et le Louvre réunis seront le palais national destiné à l'habitation du roi, à la réunion de toutes les richesses que possède la Nation dans les sciences et les arts, et aux principaux établissements de l'Instruction publique. Ne croyez pas que le roi vous ait demandé le Louvre habitation, mais le Louvre palais des arts et asile des sciences.

Votre projet, conforme au désir du roi, sera sans doute d'élever le palais des sciences et des arts à côté du palais de la royauté.....

..... Ainsi la restauration du Louvre et des Tuileries, pour donner au roi constitutionnel une habitation digne de la nation française, et pour y faire *un muséum célèbre*, demandera des mesures ultérieures qui seront concertées avec le roi.

Suit le décret adopté :

Art. 1ᵉʳ. Le Louvre et les Tuileries réunis seront le palais national destiné à l'habitation du roi et à la réunion de tous les monuments des sciences et des arts et aux principaux établissements de l'Instruction publique, se réservant, l'Assemblée Nationale, de pourvoir aux moyens de rendre cet établissement digne de sa destination.

Ainsi la fondation d'un Muséum de la nation fut officiellement décidée le 26 mai 1791. Le bruit s'en était répandu dans le public, tout au moins chez les artistes. Entre autres lettres, la suivante, du peintre Doyen, le montre. Doyen, de l'académie de peinture, avait été appelé à faire partie du comité d'examen des monuments publics :

A MM. des comités réunis des biens ecclésiastiques et nationaux.

11 may 1791.

..... Il est donc question d'un Muséum de la nation ; par la conduite avec laquelle on procède à l'enlèvement des effets, il semble qu'il y en aura plusieurs.

Celui du Roy qui est projeté est considérable, tant en tableaux, statues, pierres gravées, médailles, gravures, etc., et la bibliothèque considérable.

La nation a tout, mais elle n'a rien dans le fait pour former son Muséum et sa bibliothèque. Si on faisait la répartition des monuments après la dévastation, je serais tranquille, mais chacun, par la voie des sections, s'empresse de choisir ce qui lui convient.

Le comité de sçavans dont j'ai l'honneur d'être membre a été institué par vous, messieurs, pour vous soulager dans des petits détails qui rallentiraient vos opérations de première nécessité, pour la création du beau projet de former un Muséum. Ce projet fait grand honneur à l'Assemblée Nationale ; elle paye aux arts le tribut de reconnaissance qu'elle leur doit après être sortie de leur sein.....

Signé : Doyen. (A. N. F¹⁷. 1254).

Mais décréter ne suffisait pas. Le grand point était de passer à l'exécution. On ne le fit qu'après la chute de la Royauté. Ce n'est qu'en septembre 1792 que le ministre Roland institua une première commission de conservation du Muséum projeté. Cette première commission, dont fit partie Jollain, l'un des deux gardes du Muséum du roi, ne vécut pas longtemps ; d'autres la remplacèrent ; nous finirons par retrouver Robert dans l'une de celles-ci (voir chapitre 13) ; mais dans l'intervalle, il devait être incarcéré à Sainte-Pélagie et à Saint-Lazare, où nous allons le suivre.

CHAPITRE XII

Le 8 brumaire de l'an II (29 octobre 1793), le citoyen Robert était arrêté « comme suspect ». Le prétexte était, dit-on, qu'il avait négligé de renouveler sa carte de civisme. Au fond, on ne pouvait guère lui reprocher que ses relations passées avec l'ancienne cour et la ci-devant aristocratie, car ses œuvres les plus récentes semblaient montrer que, comme beaucoup d'autres, il s'était enthousiasmé par les idées généreuses du moment. Dans ses souvenirs, Mme Vigée-Lebrun désigne très explicitement Louis David comme l'auteur de la dénonciation contre Robert : « Ce que je ne puis lui pardonner, dit-elle en parlant de David, ce sont les persécutions exercées lâchement par lui contre un grand nombre d'artistes, entre autres contre Robert le paysagiste, qu'il fit arrêter et traiter dans la prison avec une sévérité qui allait jusqu'à la barbarie. » N'est-ce là qu'un simple propos de femme vindicative ? la fin de la phrase semblerait l'indiquer, car, comme on le verra, Robert ne fut traité ni mieux ni plus mal que les autres détenus ; d'autre part, néanmoins, ce qu'on sait de David ne rend pas invraisemblable l'assertion de Mme Lebrun [1]. Quoi qu'il en soit, voici le mandat d'arrestation de Robert :

1. Comme caractère, David ne mérite que le mépris.

Il vécut en mauvais termes avec la plupart des artistes en renom de son temps, dont il était jaloux.

Très honoré d'être de l'Académie de peinture lorsqu'elle était influente, il lui fit la réponse grossière que l'on connaît lorsqu'il la vit menacée.

Il est constant, pour parler comme son compère Antoine Quentin Fouquier Tainville, que dans la séance du 9 mars 1793, Chaumette ayant proposé la création du tribunal révolutionnaire, cette proposition fut immédiatement appuyée par David et

ENTRÉE DU TEMPLE DE SÉRAPIS A POUZZOLES, PRÈS DE NAPLES.

Gravure d'après Hubert Robert, exécutée en 1762 par l'abbé de Saint-Non.

Hubert Robert. Le 8e du 2e mois de l'an IIe de la République[1].

<table>
<tr><td></td><td>Section des Tuileries.   326</td></tr>
<tr><td></td><td>Comité de Surveillance Révolutionnaire. (à l'encre rouge)</td></tr>
<tr><td>(En marge)</td><td>Le concierge de la maison d'arrêt de *Sainte-*</td></tr>
<tr><td>Le mandat n'ayant</td><td>*Pélagie* recevra le citoyen *Robert, peintre,* suspect</td></tr>
<tr><td>été exécuté que le</td><td>aux termes de la loi du 17 septembre dernier, pour</td></tr>
</table>

Jean Bon Saint André et convertie en motion par Carrier. Belle création et beau quatuor de créateurs !

Ami de Marat, alors que Marat était redoutable, David le peignit après sa mort quand sa faction était encore toute-puissante, et signa son tableau « David à son ami Marat »; il s'empressa d'effacer cette dédicace un peu plus tard.

Au club des Jacobins, la veille du 9 Thermidor, il criait emphatiquement à Robespierre : « Robespierre, je boirai la ciguë avec toi! » mais il disparaissait prudemment au moment critique, ne buvait que de la tisane à cause d'une indisposition complaisante, et, après la mort du dictateur, déclarait en tremblant « que cet homme l'avait trompé ».

Pendant la Terreur, il persécutait les artistes au lieu de les protéger. Il était craint et encore plus détesté de ceux qui vivaient au Louvre. Il laissa mourir sur l'échafaud la jeune et charmante Mme Chalgrin (Marie-Félicité Vernet, dont le portrait, de la propre main de David, est au Louvre), qui avait repoussé ses propositions, et qui fut accusée de complicité, je crois, dans un vol de soixante livres de chandelles au Garde-Meuble. (On peut voir à la Bibliothèque Nationale l'acte d'accusation de Mme Chalgrin, ainsi que ceux de Chenier, Roucher et de bien d'autres, L b^{41} 2231-2232-2246.)

David encore répondait durement à Mme Peyre, femme de l'architecte de l'Odéon, qui sollicitait son intervention pour son mari : « Citoyenne, c'est au Comité révolutionnaire qui a fait mettre votre mari en état d'arrestation à venir au Comité de sûreté générale de la Convention, réclamer sa relaxation. — *P. S.* Je profite de l'occasion pour vous prévenir, qu'en général, ceux qui ont tenu à des académies sont fort mauvais patriotes, et que, si notre Révolution éprouve des retards, c'est principalement à eux qu'il faut en attribuer la cause. » (A. de Lescure : *Les Autographes,* in-8°, 1865, p. 309.)

Et l'homme qui parlait ainsi se faisait nommer, par décret, membre du nouvel institut et quelque temps après peignait *le Sacre* et était premier peintre de Sa Majesté l'empereur Napoléon Ier, auquel il disait avec une noble indépendance : « Vous m'apprenez mon métier ».

On pourrait citer bien d'autres traits du caractère de David, sans même parler de son ingratitude envers Sedaine, qui avait été le bienfaiteur de sa jeunesse. (Correspondance de Grimm, 1797.)

1. Ce mandat ne reçut son exécution que le 8 brumaire (29 octobre). La note en marge renferme une erreur de date reproduite par Jal dans son dictionnaire. Il faut, dans cette note, au lieu de 18 brumaire, lire 8 brumaire comme le porte l'en-tête du mandat, puisque le 16 brumaire, Roucher, à Sainte-Pélagie, parle déjà de Robert à sa fille. D'autres pièces d'ailleurs indiquent aussi le 8 brumaire.

LA CLÔTURE DU PARC.
Sanguine d'Hubert Robert.

18 brumaire, le pré-
sent reçoit sa date de
ce jour.

Signé : Charvet, se-
crétaire, Beaudouin,
adjoint, La Combe,
commissaire.

y être détenu, jusqu'à ce qu'il en soit autrement
ordonné.

Fait au comité le *trois octobre* 1793, l'an IIe de la
République Française, une et indivisible.

Signé : Lavillette, Lacombe, adjoint, Pierson,
commissaire, Lapeyre, commissaire, Mou-
lin, George, commissaire, Beaudouin,
adjoint, Charvet, secrétaire.

(Archives de la Préfecture de Police.)

Le peintre fut écroué à Sainte-Pélagie. Il trouva dans sa prison bonne
société : Millin, l'antiquaire ; Joseph Audran, de la Manufacture des
Gobelins ; Roucher, que ses *Mois* avaient rendu célèbre et que Robert
connaissait depuis longtemps ; le peintre Restout (assez trouble cependant) ; Chabroud, l'ancien constituant ; le général Biron ; l'amiral d'Estaing
et bien d'autres.

Les détenus qui avaient de l'argent pouvaient se procurer un confor-
table relatif. Au lieu des salles communes, ils avaient, en payant loyer,
une cellule partagée seulement avec un ou deux compagnons ; celle de
Roucher lui coûtait quinze livres par mois. Ils avaient aussi la facilité
de faire venir leur nourriture du dehors... Souvent les parents accompa-
gnaient le commissionnaire qui l'apportait, et quelquefois le prisonnier
pouvait entrevoir ceux dont il était séparé.

Roucher et Robert se connaissaient. Les rapprochements forcés de la
prison ne tardèrent pas à les lier intimement. Dans ses lettres à sa fille
Eulalie, le poète parle très souvent du peintre, et on a ainsi des détails
sur la captivité de ce dernier. La correspondance de Roucher montre
bien en quelle estime Robert était tenu par ses contemporains[1].

De Roucher à sa fille Eulalie. 16 brumaire an II. — Il faut prendre dans
le corps de ma bibliothèque qui ferme ta chambre, le *Voyage en Égypte* de
Savary. Un artiste célèbre dans un art que tu aimes, le citoyen Robert est ici.

1. La correspondance de Roucher avec sa fille a pour titre : *Consolation de ma
captivité*, 2 vol. in-8e, 1797, et a été publiée par Fr. Guillois, gendre de Roucher. —
M. Antoine Guillois, petit-fils d'Eulalie Roucher, dont on connaît la compétence pour
tout ce qui concerne l'archéologie d'Auteuil, a publié récemment, avec des documents nouveaux, la vie de Roucher, sous le titre : *Pendant la Terreur*, 1890, in-8e,
Calmann-Lévy. C'est de ces deux ouvrages, surtout du dernier, que sont extraites
es lettres reproduites ici. Nous devons à l'obligeance de M. A. Guillois un intéressant dessin.

Il s'ennuie complettement; car un peintre ne peut pas travailler partout comme un homme de lettres. Il faut au premier de l'espace et du jour, deux petites nécessités de la vie dont nous n'avons pas ici notre suffisance. Il veut lire ne pouvant peindre; et comme son imagination se plaît à vivre à travers les ruines, à travers l'antiquité qu'il a si bien l'art d'animer et d'éterniser, envoie lui cette fameuse Égypte, dont la vie passée se retrouve si bien dans Savary. Il faut, ma bonne amie, consoler le génie attristé. Les Goths et les Vandales ne connaissaient pas cette maxime de goût et de philosophie; mais nous, mais toi, qui as appris à respecter la fleur de l'espèce humaine, fais, par ta promptitude hommage de ton admiration. Je serais même d'avis que tu ajoutasses un mot de ta main, sur un papier adressé à cet honnête et grand artiste. Point d'effort pour cela; laisse-toi aller, et tout ira bien.

D'Eulalie. 17 brumaire an II. — Au citoyen Robert. — Vos pinceaux, Monsieur, ont excité souvent ma sentimentale mais ignorante admiration. Combien de fois ai-je envié ce degré de savoir qui m'aurait mise à portée de les apprécier à leur juste valeur! Un peu de goût, peut-être aussi quelques dispositions pour cet art charmant que vous professez, ont été mes seuls guides. Le vrai talent trompe l'ignorance, je m'en suis aperçue. En contemplant l'ouvrage du génie, on croit savoir quelque chose; mais bientôt on reconnaît l'illusion flatteuse, et la sotte vanité peut seule s'y méprendre.

Mon papa m'a appris hier que vous étiez son compagnon d'infortune; il faut tenir compte à la destinée du peu de bien qu'elle nous fait, au milieu des maux dont elle nous comble. Je lui sais donc gré de vous avoir donné Sainte-Pélagie pour prison, au lieu de tout autre. En tous lieux, dans tous les temps, le génie s'entend avec le génie; ils parlent une même langue et quoique leur carrière soit différente, ils arrivent au même but. Vous me pardonnerez sans doute aisément, Monsieur, l'éloge que je fais ici de mon père, si vous avez une fille. Je joins à cette lettre, faible témoignage du plaisir que j'ai éprouvé en regardant vos ouvrages, les lettres sur l'Égypte de M. Savary, que mon père m'a demandées pour vous.

Tandis que votre imagination, accoutumée à réaliser si bien les objets, vous transportera dans ce pays, aujourd'hui le vaste tombeau de tant et tant de merveilles, au pied de ces masses, orgueilleuses rivales du temps, de ces pyramides, vieux ossements de l'antiquité; tandis que vous suivrez pas à pas l'auteur de ces aimables et riantes excursions à Rosette et dans les environs du Caire, vous oublierez un moment les verrous et les grilles de Sainte-Pélagie.

Réponse de Robert à Eulalie. — Il n'est pas possible, mademoiselle, de mettre plus de grâce, ni plus d'obligeance dans vos envois et dans vos lettres; celles que vous adressez à votre cher papa sont si pleines de tendresse et de sensibilité qu'on ne peut les lire ni les entendre sans les baigner de larmes. Qu'il a de grâces à rendre à la destinée qui lui a réservé. pour ce moment-ci, une consolation si précieuse! J'avais, ainsi que lui, des enfants dont le cœur aurait peut-être ressemblé au vôtre; mais hélas! le ciel ne m'a conservé que

leur mère qui a usé dans la douleur l'habitude de les avoir à son côté et qui
aura le regret éternel de n'avoir pu soigner que leur enfance.

Je vais donc, grâce à vos soins obligeants, parcourir encore une fois
l'Égypte avec Savary. Si dans ce voyage, et parmi ces débris imposants qui
paraissent avoir défié le temps et la nature, je rencontre quelques plantes
intéressantes, je regretterai de ne pas vous avoir avec moi pour profiter des
connaissances qu'une étude suivie vous en a donnée; mais j'irai me délasser
dans la cellule de votre papa des courses aux pyramides et c'est avec lui que,
oubliant les verrous de Sainte-Pélagie, je profiterai de ses aimables entretiens
et joindrai l'avantage de m'instruire à la douceur d'y parler de vous et de
votre chère maman. Quoique je n'aie pas l'honneur de la connaître, je lui
demande la permission qu'un artiste sexagénaire adresse la pureté de ses sentiments aux grâces de votre âge et à la sensibilité de votre cœur.

De Roucher à sa fille. Ce 4 frimaire an II, 8 heures du soir. — ..... Les
lettres sur l'Égypte sont lues, et je crois qu'elles ont fait travailler l'imagination
et le crayon du citoyen Robert. S'il pouvait obtenir ici une petite place où il
pût être seul, il peindrait et ferait encore de belles et grandes choses.....

Si les facilités de peindre manquaient à Robert, il pouvait tout au
moins dessiner.

De Roucher à sa fille, 23 nivose an II, 9 heures du matin. — ..... Le citoyen
Robert a fait un dessin charmant de Sainte Pélagie. On lui avait envoyé
d'autre part quelques détails historiques qui représentent cette sainte comme
aimant à se promener et à rêver sur la fragilité des choses humaines, au
milieu des monuments en débris de l'antique Asie. Ces détails la disent mère
d'un enfant qu'elle élevait dans ces mémorables déserts. L'artiste s'est vite
emparé de ce sujet. Il l'a consacré dans un dessin colorié qu'il avait, je crois,
manqué d'abord. La sainte était assise sur un débris de colonne, devant un
tombeau; une urne, un sarcophage renversés. Près d'elle était son fils, mais
détaché de sa mère, et faisant une seconde action dans le tableau. J'ai
modestement observé à l'artiste ce que je sentais. — J'ai voulu peindre la
sainte, m'a-t-il dit, et non la mère. — Mais s'il était possible d'associer l'une
à l'autre? ai-je répondu. — Hé comment? — Je placerais l'enfant grandelet
près de sa mère qui lui montrerait les preuves de la fragilité des cho·es, et
peut-être qu'avec un tombeau de jeune fille que je placerais là, je produirais
un sentiment aussi mélancolique que celui qu'inspire le *in Arcadia ego* du
Poussin. Robert m'a entendu et ses crayons ont réalisé ma pensée en l'embel-
lissant. Il a placé, devant ces deux personnages, le tombeau d'une jeune fille,
avec des vers mutilés et dont il ne reste que ces mots entiers :

> Rose, elle a vécu ce que vivent les roses,
> L'espace d'un matin.

De Roucher à sa fille. — 5 pluviose an II, à 9 heures du soir. — C'est une excellente trouvaille partout, mais plus encore à Sainte-Pélagie, qu'un homme de l'esprit et du talent du citoyen Robert. Il va semant la conversation de pensées, d'anecdotes, de sentiments qui réveillent, amusent, attachent. Il me racontait, qu'ami intime de Vernet, ils allaient ensemble deux fois tous les ans, en pèlerinage vers la belle nature, dans les jardins de Sceaux et de Saint-Cloud, les deux jours de fête de ces beaux lieux, au milieu de tout Paris qu'ils y voyaient rassemblé, dans les atours les plus aimables de l'élégance. Ils erraient, saluant leurs nombreuses connaissances, mais n'en abordant aucune, observant d'un œil studieux ce tableau mouvant et si varié, ce mélange magnifique de tous les objets de la nature, parée, embellie et perfectionnée par la société..... Voilà ce que Robert me peignait, car il peint toujours.

Les deux amis travaillaient souvent ensemble. Roucher adressait des vers à Robert, sur le temps qu'ils regrettaient tous deux :

> Vous souvient-il de ces femmes jolies
> Qu'offrait le monde en ses cercles brillants?
> Nous admirions les piquantes saillies
> De leur esprit, leurs manières polies,
> Et ce gout pur, arbitre des talents[1].

Robert dessinait pour Roucher. Sur une des feuilles de papier que le poète employait à sa correspondance, il traçait deux têtes de femmes portant les titres : *Patience. — Espérance.* Roucher les envoyait à Eulalie, avec ces mots :

..... La mère et la fille se regardent; ainsi l'a voulu le citoyen Robert. Ces deux têtes ont de l'expression et cependant elles sont l'ouvrage de deux traits de plume courante. Minette (petit nom qu'il donnait à sa fille) conservera, je l'espère, ce petit monument de la captivité d'un grand artiste, honnête homme et bon citoyen.

Une autre fois, Robert faisait un dessin à la mémoire du jeune Barra : une mère, coiffée du bonnet phrygien, montrait le tombeau de Barra à ses deux enfants, armés, l'un d'une pique, l'autre d'un sabre.

Robert, écrit Roucher, a fait ce dessin à la mémoire du jeune Barra, mort il y quelque temps dans la Vendée..... L'artiste lui a érigé un tombeau à la manière antique. Le monument est simple et porte, sur une grande pierre, ces

1. A. Guillois : *Pendant la Terreur.*

quatre vers, que Robert m'a demandés, et que j'ai faits tout à la fois pour rendre hommage à cet enfant, et pour associer mon nom à celui de Robert :

> Qu'à tout républicain sa mémoire soit chère.
> Barra, dans les combats, jeune a fini son sort.
> Ne le pleurez pas! Il est mort
> Pour détruire les rois et pour venger son père.

Robert avait fait une étude à part de la mère et des enfants dans sa composition. Il m'en a fait don pour toi à ma demande. Je te l'envoie [1].

En pluviose, le bruit se répand que les prisonniers vont être transférés à Saint-Lazare. La translation a lieu en effet dans la nuit du 11 au 12 pluviôse (30 à 31 janvier 1794). Cette nuit-là même, à deux heures du matin, Roucher écrit à sa fille : « ..... Le moment du départ approche; les citoyens Robert, Chabroud, Moynat, Ballin, sont des nôtres. Ils sortent de ma cellule; je leur ai touché la main..... L'appel commence, je te quitte..... » Quelques jours après son arrivée à Saint-Lazarre, il lui fait le récit de leur exode nocturne.

De Roucher à sa fille. 19 pluviose an II. — ..... Nous voilà arrivés au dernier guichet donnant sur la rue. On nous compte encore et nous franchissons le seuil de notre premier enfer pour aller en chercher un second.

Ici je ne saurais peindre le genre de pensées et de sentiments que produisit en moi la vue de la scène, qui, à la lueur de deux ou trois flambeaux ténébreux (il était cinq heures environ du matin) se déployait devant nous jusqu'aux deux bouts de la rue de la Clé. C'était une espèce de charrette ou de chariot vide auquel étaient attachés quatre chevaux, précédé de deux autres qui avaient déjà leur charge, et suivi de sept autres qui attendaient la leur. Une chaise branlante nous sert de marchepied pour monter sur ce char de sinistre augure. Moynat me suit, Ballin suit Moynat. J'aide Ballin chargé de soixante années à monter sans danger. Nulle chaise, nulle planche pour nous asseoir. Quelques brins de paille mouillée et salie par le brouillard qui tombait jonchent cette infâme voiture. Il faut s'asseoir sur les ridelles et prendre soin de se plier en deux, l'un vers l'autre, de peur que le moindre choc ne nous jette à la renverse. Un garde, *brave sans-culotte*, monte en neuvième, et l'on crie aux conducteurs : Avancez.....

Après que chaque chariot est rempli, nous avançons de quelques pas, pour nous arrêter encore, jusqu'à ce qu'enfin nous voilà tous hors de Sainte-Pélagie sur nos voitures rangées à la file. Elles roulent ensemble. Nous tournons dans la rue Copeau à droite pour aller prendre la rue Saint-Victor. Arrivés devant la rue Neuve-Saint-Etienne, je me rappelle les jours de la

1. A. Guillois : *Pendant la Terreur.*

belle saison, où, tous les matins, ma chère Minette et moi nous nous rendions avec tant de plaisir, par ce même chemin, à nos agréables leçons de botanique.

Nous avançons; la nuit s'éclaircissait sensiblement. Les rues sont déjà fréquentées; les yeux des passants s'attachent sur nous. Je les observe à mon tour et je ne découvre rien que de la curiosité. En effet n'est-ce pas une chose curieuse que quatre-vingts prisonniers, détenus comme suspects, conduits par cinq ou six gendarmes seulement, qui, sans fers, sans liens, se laissent ainsi mener comme des agneaux..... Dans la rue Saint-Martin (il était déjà jour), une revendeuse de fruits, accroupie contre une borne, nous a salués d'un mot que le genre de nos voitures lui a dû inspirer, aussi bien que la vue de nos gendarmes à cheval et tenant toujours leurs flambeaux allumés, « Qu'on les f..... tous à la guillotine ! » Grand merci, ma bonne, il serait possible d'être patriote, républicaine et pourtant moins féroce.

Enfin voilà le grand jour ; sept heures et un quart sonnent. Nous arrivons à Saint-Lazare. Le premier guichet s'ouvre pour nous recevoir.....

L'antiquaire Millin, qui fit partie du convoi, a donné une autre version de ce voyage :

Lorsqu'on nous transféra de Sainte-Pélagie à Saint-Lazare, dans des charrettes découvertes, au milieu de la nuit, entourés de flambeaux, conduits par des soldats excités par des administrateurs féroces, et poursuivis par un peuple en délire, chacun emportait avec soi ce qui lui était le plus nécessaire et ne songeait qu'au malheur de sa position ; Robert ne prit que son portefeuille et ses crayons et saisit cette scène d'horreur dont il a fait un tableau très remarquable.

Des deux conteurs, le poète est assurément le plus près de la vérité. Un peuple en délire, à cinq heures du matin, à la fin de janvier, pour voir le spectacle alors banal d'un transport de prisonniers ! cela paraît bien invraisemblable. L'antiquaire avait, je crois, l'imagination un peu surexcitée par le malheur de sa position.

A Sainte-Pélagie, les prisonniers avaient dû, comme ils le firent à Saint-Lazare, se plier aux formalités de l'écrou. On avait pris leur signalement. Voici deux extraits, concernant Robert, des registres de ces deux maisons :

EXTRAIT DU REGISTRE D'INSCRIPTION DES DÉTENUS A SAINTE-PÉLAGIE

Noms des commissaires qui ont rédigé les procès-verbaux ou signé les mandats d'arrêt.	Leurs sections.	Date des procès-verbaux ou mandats d'arrêt.	Noms, surnoms, âge, pays natal, profession et demeure des prisonniers avant leur arrestation.	Signalement des prisonniers.	Date de l'entrée des détenus dans la prison.	Motif de leur arrestation	Transférement de la prison d'où ils sortent à celle où ils entrent.
Signé : Lacombe, Pierson, Georges et autres.	Ordre du comité de surveillance révolutionnaire de la section des Tuileries.	Le 8ᵉ jour du 2ᵉ mois de l'an 2ᵉ de la République.	Hebert (sic. Robert âgé de 60 ans natif de Paris Peintre demt Rue des Orties Gallerie du Louvre, n° 10.	Taille 5 p. 3 p. cheveux gris, sourcils noirs, barbe grise, yeux noirs. nez droit, rond, bouche moyenne, visage plein, menton large, front carré et découvert.	Entré le 8ᵉ jour de l'an 2ᵉ de la République.	Arrêté comme suspect.	Le 12 Pluviose l'an 2ᵉ, le dénommé cy contre a été transféré à St-Lazare de l'ordre comme dessus et même signalement

EXTRAIT DU REGISTRE DES PRISONNIERS DE LA MAISON D'ARRÊT DE SAINT-LAZARE

Mis en liberté le 18 Thermidor. Ordre du Comité de sûreté générale : Élie Lacoste, Vadier, Le Gendre, Dubarreau et autres.	Du 12 Pluviose. 273 Hubert Robert, âgé de 60 ans, natif de Paris, peintre, demeurant Gallerie du Muséum, taille de cinq pieds 4 pouces. — Cheveux gris, front très-haut, sourcils noirs, yeux gris, nez gros, bouche petite, menton rond, visage ovale et plein, amené céant en vertu d'ordre de Sainte-Pélagie. (Archives de la Préfecture de Police.)

A Sainte-Pélagie, la taille de Robert était de cinq pieds 3 pouces ; à Saint-Lazare de cinq pieds 4 pouces. Le facétieux artiste était bien capable de faire remarquer au greffier que cet accroissement était la preuve que l'homme grandit par le malheur.

* *

A Saint-Lazare étaient renfermés les suspects. Grâce aux vers immortels d'André Chénier, Saint-Lazare a gardé une sorte d'illustration entre toutes les prisons de la Terreur. Dans cette maison, se trouvèrent un moment rassemblés les derniers débris de cette brillante et frivole société à jamais dispersée par la Révolution. Le petit peuple de détenus qui vécut là jusqu'aux événements de Thermidor est donc intéressant à étudier; aussi a-t-il tenté la curiosité des historiens, des poètes, voire des romanciers. Quoi que l'heure présente eût de trouble et d'ennui, sa belle insouciance d'antan ne l'avait point abandonné. On faisait jeu de tout :

> Beaux poulets sont écrits ! maris, amants sont dupes ;
> Caquetage, intrigues de sots ;
> On y chante, on y joue, on y lève des jupes ;
> On y fait chansons et bons mots.

a dit André Chénier. La mort fut un jeu comme un autre, et les femmes mêmes mirent une sorte de coquetterie à regarder la guillotine sans frayeur.

Saint-Lazare, la maison Lazare, comme on disait, était située au faubourg Saint-Denis, c'est-à-dire presque à la campagne. Les prisonniers eurent là plus d'air et plus d'espace ; on leur laissa aussi à l'intérieur une plus grande liberté. Dans sa lettre du 19 pluviose, Roucher donne ces détails à sa fille :

.... Nous arrivons à Saint-Lazare. Le premier guichet s'ouvre pour nous recevoir. Au delà du second, le même officier municipal, un grand papier à la main, fait un dernier appel. Nulle tête ne manque. Nous défilons sous ses yeux l'un après l'autre. Enfin, voilà le bétail parqué, et la claie d'entrée fermée bien et dûment sur nous. Une immense pièce, servant jadis de réfectoire et ayant au moins soixante à soixante-dix pas de longueur, nous reçoit tous. Là nous restons l'espace d'une heure, nous parlant les uns aux autres, en tumulte, du nouveau genre de triomphe qu'on nous a fait savourer longuement, durant toute la traversée de Paris. On nous annonce enfin qu'il faut quitter le rez-de-chaussée et monter au troisième où nos logements nous attendent...

Parvenus au troisième étage, un long, large et lugubre corridor, bien éclairé, nouvellement blanchi, se présente à nous. Toutes les chambres sont ouvertes et un chiffre, tracé à la craie sur toutes les portes, indique le nombre

LA DUCHESSE DE FLEURY (MLLE DE COIGNY, LA JEUNE CAPTIVE D'ANDRÉ CHÉNIER),
TENANT LE FILS DE ROUCHER SUR SES GENOUX, A L'UNE DES FENÊTRES DE SAINT-LAZARE.
D'après une aquarelle faite par Hubert Robert pendant sa captivité.
(Communiqué par M. Antoine Guillois, descendant de Roucher.)

des détenus que chaque logement doit contenir. Le chiffre un n'est écrit nulle part ; deux est très rare ; celui de trois est le plus souvent répété ; quatre, six, sept se voient par ci par là...

Point de barreaux aux fenêtres, mais de belles et grandes croisées. Point de verrous aux portes, mais des serrures intérieures dont on a la libre disposition. Point d'heures fixes de retraite, mais la liberté de voisiner toute la nuit dans le même corridor ; durant tout le jour, communication permise entre tous les étages, et dans peu, jouissance d'une grande et vaste cour qu'on bat en ce moment et qu'on sable.

Pour le reste, la vie à Saint-Lazare continua à peu près comme à Sainte-Pélagie. Les prisonniers purent faire venir leur nourriture du dehors ; les correspondances avec l'extérieur furent plus difficiles, elles ne cessèrent pas pour cela.

Robert, que sa belle humeur n'avait point abandonné, se trouvait presque bien : il pouvait peindre, les pièces ayant de grandes et belles fenêtres ; de plus, on avait la jouissance d'une vaste cour où il pouvait se livrer aux exercices du corps qui, comme on sait, furent toujours sa passion.

J'ai été pendant tout ce temps, dit Millin, le compagnon de captivité et l'ami de Robert, et je possède une de ses gouaches que je conserve comme un gage précieux, dans laquelle il m'a représenté faisant sécher, dans un petit poêle que j'avais pu me procurer, le pain humide et affreux qui faisait sa nourriture et la mienne. Robert se levait alors à six heures du matin, peignait jusqu'à midi, et, après le repas, jouait au ballon dans la cour avec une adresse étonnante. Sa gaieté et sa tranquillité ne l'ont pas abandonné un seul moment.

Le pain humide et affreux de Millin n'est qu'une simple figure de rhétorique. Trop de rhétorique d'ailleurs chez les écrivains de ce temps, sans en excepter Riouffe [1]. Un peu moins de déclamation et un peu plus de détails feraient mieux notre affaire. Roucher, à cet égard, est de beaucoup le plus intéressant. A Saint-Lazare, avec de l'argent, et Robert en avait, on pouvait se procurer bien des douceurs, même du pain bon à manger et agréable à voir. Le peintre achetait des ballons et tous les ustensiles nécessaires pour peindre et dessiner ; il achetait aussi des

---

1. Honoré Riouffe fut enfermé quatorze mois à la Conciergerie ; il a laissé les *Mémoires d'un détenu*, an III, Paris, in-8°. C'est lui qui raconte que Mme Chalgrin fut prise d'une joie folle lorsqu'on lui lut son acte d'accusation, ne pouvant se figurer qu'on la condamnât pour un motif aussi ridicule.

VILLA CUI NOMEN MADAMA, TEMPORIS INJURIA PENE DIRUTA.

Dessin d'Hubert Robert, gravé à l'aquatinte en 1778 par F. Janinet, d'après une épreuve tirée de la collection de M. Henry Lacroix.

gâteaux de Nanterre et des fruits. Millin avait un poêle. Roucher, certain jour, invitait quelques amis à manger « un brochet et une excellente truite saumonée ». Les dames avaient clavecins et harpes. La société possédait même un singe qui servait au divertissement de tous[1]. La plupart des prisonniers faisaient leur cuisine eux-mêmes.

C'est, dit Roucher, un spectacle assez singulier que celui de nos corridors, tous les jours à l'heure du dîner. Chacun, à cause de l'été sur sa porte, à côté d'un fourneau, fait l'office de cuisinier. Les plus ineptes, comme les plus stylés, sont là à préparer leur provende.

C'est sans doute cette scène que Robert a représentée dans le petit dessin dont une reproduction est au Cabinet des Estampes (album Hubert Robert). Le peintre est debout, enveloppé d'une douillette en soie violette, qu'il ne quittait presque jamais et qui était devenue légendaire. Celui qui surveille le fourneau serait Roucher.

Robert donna à Roucher un autre dessin représentant l'allumeur de réverbères de la prison avec tout son attirail; ce dessin, resté dans la famille, est en la possession de M. Roucher, descendant du poète. Un autre dessin colorié, que possède M. Étienne Haro, représente Robert dans sa cellule, vêtu de son éternelle douillette violette.

Vers la fin de l'hiver, Roucher avait été autorisé à garder avec lui son fils Pierre, âgé à peine de cinq ans, auquel, en souvenir de Rousseau, il avait donné le surnom d'Émile. Cet enfant était la joie, le soleil de la prison. Il était, comme on le pense, choyé et gâté par tout le monde.

Les hommes avaient le corridor Germinal, celui dont parle Roucher; aux dames était réservé le corridor Prairial. Émile passait une bonne partie de son temps dans le corridor Prairial. La citoyenne Cambon, ci-devant première présidente à Toulouse, et sa fille, les citoyennes marquise de Giambone, Treil de Pardaillon, Talleyrand-Périgord, de Maillé, d'Arlancourt, Saint-Aignan, s'arrachaient le bambin. Mais celle qui entre toutes le gâtait était la citoyenne Coigny, la *Jeune Captive* d'André Chénier (Mlle de Coigny, ci-devant duchesse de Fleury, avait repris son nom de jeune fille après son divorce). Émile reçut des propres mains de la *Jeune Captive* un lapin, que Chabroud le Cons-

1. A. Guillois et Étienne Haro.

tituant dressa à suivre comme un chien, au grand amusement de tout
le monde.

Un dessin colorié de Robert, que nous reproduisons, représente
Mlle de Coigny, assise à une fenêtre de la prison et tenant sur ses genoux
le fils de Roucher. Le dessin est dédié à Angélique Pierrette. On dési-
gnait ainsi le petit Émile pour le taquiner, depuis qu'un jour, pendant
qu'on nettoyait ses vêtements, il avait paru dans la prison enveloppé
d'une robe de femme.

Les parties de ballon de Robert faisaient sensation et attiraient tout
le monde aux fenêtres. Chénier en parle :

> L'un pousse et fait bondir sur les toits, sur les vitres,
> Un ballon tout gonflé de vent,
> Comme sont les discours des sept cents plats bélitres,
> Dont Barère est le plus savant.

Un monsieur Pasquier, qui depuis a occupé une haute situation
au ministère des finances, a aussi parlé dans ses lettres de la vie à
Saint-Lazare :

> Je faisais tous les jours sa partie, dit-il en parlant du peintre ; quand
> j'appris ma mise en liberté, j'allai l'annoncer à Robert, qui s'écria : « Ah ! mon
> Dieu ! qui tiendra le bout désormais ? »

Mais Robert l'embrassa bien vite, en s'excusant de cette pensée
égoïste.

A Saint-Lazare, l'intimité entre Roucher et Robert semble moins
étroite qu'à Sainte-Pélagie. Simple question sans doute de proximité ou
d'éloignement de cellules. Puis à Saint-Lazare, Roucher avait retrouvé
André Chénier, déjà apprécié comme poète, et avec lequel il pouvait
s'entretenir de ses sujets favoris.

Remarquons aussi que Robert, alors célèbre, était, même pour
Roucher, un personnage :

> Pendant que je laisse ainsi courir ma plume, écrit Roucher à sa fille, le
> 9 germinal, notre Émile est là à ma gauche, dormant profondément sur son
> matelas mis en double, entre les six feuilles de mon paravent disposées sur
> trois rangs..... Si Robert était un homme près duquel je puisse risquer une
> demande, je me hasarderais à lui demander une heure de son talent ; mais il
> faut savoir ne pas désirer ce qu'on ne peut avoir.

Si le poète eût été moins discret, nous aurions peut-être un dessin intéressant de plus. Cela coûtait si peu à l'artiste. Selon Vigée, Robert aurait fait à Saint-Lazare cinquante-trois tableaux, sans compter d'innombrables dessins, gouaches ou aquarelles. Il peignait aussi sur des assiettes ; mais il faut bien savoir qu'il n'y était nullement contraint par la nécessité, car il a fait de ces assiettes alors qu'il pouvait peindre sur toile ; c'était une originalité d'abord, et ensuite une bonne affaire. Ce sont des assiettes en faïence commune qu'il recouvrait préalablement d'un vernis d'essence grasse ; là-dessus il traitait ses sujets ordinaires, toujours très spirituellement enlevés, qu'il accompagnait volontiers de légendes humoristiques. Il faisait passer ces assiettes au dehors par l'intermédiaire du portier, et elles se vendaient très bien, à raison d'un louis la pièce ; les étrangers, surtout les Anglais, en achetaient beaucoup [1].

Cependant les habitants de Saint-Lazare s'en allaient les uns après les autres ; de nouveaux hôtes prenaient leur place. C'est ainsi qu'on vit apparaître Guinguené, qui, quelques années après, fut Directeur général de l'Instruction Publique, et accorda au petit Émile une bourse de pensionnaire au Prytanée Français, en souvenir de son père. Le règlement de la prison devint plus rigoureux à cause de prétendues conspirations des détenus. Il fallut manger à la table commune.

Le 7 thermidor, vint le tour de Roucher, de Chénier et de trente-cinq autres. La veille, Le Roy, élève de Suvée, avait fait le portrait de Roucher ; celui-ci avait adressé ce dessin à ceux qui lui étaient chers, avec un quatrain empreint d'une tristesse si profonde et si résignée, qu'on ne peut le lire sans émotion [2]. Le portrait de Chénier avait été fait par Suvée lui-même, l'horrible aristocrate, ainsi que l'appelait David.

Pour notre peintre, il semble bien qu'on l'ait oublié. On avait dans ce temps comme un vague respect pour les artistes, et je ne sais s'il y a un seul exemple que l'un d'eux ait porté sa tête sur l'échafaud. Dans

---

1. M. Étienne Haro.

2. Le portrait de Roucher est de Le Roy et non de Suvée ; il est signé. Voici le quatrain de Roucher :

> « Ne vous étonnez pas, objets sacrés et doux
> « Si quelque air de tristesse obscurcit mon visage.
> « Quant un savant crayon dessinait cette image,
> « J'attendais l'échafaud et je pensais à vous. »

l'entourage de Robert, une légende se répandit plus tard que le peintre aurait échappé à la mort par suite d'une confusion de nom : un autre Robert aurait été guillotiné à sa place. Je ne crois pas que cette légende, remontant à Robert lui-même, et parvenue jusqu'à M. Étienne Haro, repose sur aucun fondement. Il est certain qu'un grand nombre de Robert furent incarcérés pendant la Terreur, et plusieurs exécutés, mais aucun ne fut enfermé à Saint-Lazare en même temps qu'Hubert. Ce qui est certain aussi, c'est qu'Hubert Robert ne pouvait être exécuté sans au moins un simulacre de jugement, et qu'on ne trouve nulle trace d'aucun jugement le concernant.

Quoi qu'il en soit, après la chute de Robespierre et de ses satellites, le peintre fut rendu à la liberté. Voici son ordre d'élargissement, daté du 17 thermidor, et adressé à sa femme à son domicile aux Galeries du Louvre :

Du 17 thermidor.

Le Comité arrête que le citoyen Robert peintre sera mis sur le champ en liberté.

Les Membres du Comité
Signé : Merlin, Élie Lacoste, Vadier, Goupilleau de Fontenay,
Louis du Bas-Rhin, Legendre et Dubarrau.

Collationé à l'original

Remis l'original   (signature illisible)
  à la soussignée   secrét. général
   Signé : Soos Robert. Une pièce enregistrée f° 950.

(Arch. Nat. Série F⁷. 4635.)

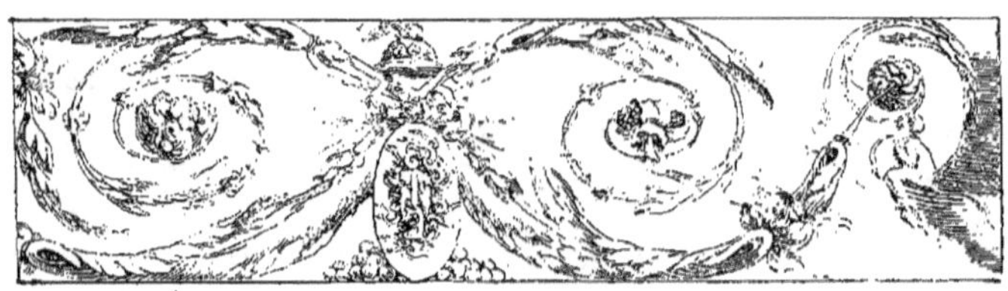

CHAPITRE XIII

Les origines du Musée du Louvre (suite et fin). — La Commission du Muséum National ou Français. — Le Conservatoire du même Muséum. — Robert membre de ce Conservatoire.

La Royauté avait sombré dans la journée du 10 août 1792. Le 19 septembre suivant, l'Assemblée Législative, avant de faire place à la Convention, votait ce décret :

Séance du 19 septembre 1792. — L'Assemblée nationale, considérant qu'il importe de réunir dans le Muséum Français les tableaux et autres monuments des beaux-arts qui se trouvent épars en divers lieux,

Décrète qu'il y a urgence.

L'Assemblée Nationale, après avoir décrété l'urgence, décrète ce qui suit :

La Commission des Monuments[1] fera transporter sans délai, dans le dépôt

---

1. L'Assemblée Constituante ayant décidé la vente des biens ecclésiastiques dans sa séance du 19 décembre 1789, deux comités furent nommés, l'un dit *des Biens Ecclésiastiques*, l'autre *d'Aliénation de ces biens*, pour en faire l'inventaire, faire un choix de ceux qui devaient être conservés et vendre les autres. Le 16 octobre 1790 ces deux comités nomment chacun trois commissaires; celui des Biens : de Lanjuinais, d'Ormesson, Despaty de Courteilles; celui d'Aliénation : La Rochefoucault, Camus, Poignot; ces six commissaires s'adjoignent treize savants : de Bréquigny, Barthélemi, Ameilhon, Le Mercier, Le Blond, de Bure, Dacier, Poirier, Mongez, David, Pajou, Desmarets, Haüy, d'autres encore comme A. Lenoir et Doyen, et ainsi est formé un nouveau comité dit *d'Examen des Monuments Publics*, origine de la commission de Conservation des Monuments.

Le 11 août 1792, l'Assemblée Législative crée une commission de huit membres pour faire l'inventaire des biens de la Couronne; quatre sont nommés par l'Assemblée : Reboul, Broussonet, Courtois, Mulot; quatre par la Commune de Paris : David, Cossard, Restout, Dufourny; cette commission se réunit au comité d'examen, et la Convention porte le nombre de ses membres à trente-trois. C'est la commission de *Conservation des Monuments*.

En août 1793, après la suppression des académies, une commission de savants

INTÉRIEUR DE GRANGE.

Sanguine d'Hubert Robert.

du Louvre, les tableaux et autres monuments précieux relatifs aux beaux-arts, qui sont répandus dans les maisons ci-devant dites Royales et autres édifices nationaux.

Le Muséum national, décrété par l'Assemblée Constituante, était donc jusque-là resté à l'état de projet. Comme il devait être établi au Louvre, on lui attribua le local primitivement destiné au Muséum Royal, c'est-à-dire la grande Galerie du bord de l'eau. Pour procéder à l'organisation et veiller à la conservation du nouveau Muséum, le ministre Roland nomma six commissaires, qui formèrent ce qu'on a appelé la *Commission du Muséum National;* ce furent : Vincent, Regnault, Jollain, Cossard, peintres ; Pasquier, peintre en émail ; Bossut, géomètre. Ces commissaires, nommés en septembre, fonctionnent à partir du 1er octobre.

M. Courajod, dans sa préface du *Journal d'Alexandre Lenoir*, s'est montré, j'ignore pourquoi, d'une excessive sévérité à l'égard de cette commission. Elle n'était nullement composée « des premiers venus », ni même « de ces hommes que l'on voit à toutes les époques rôder sur les frontières de l'art, de la science et du monde élégant » ; ce n'était pas non plus « une grotesque réunion d'incapables », et ce n'est pas davantage « le ridicule dont elle se couvrit qui la fit honteusement chasser par David ». Monsieur Courajod a recueilli un peu trop complaisamment les témoignages de deux hommes plus que suspects en cette affaire : Jean-Baptiste-Pierre Lebrun et Louis David. Lebrun faisait deux prin-

et d'artistes est adjointe au Comité d'Instruction publique, pour inventorier le mobilier des ci-devant académies, tous les dépôts des machines, de cartes, de plans et autres objets d'arts et de sciences dispersés dans divers dépôts. C'est la *Commission Temporaire des Arts*, qui compte cinquante-deux membres aux appointements de 2,000 livres chacun. Comme elle fait double emploi avec la Commission des Monuments, celle-ci qu'on trouvait trop réactionnaire est supprimée par décret du 28 frimaire an II (décembre 1793). La Commission temporaire des arts fonctionne à partir du 12 pluviose suivant (janvier 1794).

Le 29 frimaire an IV (décembre 1795), la Commission des Arts est remplacée par le *Conseil de Conservation des objets de sciences et arts*, composé d'abord de neuf, puis de huit membres, et qui dépend de la Direction Générale de l'Instruction publique. Ce nouveau conseil fonctionne jusqu'à la réorganisation qui suit les événements du 18 Brumaire.

Il ne faut pas confondre ces diverses commissions avec celles qui, sous différents noms, sont spécialement chargées de l'organisation et de la conservation du Muséum des Arts, et qui sont celles dont nous avons à nous occuper dans ce chapitre.

cipaux reproches à la commission : en premier lieu, on n'y voyait pas un seul restaurateur de tableaux ; je ne crois pas que, pas plus dans ce temps-là que maintenant, le rôle d'un conservateur de musée ait jamais été de restaurer les tableaux ; il y a des artistes spéciaux pour cela ; en second lieu, comme elle ne comptait que des artistes et pas un connaisseur, elle avait commis quelques erreurs dans l'attribution des tableaux. Restait à montrer que les connaisseurs, et Lebrun lui-même, ont toujours été à l'abri d'un tel reproche. Chacun sait que Winckelmann et Caylus, dans des branches où ils étaient très compétents, n'ont pas toujours été sans péché sur ce point. Au fond, le grand grief de Lebrun contre la commission était qu'il n'en faisait pas partie ; son dépit perce entre les lignes des brochures qu'il publia à cette époque sur le Muséum [1]. Expert justement renommé, très connaisseur, Lebrun se posait un peu en arbitre artistique et se croyait indispensable ; ses brochures sont des plaidoyers *pro domo sua*. Il finit, du reste, par entrer, à titre d'expert, au Conservatoire du Muséum, et alors les choses furent pour le mieux dans le meilleur des mondes. Quant à David, ce fut lui en effet qui demanda la suppression de la commission, le 27 nivôse an II (janvier 1794) ; dans son rapport à la Convention, il parle « de la nécessité de substituer, à des hommes inutiles et intrigants, des artistes éclairés et patriotes ». A l'égard de Vincent et de Regnault, il est obligé de leur reconnaître quelques talents, mais « leur patriotisme est sans couleur ». La vérité est que David visait surtout ces deux peintres ; c'étaient des rivaux qu'il ne voyait pas sans jalousie à la tête du Muséum.

Examinons d'un peu plus près ces premiers commissaires. Vincent, d'abord, avait été, après la mort de Cochin fils, garde des dessins du Roi. Il suffit, d'autre part, de voir les tableaux que lui et Regnault ont laissés pour être convaincu que c'étaient des artistes de valeur ; mais il faut bien savoir, en outre, qu'à cette époque leur réputation balançait celle de David et que leurs écoles étaient aussi fréquentées que la sienne. C'était là surtout ce que David ne leur pardonnait pas ; ne pouvant les atteindre comme peintres, il les frappait comme commissaires. — Jollain avait été garde des tableaux du Muséum du Roi avec Robert ; il était membre de l'Académie de peinture ; c'était un artiste estimable, qui avait

---

1. J.-B. Pierre Lebrun : *Observations sur le Muséum National*, in-8°, 1792. — *Réflexions sur le Muséum National*, in-8°, 1793. — *Quelques idées sur la décoration du Muséum National*, in-8°, 1794.

au moins l'expérience des choses d'un muséum. Diderot en dit du bien.
Il était si bien à sa place qu'on le retrouve plus tard au Conservatoire du
Musée avec Regnault. — Pasquier, « le phénix de la bande », ainsi que
l'appelle Lebrun, était un peintre en émail; il avait composé un traité
sur l'art de broyer les couleurs sur émail, c'est-à-dire qu'il avait des connaissances techniques qui pouvaient être utiles à la commission; mais
il était aussi collectionneur; à ce titre, il avait chez lui des tableaux, et
selon Lebrun, ne savait pas quels peintres les avait faits. Lebrun montre
ici le bout de l'oreille; rivalité de collectionneurs! — Pour Cossard, le
plus obscur des six, il est douteux qu'il fût une créature de Roland,
comme on le lui reproche; il semble bien plutôt avoir été imposé par
la commune de Paris (voir la note précédente). Il n'était d'ailleurs pas si
mauvais connaisseur qu'on veut bien le dire, à en juger du moins par
un rapport de lui (Arch. Nat.) sur des sculptures qui étaient, autant que
je puis me rappeler, dans une église de Sens, et qu'il s'agissait de sauver
de la destruction. — Enfin, Bossut, géomètre distingué, avait été professeur à l'Académie d'architecture, et, ce que semble ignorer M. Courajod,
exerçait ses fonctions gratuitement.

Ces fonctions de commissaires n'étaient pas non plus « de grasses
sinécures » que Roland avait distribuées à ses créatures. Le traitement
était de 2,000 livres et non de 3,000, comme David, rapporteur au
cœur léger, le prétend dans son rapport à la Convention (les commissions suivantes eurent en moyenne 2,500 livres). Quant au logement
auquel ces mêmes fonctions donnaient droit, tous les commissaires,
sauf Cossard, étaient logés à d'autres titres soit au Vieux Louvre
soit aux Galeries. Ce n'était donc pas un grand cadeau qu'on leur
faisait.

Voici, entre plusieurs autres, quelques pièces qui font foi à l'égard
de ce qui précède :

Commission du Musœum.   Universités

2,500 livres.   F° 275. Ex. 1792.

Commissaires.... (de la Trésorerie Nationale)...

Faites payer aux Srs Jollain, Vincent, Regnault, Pasquier et Cossard,
commissaires du Musœum National, la somme de deux mille cinq cents livres,
pour leurs appointements en la dite qualité, pendant le trimestre d'octobre de
la présente année, à raison de 2,000 livres chacun par an; les dites 2,500 livres

sont imputables sur les 300,000 livres ordonnées par la loi du 12 septembre 1791 pour être distribuées aux artistes, lesquelles 300,000 livres sont à prendre dans les deux millions destinés pour gratifications de tout genre, par la loi du 22 août 1790, sur les pensions.

Fait à Paris le 2 décembre 1792, l'an Ier de la République.

Lettre des Commissaires du Muséum, jointe au mandat précédent, et adressée sans doute à Roland :

Paris, le 27 novembre 1792.   L'an premier de la République.

Monsieur,

Nous avons l'honneur de vous rappeler que, conformément aux dispositions de nos brevets, les cinq commissaires du Musœum National appointés, Jollain, Vincent, Regnault, Pasquier, Cossard, doivent être payés de mois en mois à compter du 1er octobre dernier. Comme nous nous acquittons de nos fonctions avec le plus grand zèle, nous croyons pouvoir demander avec confiance l'exécution de ces dispositions obligeantes de votre part.

Le montant des appointements pour l'ensemble des cinq commissaires, pour les mois d'octobre et de novembre, est de seize cent soixante six livres treize sols quatre deniers, à raison de 2,000 livres par année pour chacun d'eux.

Signé : Vincent, Regnault, Jollain, P. Cossard, Pasquier, Bossut.

(Cette lettre est je crois de la main de Vincent, trésorier de commission.)

(Arch. Nat. O² 848.)

Bossut n'était donc pas appointé. On le voit par ces pièces et aussi par un rapport de Garat du 24 février 1793 :

Rapport de Garat.

Les citoyens Pasquier, Vincent, Regnault, Jollain et Cossard, commissaires inspecteurs du Muséum National, avec le citoyen Bossut, lequel exerce ses fonctions sans rétribution, réclament le paiement de leurs appointements échus du mois de janvier dernier.

Ces appointements ont été fixés par le ministre Roland à 2,000 livres par an pour chacun des cinq commissaires. ....

(Arch. Nat. O² 848.)

Il y aurait encore beaucoup à dire sur cette première commission, mais m'y arrêter plus longtemps serait sortir des bornes de mon sujet. Elle ne fut pas plus mauvaise que beaucoup d'autres et rien ne justifie les attaques dont elle a été l'objet.

Les hommes et les choses de cette époque commencent proprement à entrer dans le domaine de l'histoire. Il est donc possible d'en parler

sans passion, de louer ce qui a été bon, de blâmer ce qui a été mauvais,
et de ne pas accepter ou rejeter tout en bloc. On reconnaît unanime-
ment, je crois, à cette heure, que la Révolution était faite dans les
esprits, lorsqu'éclatèrent les événements de quatre-vingt-neuf. Ceux-là
mêmes qui en furent les victimes l'avaient préparée et rendue nécessaire. La machine gouvernementale était entièrement détraquée, il y
fallait non seulement un nettoyage, mais une refonte complète. Que
dans la crise qui suivit, il y ait eu des excès et des fautes ; que, par
exemple, Robespierre et sa bande aient été de trop, que des actes mal-
heureux de vandalisme aient été commis ; qu'une foule de monuments
d'art « portant l'empreinte des tyrans et de la superstition » aient été
détruits, ou abandonnés à vil prix aux Anglais et autres étrangers, personne n'y contredit. Mais ce n'est pas une raison pour proscrire indis-
tinctement tous les hommes de ce temps, ni proclamer que tous les
administrateurs républicains étaient des incapables ou des scélérats et
que toutes les vertus avaient passé la frontière avec les émigrés. Il faut,
en particulier, rendre justice à ces hommes modestes, pour la plupart
éminents, qui firent partie des commissions de travail, à ces hommes qui,
au milieu du désarroi où se trouvaient toutes choses, préparèrent ou
fondèrent les grandes institutions de la Révolution, et reconnaître avec
Alexandre Lenoir, moins sévère ou mieux informé que son historien,
que les magistrats d'alors « s'entourèrent de citoyens vertueux, qui
méritaient encore les suffrages publics par leurs lumières et leur pro-
bité [1] ».

La commission s'occupait, avec zèle comme le dit Vincent, de ses
fonctions, consistant à vérifier et à classer les nombreux objets d'art
dans lesquels on devait trouver les éléments du Muséum, lorsque le
27 juillet 1793 parut le décret suivant de la Convention, fixant au
10 août l'ouverture du Musée de la République :

Décret de la Convention Nationale du 27 juillet 1793,
an second de la République Française,
qui fixe au 10 août l'ouverture du Musée de la République.

La Convention Nationale, sur le rapport de ses comités d'Instruction
publique et des Monuments, décrète ce qui suit :

Art. 1er. — Le ministre de l'Intérieur donnera les ordres nécessaires pour

1. Alexandre Lenoir : Préface du *Musée Impérial des Monuments français*, petite
édition in-8°, 1810.

que le Musée de la République soit ouvert le 10 août prochain, dans la Galerie qui joint le Louvre au Palais National.

2. — Il y fera transporter aussitôt, sous la surveillance des commissaires des monuments, les tableaux, statues, vases, meubles précieux, marbres, déposés dans la maison des Petits-Augustins, dans les maisons ci-devant royales, tous autres monuments publics et nationaux, excepté ce que renferment actuellement le Château de Versailles, ses jardins, les deux Trianons, qui est conservé par un décret spécial dans ce département.

3. — Il y fera transporter également les peintures et statues, bustes, antiques, qui se trouvent dans toutes les maisons ci-devant royales, châteaux, jardins, parcs d'émigrés et autres monuments nationaux.

4. — Il sera mis à la disposition du ministre par la Trésorerie Nationale provisoirement une somme de cent mille livres par an pour faire acheter dans les ventes particulières les tableaux ou statues qu'il importera à la République de ne pas laisser passer en pays étrangers, et qui seront déposés au Musée sur la demande de la commission des monuments.

5. — Il est autorisé à faire les dépenses nécessaires pour le transport des tableaux et statues dans le Musée, des dépôts particuliers où ils sont maintenant.

Visé par l'Inspecteur, signé : J. C. Battellier.

Collationné à l'original par nous président et secrétaires de la Convention Nationale. A Paris, les jour, mois et an que dessus.

Signé : Danton, président ; Dupuy fils et David, secrétaires.

Au nom de la République, le conseil exécutif provisoire mande et ordonne à tous les corps administratifs et tribunaux que par la présente loi ils fassent consigner sur leurs registres, etc. A Paris le vingt-septième jour du mois de juillet 1793, l'an second de la République Française.

Signé : Gohier.

Un ordre manuscrit de Garat fait suite à ce décret :

Vu le présent décret......

Moi, Dominique Joseph Garat, ministre de l'Intérieur, autorise le citoyen....., membre de la commission des monuments, à se transporter dans les maisons ci-dessus désignées et y acquérir les monuments et autres objets d'art qui sont de nature à être transférés au Musée de la République.

A Paris, ce...... août 1793.

L'an deuxième de la République Française une et indivisible [1].

Le Ministre de l'Intérieur,

Garat.

(Arch. Nat. F^{17} 1252.)

1. Dans ces papiers de l'année 1793 il y a souvent confusion sur le numéro de

Il était matériellement impossible que ce décret fût exécuté à la date fixée, c'est-à-dire dans un délai de quinze jours. Il y avait de ces monuments et objets d'art au dépôt du Louvre, principalement l'ancien fond destiné au Muséum du Roi (mais on voulait montrer au peuple plus que les dépouilles royales); il y en avait au dépôt de la rue des Petits-Augustins (École des Beaux-Arts), que dirigeait Alexandre Lenoir; il y en avait un peu partout, comme l'indique le décret, et ce n'était pas une mince besogne que de faire un choix judicieux dans tout cela. Ceux qui récemment ont cherché l'ouverture du Musée à la date du 10 août ont été étonnés de ne rien trouver sur ce fait dans les journaux du temps; la raison en est simple : le Musée ne pouvait être et ne fut pas ouvert le 10 août. Il ne s'ouvrit effectivement que le lundi 18 novembre 1793, ainsi que le montre la note suivante du *Journal de Paris* (et encore faut-il reconnaître qu'il n'y eut pas trop de retard) :

Journal de Paris du jeudi 14 novembre 1793. — Les citoyens sont informés que, conformément à la détermination du Ministre de l'intérieur, le Muséum Français est ouvert au public les trois derniers jours de chaque décade, à compter du 28 du présent mois de brumaire (lundi 18 novembre 1793), depuis neuf heures du matin jusqu'à quatre heures du soir.

Il est ouvert aux artistes, qui veulent y travailler, les cinq premiers jours de chaque décade, toute la journée, à compter de primidi frimaire prochain (jeudi 21 novembre).

Le Muséum National, depuis si longtemps à l'état de projet, était enfin une réalité; mais la commission qui avait eu l'honneur de l'ouvrir au public ne devait pas longtemps présider à ses destinées. Les jours de cette commission étaient comptés; son ennemi David demandait sa suppression. Un décret du 27 nivose suivant la remplaçait par un Conservatoire de dix membres.

Le Conservatoire établi par le décret du 27 nivose an II (16 janvier 1794), fut composé de dix membres répartis en quatre sections, savoir : dans la section de peinture, les citoyens Fragonard, Bonvoisin,

l'année républicaine. Ainsi le décret du 27 juillet 1793 est dit de l'an second de la République, tandis qu'en réalité il est de l'an un, la première année ne se terminant qu'au 21 septembre 1793. Cela tient je crois à ce que l'usage du nouveau calendrier n'était pas encore bien établi, et que beaucoup de citoyens faisaient commencer l'an deux au 1er janvier précédent. C'était même une erreur qui se faisait communément.

Lesueur et Picault (restaurateur de tableaux) ; dans celle de sculpture, Dardel et Dupaquier ; dans la section d'architecture, Lannoy et David-Leroy ; enfin dans celle d'antiquités, Wicard et Warron.

Le décret porte, article 10, que :

Il sera attribué à chacun des membres du Conservatoire une indemnité annuelle de 2,400 livres et le logement.

(Arch. Nat. o²,848, rapports et états de traitements.)

David, alors tout-puissant, avait simplement remplacé les « créatures » de Roland par des gens à lui, en majorité du moins. Cette remarque faite, j'admets très volontiers que le nouveau Conservatoire était composé d'hommes de valeur, très capables de rendre de bons services. Il ne vécut pas longtemps d'ailleurs et tomba avec David au 9 thermidor.

En effet, le 15 thermidor (2 août 1794), la composition du Conservatoire est modifiée. Le nombre des membres n'est plus que de sept au lieu de dix, et les sections sont supprimées. Ces sept membres sont : Regnault (de la première commission), Langlier, Picault, Dupaquier, de Wailly, Warron, Vatté.

Le Comité d'Instruction publique arrête en outre que Fragonard, Bonvoisin, David-Leroy et Lannoy seront conservés dans la commission temporaire des arts.

Il ne semble pas qu'on ait été très satisfait du Conservatoire ainsi renouvelé. On trouvait qu'il n'allait pas assez vite en besogne, que les objets d'art s'éternisaient dans les dépôts provisoires. C'est pourquoi il fut réorganisé à nouveau par un arrêté du Comité d'Instruction publique de la Convention, le 10 germinal an III (mai 1795).

Le Comité, considérant qu'il est urgent d'accélérer l'organisation du Muséum National des arts, de prévenir les dégradations auxquelles sont exposés les chefs d'œuvre qui sont dans les dépôts provisoires et de mettre un ordre stable dans un établissement aussi utile pour les arts, arrête :

Art. 1er. — Le Conservatoire du Muséum National sera à l'avenir composé de cinq membres, savoir : les citoyens *Robert*, p., *Fragonard*, p., *Vincent*, p. (remplacé par de *Wailly*, architecte), *Pajou*, sculpt., *Picault*, restaurateur de tableaux.

Art. 2. — Il y aura un secrétaire nommé par le Conservatoire.

Art. 3. — Les membres du Conservatoire qui seront supprimés par le présent arrêté resteront membres de la Commission temporaire des arts.

RESTES DU PALAIS DU PAPE JULES.
Gravé en couleurs par F. Janinet, en 1775.
Tableau d'Hubert Robert, d'après une épreuve tirée de la collection de M. Henry Lacroix.

* *

Les gouvernements passent, mais les administrateurs ne changent guère ; ce sont toujours les mêmes que nous voyons revenir à tour de rôle au Muséum, même ceux de l'ancien Muséum Royal, puisque Robert, sorti de Saint-Lazare depuis huit mois, fait partie de ce nouveau conservatoire, et que nous y retrouvons aussi Jollain dans la suite.

Les nouveaux conservateurs entrèrent en fonction le 1er floréal an III. Le secrétaire, Foubert, ne fut nommé qu'un peu plus tard ; son nom n'apparaît sur les états de traitements qu'en messidor. Chaque membre présidait à son tour pendant un mois. Une garde de trente vétérans commandés par le citoyen Décavelez était affectée au service du Muséum.

Il est assez difficile de préciser le montant de l'indemnité attribuée aux conservateurs nommés par l'arrêté de germinal. On voit par certains états de l'an III que ce traitement est de 5,000 livres ; cependant en messidor de la même année (arch. du Louvre), le Conservatoire demande une augmentation de traitement. On voit aussi par une lettre signée Robert, président et Foubert, secrétaire, que cette demande est renouvelée en thermidor. (Arch. Nat. F17 1282.) En ventose, an IV (janvier 1796), les conservateurs touchent chacun 7,500 livres par *mois*. Ce traitement est évidemment évalué en assignats, et, comme on le sait, la dépréciation de ce papier fut telle à certains moments, que la demande des conservateurs était sans doute bien fondée.

Leur traitement finit d'ailleurs par être définitivement fixé à 2,500 livres (3 pluviose, an V).

Les opérations de ce Conservatoire, dont Robert fut membre, seraient, pour le lecteur, peu intéressantes dans le détail. Quelques extraits, sans commentaires, des procès-verbaux des séances en donneront une idée [1].

An III. 18 messidor. — Le Conservatoire fait un choix d'objets, dont le citoyen Lebrun fait l'inventaire, pour être placés au Muséum.

1er thermidor. — Le Conservatoire demande à la Commission exécutive de l'Instruction publique l'autorisation de faire enlever au château de Baga-

---

1. Les registres de ces procès-verbaux sont conservés aux archives du Musée du Louvre. J'adresse ici tous mes remerciements à Monsieur le Directeur des Musées Nationaux, qui a bien voulu m'autoriser à les consulter.

telle différents tableaux « exposés à une destruction prochaine par l'effet de l'humidité », et de faire remettre à l'atelier du citoyen Robert ceux dont il est l'auteur et qu'il ne peut restaurer (sur place) et les autres dans un dépôt[1].

An IV. 1er pluviose. — Les citoyens Robert et Fragonard demandent que le Conservatoire s'occupe à l'instant de la vérification des émaux de Petitot, qu'ils ont reçus avant-hier à la Bibliothèque Nationale, des mains des conservateurs de la section des antiquités.

Le Conservatoire arrête qu'il sera construit des passepartouts afin de prévenir les dangers que pourraient courir ces objets.

3 pluviose. — Le citoyen Mazade, commissaire du Directoire Général de l'Instruction publique, se présente au Conservatoire. Il demande l'original de l'inventaire fait par lui et le citoyen Lebrun des tableaux venus de Hollande.

5 pluviose. — Les citoyens Picault, de Wailly et Pajou rendent compte de la mission qu'ils ont remplie au Raincy. Ils ont marqué divers objets propres à être transportés au Muséum.

9 pluviose. — Un membre propose, pour la décoration du Muséum, d'employer quatre grandes colonnes de marbre blanc, venues de Liège, avec chapiteaux et bases de bronze. On peut les placer avantageusement à la principale porte d'entrée du Muséum.

19 pluviose. — Le Conservatoire est autorisé à délivrer, aux citoyens Vincent et Gérard, la toile nécessaire pour l'exécution des monuments nationaux dont ils sont chargés. — D'octroyer, sur sa demande, au citoyen David, autorisé par le ministre de l'Intérieur, l'atelier de restauration au second, pour son tableau du prochain Salon.

19 ventose. — Les petits tableaux précieux, hollandais, flamands, copiés par les artistes, seront placés sous verre, dans des boëttes.

27 germinal. — Des tableaux sont demandés pour la salle de conférence du Corps Législatif. On n'en trouve pas ayant les dimensions voulues, et le citoyen Naigeon est invité à aller aux Gobelins.

C'est à peu près à cette époque que le Muséum National prend le nom de Musée Central des Arts, à cause des autres musées spéciaux, qui commençaient à s'organiser.

13 floréal. — Lettre du ministre de l'Intérieur. Il dit que chaque Muséum spécial ne doit contenir que des objets analogues (*sic*) au but de son établissement, que tout doit tendre au complément du Musée Central des arts ; autorise le Conservatoire de ce Musée à marquer, au Musée des Petits-Augustins, les objets qui peuvent embellir la collection confiée à leurs soins.

Les objets d'art du Musée, exposés au public, n'occupaient encore

---

1. Le 1er thermidor an III, la Bourse est installée dans une partie des locaux dépendant du Muséum, sous la galerie d'Apollon.

qu'une partie de la Grande Galerie. L'espace consacré à l'exposition devenant insuffisant, le reste de la Galerie est livré à l'administration du Muséum. Le 19 floréal de l'an IV, les citoyens Pajou et de Wailly rendent compte qu'ils ont pris possession de la partie de la Galerie tenant au pavillon de Flore. Pendant la durée des travaux d'appropriation, la Galerie est fermée au public, et, en attendant, on fait une exposition des trois Écoles dans le grand salon des expositions annuelles de peinture.

On trouve aux Archives nationales (F¹⁷, 1256), à la date du 5 prairial an IV, dans un état des objets extraits du ci-devant château de Fontainebleau pour le Muséum : n° 41, quatre tableaux de Robert représentant les *Antiquités du Languedoc*. Selon toutes probabilités, ce sont les quatre du Salon de 1787. En effet, l'enregistrement d'une lettre de Vien, du 9 mai 1787 (A. N., O¹, 1240), montre que celui-ci témoigne sa satisfaction des tableaux entrepris par M. Robert pour Fontainebleau. Comment deux de ces tableaux revinrent-ils dans le cabinet de Robert, alors que les quatre devaient aller au Muséum? Je suppose qu'ils n'avaient pas été payés entièrement par le roi, comme cela était arrivé pour des tableaux destinés aux Tuileries, et que Robert n'en laissa que deux pour la somme qu'il avait reçue.

An IV. 27 prairial. — Lettre du citoyen Tinet, annonçant l'envoi de dix tableaux et d'un vase étrusque, du quartier général de Milan.

5 messidor. — Le Conservatoire veut faire une exposition de ces tableaux. A cet effet, il demande au Ministre l'ordre officiel de « vuider » la Galerie d'Apollon, et d'y mettre les colonnes venues de Liège, qui sont dans le jardin.

13 thermidor. — Le citoyen Desmarais offre un Vernet, *la Tempête*, qu'il estime 5,800 livres en numéraire. En échange, les citoyens Vincent et Lebrun, le 17 fructidor, font choix, parmi les tableaux non conservés par le Muséum, de dix-sept, qui sont donnés à Desmarais; valeur 5,808 livres.

29 thermidor. — Lettre du citoyen Bénezech invitant la Convention à empêcher l'enlèvement des tableaux de réception de l'ancienne Académie, que plusieurs artistes ont retirés avec ou sans autorisation.

An V. 19 Vendémiaire. — Le citoyen Le Rouge, marchand de tableaux, propose le *Portrait du Poussin* par lui-même et en demande 4.000 livres en numéraire. Accepté le 17 nivose. Il prend en échange un *Vanderveffe* (sic) et le *Christ apparaissant à la Magdeleine en jardinier*.

De même *la Peste de Milan* par Van Ork est échangée au prince de Conti pour 4,800 livres.

23 nivose. — Les travaux d'appropriation de la Grande Galerie sont suspendus, et on s'occupe exclusivement de la Galerie d'Apollon. On veut arriver à y exposer des dessins et ce qui est envoyé d'Italie.

Le 3 pluviose an V, nouvelle modification dans l'Administration du Musée. Le Conservatoire est remplacé par un Conseil de direction composé d'artistes et par un administrateur. Deux des conservateurs se retirent, Fragonard et Picault. La nouvelle administration est ainsi composée : Jollain, Robert, Suvée, Pajou, de Wailly, membres du Conseil de direction; Dufourny, administrateur; Foubert, administrateur-adjoint; Lavallée, secrétaire; Lebrun, commissaire-expert. Les membres du Conseil reçoivent chacun 2,5oo francs par an; l'administrateur, 5,000; l'administrateur-adjoint, 4,000; le secrétaire, 3,000, et Lebrun 1,8oo. (Arch. Nat., O², 848.)

Cette administration fonctionne jusqu'à la réorganisation de l'an XI, sous les consuls, avec toutefois quelques changements ou additions dans le personnel. Ainsi, en floréal, an V, Fragonard est adjoint au Conseil, avec traitement provisoire. En messidor de la même année, Morel d'Arleu est nommé garde des dessins. En thermidor, an VI, Moitte et Berthelemy sont nommés membres du Conseil; Vien, le 12 frimaire an VII; il est remplacé par Lagrenée l'aîné en nivose an VIII; en frimaire en VIII, E.-Q. Visconti, chassé de Rome, entre au Musée, avec des appointements de 4,000 livres seulement, mais avec des compensations. En l'an X, Regnault, membre honoraire, remplace Suvée, se rendant à son poste de directeur de l'École de Rome.

Quelques jours après son entrée en fonction, le Conseil du Musée eut à statuer sur une demande de Robert, l'un de ses membres. Il était dû à notre artiste une somme de 2,ooo livres, restant du prix de six tableaux, faits en 1780, pour l'appartement Guéménée aux Tuileries, tableaux au sujet desquels il avait eu, comme on l'a vu, en 1789, des démêlés avec la comtesse de Polignac. Robert songea à se faire rembourser les 2,000 livres en nature. La lettre suivante de Bénezech explique comment :

Paris le 6 ventose, an Vᵉ de la République Française, une et indivisible.

Le Ministre de l'Intérieur à l'Administration du Musée Central des Arts.

Le citoyen Robert, peintre, et l'un de vos collègues, m'a demandé, citoyens, en payement d'une somme de 2,ooo livres, restant du prix de six tableaux qu'il fit en 1780 pour un des pavillons des Tuileries, une quantité équivalente de toile de vos dépôts.

Attendu qu'il en existe une assez grande quantité au Muséum et que le citoyen Robert a de grands tableaux à faire et même pour la République, je vous autorise à en remettre au citoyen Robert pour la somme spécifiée et d'après l'estimation que vous en ferez faire.

> Salut et Fraternité.
>
> Signé : Bénezech.

Le Directeur Général de l'Instruction Publique,

> Signé : Guinguené.

> (Archives du Musée du Louvre.)

A cette époque, où le numéraire était rare, une telle demande ne paraissait pas insolite; on a déjà vu le Musée délivrer de la toile à Vincent et à Gérard pour des tableaux commandés par l'État.

En l'an VI arrivent les tableaux et statues conquis en Italie et destinés au Musée central. Tout le Louvre célèbre cet événement par une fête, que le *Journal de Paris* raconte ainsi :

13 thermidor, an VI. — Les chefs-d'œuvre des arts conquis en Italie sont arrivés au Muséum central de arts le 13 thermidor. Les artistes qui logent au Palais National des arts et des sciences et aux galeries du dit Palais, se sont assemblés spontanément le même jour. Ils ont envoyé des billets d'invitation à leurs collègues extérieurs, et, réunis à la Société Philotechnique et celle des Amis des Arts, ils ont fait illuminer la cour du palais à leurs frais. Il y a eu bal toute la nuit, et les soldats qu'on leur avait donnés pour gardes y ont été admis.

Après le 18 brumaire de l'an VIII, le nouveau maître meuble ses appartements aux dépens des richesses du Musée. On a, par les procès-verbaux des séances du Conseil, quelque idée de ses exigences.

An VIII. 3 ventose. — Le Ministre de l'Intérieur, informé qu'il existe, dans les magasins du Musée, des effets mobiliers qui ne sont pas nécessaires pour cet établissement et qui conviendront parfaitement pour l'ameublement du palais des consuls, charge l'administration d'accorder, au citoyen Le Comte, architecte, l'entrée dans ses magasins, pour y choisir et faire entrer des objets qui seront jugés propres et utiles pour le service du palais.

13 ventose. — Le citoyen Robert prévient le Conseil que, ce matin le citoyen Bénezech, conseiller d'État, l'a envoyé chercher pour l'inviter à se rendre chez Mme Bonaparte, épouse du Premier Consul, afin de prendre les dimensions d'un salon de compagnie, où elle désire qu'il soit placé, demain dans la journée, quelques tableaux, et l'a chargé de mettre en évidence, dans l'une des salles du Musée, les tableaux que l'Administration pourrait confier pour la décoration provisoire de ce sallon et qui ne sont point utiles au Musée, Mme Bonaparte devant aller choisir elle-même ceux qu'elle croirait convenable d'y exposer.

Le citoyen Robert ajoute, qu'accompagné du citoyen Dufourny, il a fait choix d'une trentaine de tableaux pris parmi ceux de la Réserve; ils ont été placés dans la salle d'Administration; que Mme Bonaparte est venue vers une heure de l'après-midi, avec Bénezech, mais qu'elle ne les a pas trouvés assez grands. Ayant laissé pressentir que quatre tableaux suffiraient, l'administration l'a conduite dans le fond de la Grande Galerie, pour voir si elle, etc.

Après avoir vu plusieurs tableaux, Mme Bonaparte a désiré voir le St Gérôme du Corrège et la Vierge dite à l'Écuelle du même; après les avoir bien considérés, elle a demandé que ces deux tableaux soient compris dans les quatre qu'elle demande, laissant à l'administration le choix des deux autres.

Le citoyen Bénezech a promis de donner l'autorisation ministérielle pour ce déplacement, en assurant qu'ils ne resteraient que huit ou quinze jours. (Il y eut protestation de l'un des membres du conseil contre ce déplacement de tableaux.)

An 9. 18 Brumaire. — Le 16 Brumaire, le Premier Consul s'étant présenté pour voir les salles des statues antiques, dont l'ouverture publique a lieu aujourd'hui, l'Administration et les membres du Conseil lui ont demandé de placer entre la plinthe de la statue d'Apollon et son piédestal, l'inscription suivante :

La statue d'Apollon, qui s'élève sur ce piédestal, trouvée à Antium, sur la fin du 15e siècle, placée par Jules II au Vatican, au commencement du 16e, conquise l'an 5 de la République par l'armée d'Italie sous les ordres du Général Bonaparte, a été fixée ici, le 21 Germinal an 8, première année de son consulat.

Et au revers :

Bonaparte, Premier Consul; Cambacérès, Deuxième Consul; Lebrun, Troisième Consul; Lucien Bonaparte, Ministre de l'Intérieur.

Le Premier Consul s'étant rendu à cette invitation, le citoyen Vien lui a présenté, au nom des artistes, l'inscription qu'il a intercalée entre la plinthe et le piédestal de la statue. En se retirant, le Premier Consul, après avoir témoigné toute sa satisfaction de voir les salles ainsi disposées, a invité les membres de l'Administration à aller dîner chez lui.

An 10. 28 Vendémiaire. — Une partie de la Grande Galerie ayant été remise aux citoyens Percier et Fontaine pour la décoration des appartements, et ce qui reste devant avoir la même destination, le Conseil arrête la construction de barrières en bois, semblables à celles des écoles Flamandes et Vénitiennes.

27 Messidor. — Fesler, intendant du palais, se présente pour faire enlever les tables en marbre et meubles de Boule, qui sont placés dans la partie de l'École Française de la Grande Galerie, et qui ont été marqués pour les Tuileries et St Cloud.

11 Thermidor. — Fontaine, architecte de St Cloud, vient choisir une dizaine de statues pour le service du gouvernement, modernes d'ailleurs ou copies d'antiques, et annonce qu'il viendra dans la journée pour choisir quelques tableaux pour St Cloud.

Mais le conseil d'administration dont fait partie notre peintre est bien près de sa fin. Un arrêté des consuls du 28 brumaire an XI (19 novembre 1802) impose à l'administration du Musée une nouvelle organisation. Sont nommés :

> Vivant Denon, directeur général, avec un traitement de 12,000 fr., plus une indemnité de logement.
>
> Dufourny, conservateur des tableaux . . . .   5,000 fr.
>
> Visconti, conservateur des antiques . . . .   4,000 fr.
>
> Raymond, architecte. . . . .   4,000 fr.
>
> Lavallée, secrétaire. . . . .   3,000 fr.
>
> Morel d'Arleu, conservateur des dessins et chalcographie.   2,000 fr.

(Arch. Nat. o²,848.)

Sont retraités avec l'honorariat et demi-traitement : Foubert, avec 2,000 francs ; Berthelemy, Lagrenée, Moitte, Pajou, Regnault, Robert, avec 1,250 francs ; Lebrun, avec 900 francs. Lebrun est remplacé par Aubourger. (Arch. Nat. o²,848.) Le Musée central des arts prend dès lors le nom de Musée Napoléon.

ISIS.

Sanguine d'Hubert Robert.

CHAPITRE XIV

Les relations d'Hubert Robert. — Watelet. — Marguerite Le Comte. — Joseph Vernet.
Mᵐᵉ Vigée-Lebrun. — Voltaire. — Catherine II, etc. — Second voyage en Italie.

Dans une de ses dernières lectures à l'Académie de peinture, en 1762, le comte de Caylus eut occasion de manifester ses regrets de ce que les artistes abandonnaient les anciennes traditions et fréquentaient le monde plus qu'il ne convenait à leur profession. Il le fit, cela va sans dire, avec la plus exquise politesse. La compagnie se montra touchée des sentiments exprimés par l'honorable amateur, mais les artistes ne s'amendèrent pas pour cela, et ne témoignèrent aucun empressement à revenir aux respectables coutumes de leurs aînés. Le mal, si c'en était un, ne fit même qu'empirer sous le directorat de M. Pierre, premier peintre, qui avait des goûts fastueux et se faisait voir aux levers du Roi, plus que ne l'exigeaient les devoirs de sa charge.

Hubert Robert, sur ce chapitre, n'avait nul besoin d'être stimulé par l'exemple de son directeur. Aucun artiste n'eut plus que lui le goût des réunions mondaines ni ne les recherche avec plus d'ardeur. Il est vrai qu'il y brillait, ayant de l'esprit et causant bien; il y portait de plus son entrain et sa gaieté, et à ce point de vue était un homme précieux. « De tous les artistes que j'ai connus, dit Mᵐᵉ Vigée-Lebrun dans ses *Souvenirs*, Robert était le plus répandu dans le monde, que du reste il aimait beaucoup. Amateur de tous les plaisirs, sans en excepter celui de la table, il était recherché généralement, et je ne crois pas qu'il dînât chez lui trois fois dans l'année. Spectacles, bals, concerts, repas, parties de campagne, rien n'était refusé par lui, car, tout le temps qu'il n'employait point au travail, il le passait à s'amuser... Il avait de l'esprit naturel, beaucoup d'instruction, sans aucune pédanterie, et l'intarissable gaieté de son caractère le rendait l'homme le plus aimable qu'on pût voir en société. »

Cet amour des plaisirs mondains a peut-être fait quelque tort au talent de Robert; « il peignait un tableau, dit encore Mme Lebrun, aussi vite qu'il écrivait une lettre ». Une si grande facilité eût eu besoin d'être corrigée par l'application; malheureusement les goûts de l'artiste, partagés du reste par sa femme, n'allaient pas sans quelques excès de dépenses, un peu lourds pour le ménage tout au moins dans les premiers temps, et par là le mari était entraîné à produire vite et beaucoup. C'est ce que constate Diderot dans son Salon de 1771 : « Il veut gagner dix louis dans sa matinée; il est fastueux, sa femme est une élégante; il faut faire vite; mais on perd son talent, et, né pour être grand, on reste médiocre » Robert n'est pas resté médiocre; on peut regretter toutefois que quelques-uns de ses tableaux portent trop évidemment la marque d'une exécution rapide.

Quoi qu'il en soit, on a, par Mme Lebrun et un peu par Joseph Vernet, très liés avec Robert, quelque idée de ce qu'était, aux approches de la Révolution, cette vie du monde pour les artistes.

L'un des plus anciens amis de Robert fut Claude-Henry Watelet, conseiller du roi, receveur général des finances pour Orléans. Ils s'étaient connus à Rome, pendant le séjour qu'y fit Watelet en 1763. Celui-ci n'était point un de ces financiers, dont parle Mayrobert, qui s'avisent un beau soir d'être savants le lendemain parce qu'ils sont riches. C'était un lettré et un artiste; il gravait très agréablement; c'était de plus un sage et sa philosophie était aimable. Sur la fin de sa vie, ayant perdu sa fortune par l'infidélité d'un agent, il conserva tous ses amis. C'est une de ces figures comme celle de Saint-Non, auxquelles on s'arrête avec sympathie.

Il était savant dans l'art des jardins et je le soupçonne d'en avoir donné le goût à Robert. L'un des premiers, il avait transformé sa propriété de Moulin-Joli, près d'Argenteuil, en un parc, dans ce genre anglo-chinois qui fit fureur quelques années plus tard. Son jardin passait pour une merveille. Mme Lebrun ne trouve pas d'expressions assez laudatives pour le célébrer : « Voilà un de ces lieux qu'on n'oublie pas; si beau! si varié! pittoresque, élyséen, sauvage, ravissant enfin ! Représentez-vous une grande île couverte de bois, de jardins, de vergers et que la

Seine coupait par le milieu. On passait d'un bord à l'autre sur un pont
de bateaux, garni des deux côtés par des caisses remplies de fleurs qu'on
renouvelait à chaque saison, et des bancs placés de distance en distance
vous permettaient de jouir longtemps d'un air parfumé et de points de
vue admirables ; de loin, ce pont qui se reflétait dans l'eau produisait un
effet charmant... »

Et Mme Lebrun ajoute : « Cet Élysée appartenait à un homme de ma
connaissance, M. Watelet... M. Watelet était un homme distingué,
d'un caractère doux et liant, qui s'était fait beaucoup d'amis. Dans son
île enchantée, je le trouvais en harmonie avec tout ce qui l'entourait.....
Une amie, à laquelle il était attaché depuis trente ans, était établie chez
lui ; le temps avait sanctifié pour ainsi dire leur liaison, au point qu'on
les recevait dans la meilleure compagnie, ainsi que le mari de la dame,
qui, chose assez bizarre, ne la quittait jamais. »

Cette amie était Marguerite Le Comte, artiste graveuse. Mme Le Comte,
femme d'un procureur au Chatelet, est surtout connue par Watelet.
Elle gravait assez bien. Basan cite d'elle une suite de papillons gravés
d'après nature ; elle a gravé aussi à l'eau-forte des paysages, des têtes et
quelques vignettes pour une traduction de Gessner en 1764. C'est sans
doute pendant le voyage qu'elle fit en Italie avec son ami qu'elle se fit
recevoir à l'Académie de Saint-Luc, de Rome, et à celles de Bologne et
de Florence. C'est à elle qu'est dédiée cette suite de dix pièces dessinées
et gravées par Hubert Robert en 1763, alors qu'il était pensionnaire du
roi de France, et qui est connue sous le nom de *Soirées de Rome*.
Saint-Non a aussi dédié à la meunière du Moulin-Joli [1] une suite de six
vues de cette propriété, d'après Le Prince : *Varie Vedute del gentile
Mulino, dedicate al amabile e legiadra Mulinara*, 1755, grand in-4°, en
travers.

Marguerite Le Comte était une des jolies femmes de son temps.
Watelet a fait d'elle plusieurs portraits, dont l'un, de profil, a été gravé
par Lempereur ; celui-ci porte l'inscription : *Marguerite Le Comte, des*

---

1. En 1786, Mme Vigée-Lebrun fut aussi appelée la Meunière du Moulin-Joli. On fit
courir malignement le bruit que le galant ministre Calonne, dont elle avait fait le
portrait, avait acheté pour elle la propriété de Watelet. Elle se crut obligée de
démentir le fait dans une lettre au *Journal de Paris*, du 21 août 1786. On trouve
dans la Correspondance de Grimm un impromptu assez grivois, à la Meunière belle
et tendre, en réponse à cette lettre.

Académies de peinture et des belles-lettres de Rome, de Bologne et de Florence. Au bas, sont ces vers de Watelet :

> L'heureux talent de plaire en n'y pensant jamais,
> Un bon cœur, un sens droit et le don d'être amie,
> Une humeur franche et libre embellissant les traits,
>   La grâce enfin à la raison unie,
> Le Comte, c'est pour toi ce que Nature a fait,
> Et que l'art ne peut rendre en gravant ton portrait.

On a aussi de cette dame un portrait dessiné par Cochin fils et gravé par Watelet en 1753. Ce dernier portrait doit être plus fidèle que celui de Watelet, un peu idéalisé.

Avec Moulin-Joli, Watelet avait un appartement au Louvre; Marguerite Le Comte y avait le sien également, « dans l'escalier de M. Watelet, au premier, dit un état des logements employés pour le service du roi. » (A. N. O¹ 1914 et suivants [1].)

Ils recevaient, à Moulin-Joli, une société de littérateurs et d'artistes ; Robert, Saint-Non, Mme Lebrun, le fameux prince de Ligne en étaient, ainsi que Delille, qui fit pour la maison d'habitation une inscription en vers. Watelet fut lié du reste avec tous les hommes distingués de son temps; il était de la société de Mme Geoffrin, de celle du baron d'Holbach, il était l'ami de Rousseau, et d'Alembert lui confia en mourant l'une des deux copies qu'il avait faites de sa correspondance avec Voltaire. Il était membre de presque toutes les académies de l'Europe [2].

Après sa mort, Moulin-Joli fut acheté par un riche commerçant nommé Gaudran. Celui-ci invita, en 1788, Mme Lebrun à y venir passer un mois avec sa famille. Robert fut de la partie. « Ce nouveau propriétaire, dit Mme Lebrun, n'entendait rien au pittoresque; je vis avec peine qu'il avait gâté quelques parties de cet élysée; heureusement, les plus grandes beautés étaient restées intactes. Robert, le peintre de paysage, et moi, nous retrouvâmes tout l'enchantement que ce lieu nous avait déjà

---

1. C'est sans doute pour Mme Le Comte que Watelet avait planté, dans une couche de terre rapportée sur la terrasse du Palais, au-dessus de son logement, ces arbustes, qui, avec le temps étant devenus de grands arbres, faisaient un si horrible effet au-dessus de la colonnade du Louvre.

2. Watelet était de l'Académie Française, honoraire amateur de l'Académie de Peinture et de celle d'Architecture; il était en outre des académies de Berlin, della Crusca, de Cortonne, de l'Institut de Bologne, de l'Académie impériale de Vienne, de celles de Rome, de Madrid, de Parme et de Marseille.

fait éprouver. C'est pendant ce voyage que je fis un de mes meilleurs portraits, celui de Robert, la palette à la main [1]. »

On allait aussi à Morfontaine, chez Le Pelletier de Morfontaine, prévôt des marchands, qui avait un parc arrangé dans le nouveau goût. « M. de Morfontaine recevait avec tant de bienveillance et de simplicité que chacun, chez lui, se croyait chez soi. Le comte de Vaudreuil, Lebrun le poète (celui qu'on appelait Lebrun-Pindare), le chevalier de Coigny, si aimable et si gai, Brongniart, Robert, Rivière et mon frère (Vigée), faisaient toutes les nuits des charades et se réveillaient mutuellement pour se les communiquer; cette folle gaieté prouve assez de quelle liberté on jouissait dans ce beau lieu... » (Mme Lebrun, *Souvenirs*.)

Puis encore, c'étaient des parties chez M. de Montesquiou, à sa campagne de Maupertuis, appelée l'*Élysée;* à Romainville, chez le maréchal de Ségur; à Saint-Ouen, chez le duc de Nivernois; à Gennevilliers, chez le comte de Vaudreuil; à Saint-Germain, chez le gros maréchal de Noailles; à la Malmaison, chez la comtesse du Moley; à Marly, chez la sœur de Mme Campan, etc. Robert, comme je l'ai dit, était le boute-en-train de ces parties : « Un jour, par exemple, à Colombes, il traça sur le parquet du salon une longue raie avec du blanc d'Espagne; puis, costumé en saltimbanque, il se mit à marcher gravement, à courir sur cette ligne, imitant si bien les attitudes et les gestes d'un homme qui danse sur la corde, que l'illusion était parfaite, et qu'on n'a rien vu de plus drôle. » (Mme Lebrun, *Souvenirs*.)

Ce n'était pas seulement à leurs maisons de campagne que les grands seigneurs et les financiers de cette époque recevaient leurs invités. L'hospitalité qu'ils leur offraient à Paris était fastueuse. Joseph Vernet, qui fréquenta à peu près dans les mêmes sociétés que Robert, en donne une idée par quelques passages de son livre de raison. Il y avait à souper chez M. de la Freté (*sic*), tous les dimanches et tous les vendredis. M. l'abbé Terray ne dînait pas chez lui les jeudi, vendredi et dimanche (c'est-à-dire qu'il recevait à dîner tous les autres jours). M. Rollin dînait chez lui le mardi, le jeudi et le dimanche. M. de la Reynière, le vendredi et le mercredi. M. de la Freté, tous les jours, et surtout le dimanche. M. Bourdet, tous les jours, et surtout le vendredi et le dimanche. L'am-

1. C'est le portrait du Louvre, reproduit dans ce volume. On sait que Mme Lebrun a légué ce portrait à sa nièce, Mme Tripier-Lefranc. Celle-ci l'a donné au Louvre, le 2 décembre 1855, avec plusieurs autres tableaux de Mme Lebrun.

bassadeur d'Espagne, tous les jours, surtout le dimanche, etc. Un artiste comme Robert, qui aimait le monde et en était bien accueilli, n'avait donc que l'embarras du choix pour dîner au dehors.

Mais les meilleures choses ont leur mauvais côté. A de certaines époques, par exemple au premier jour de l'an, il y avait les visites obligées. Pour l'année 1779, la liste de Joseph Vernet ne comprend pas moins de cent neuf noms : d'abord, il y avait les confrères de l'Académie, pour lesquels on devait être et on était effectivement d'une politesse extrême ; puis Watelet, l'abbé Le Blanc, le comte de Bréhan, le duc de Richelieu, de Laborde, en son hôtel de la rue Grange-Batelière, le maréchal de Ségur, Saint-Non et son frère, le marquis de Villette et cent autres. Et, un peu partout, on était tenu de donner des étrennes au suisse ou au portier, au moins deux ou trois livres à chacun de ces importants personnages. Joseph Vernet se plaint que, pour l'année 1778, il a dû débourser de ce chef deux cent dix-neuf livres. Combien plus considérable devait être la dépense de Robert et combien plus longue sa liste de visites !

Joseph Vernet, dit-on, avait présenté Robert à l'Académie de peinture. Ce qui est certain, c'est qu'une solide amitié s'était très vite établie entre ces deux hommes de talent, tous deux honnêtes et bons et bien faits pour s'entendre. Ils étaient voisins aux Galeries du Louvre. « Il me racontait, écrit Roucher en parlant de Robert, qu'ami intime de Vernet, ils allaient ensemble, deux fois tous les ans, comme en pèlerinage vers la belle nature, dans les jardins de Sceaux et de Saint-Cloud [1], les deux jours de fête de ces beaux lieux, au milieu de tout Paris qu'ils y voyaient rassemblé dans les atours les plus aimables de l'élégance. Ils erraient, saluant leurs nombreuses connaissances, mais n'en abordant aucune, observant d'un œil studieux ce tableau mouvant et si varié. » C'est sans doute sa part de dépense dans l'une de ces parties que Vernet consigne en ces termes dans son livre de dépenses, à la date de 1885 : « Pour ma part de la partie à Sceaux avec M. Robert, huit livres, onze sols. » Les artistes de ce temps faisaient volontiers entre eux de ces petites parties aux environs de la capitale. Le journal de Wille en témoigne, ainsi que celui de Vernet. On allait à Vincennes, à La Râpée, aux Porcherons.

---

1. Deux fois était un peu maigre pour des paysagistes. J'aime à croire qu'ils avaient de plus nombreuses occasions d'étudier la nature ailleurs qu'à Sceaux et Saint-Cloud, et que Roucher n'a pas rendu complètement la pensée de Robert.

Vernet dînait aussi chez lui certains jours, et, sans doute, il n'oubliait pas son ami Robert lorsqu'il s'agissait de déguster quelques gourmandises envoyées par des amis de province : la volaille de Dieppe, la dinde de Périgueux, les crabes de La Rochelle ou les barils d'huîtres ou d'anchois.

De son côté, Robert aimait à recevoir ses amis dans sa maison de campagne d'Auteuil. On y faisait bonne chère, car il était fin gourmet. L'inventaire fait après la mort d'Anne-Gabrielle Soos, sa veuve, montre que cette dame possédait encore un nombre respectable de bouteilles de vins fins de tous les crus, et c'étaient évidemment les restes de la cave formée par son mari. Dans ces réunions, Robert, qui ne craignait pas le jeu de mots, disait volontiers que chez lui tout se mangeait à la sauce Robert (Soos-Robert).

Je ne sais comment faisaient ces artistes pour suffire à une telle existence, car ils étaient avec cela de grands travailleurs. Particulièrement, pendant les dix années qui précédèrent la Révolution et qui furent les plus belles de Robert, notre peintre eut peine à suffire aux commandes, surtout de peinture décorative. Il était devenu célèbre et était connu, non seulement en France, mais dans toute l'Europe. Vigée assure même, et on a répété après lui, que Catherine II l'engagea, à deux reprises différentes, en 1782 et en 1791, à venir s'établir en Russie. Robert résista d'ailleurs aux offres, très honorables pour lui, de l'auguste et capricieuse souveraine, et, en cela, il n'eut peut-être pas complètement tort : Catherine en agissait ainsi volontiers à l'égard des savants et artistes français, et ceux qui acceptèrent n'eurent pas tous à se louer de l'avoir fait, témoin Falconnet. En compensation, Robert envoya à Catherine des tableaux, qui, dit-on encore, lui furent généreusement payés, sans qu'on sache au juste, je crois, de quels documents s'autorise l'adverbe *généreusement*.

Sur ces relations de la Grande Catherine avec Robert, je n'ai rien pu trouver de certain. Robert n'a pas laissé d'héritiers directs et la famille du légataire universel de sa veuve est dispersée ; un hasard seul pourrait donc mettre au jour quelque document sur ces relations ; peut-être trouverait-on aux archives de Saint-Pétersbourg quelques pièces s'y rapportant [1].

1. On sait que les archives de Saint-Pétersbourg sont très riches en vieux papiers français. La plupart ont été acquis au poids du papier, par un attaché de l'ambassade

Il faut en dire autant des relations, vraies ou prétendues, de Robert avec Voltaire. Selon quelques-uns, Robert aurait fait des décors pour le théâtre de Voltaire, à Ferney ; selon M. Charles Blanc, ce seraient les décors d'*Irène*, la dernière pièce de Voltaire, représentée au Théâtre-Français en 1778. MM. Perin et Maugras, dans leur consciencieux ouvrage sur la vie intime de Voltaire aux Délices et à Ferney, ne disent rien des décors du théâtre de Ferney [1], et l'excellent archiviste du département de l'Ain, M. Brossard, ne sait rien non plus sur ce point. Quant au décor d'*Irène*, il fut fait, ainsi que ceux des pièces de la même époque du Théâtre-Français, par l'un des Brunetti ; c'est ce que m'a affirmé le très compétent bibliothécaire actuel de ce théâtre, M. Monval Il faut remarquer, d'ailleurs, que les décors étaient alors regardés comme très secondaires, et le plus souvent étaient fort insignifiants, tout au moins est-ce le cas de ce décor d'*Irène*. Cela étant, et Vigée paraissant ignorer ces relations de l'artiste avec le Patriarche de Ferney, je dirai qu'elles me paraissent peu vraisemblables. Enfin, pour ce qui est de la conversation que rapporte M. Charles Blanc, entre Voltaire et Robert, au foyer du théâtre, il est à peine besoin d'ajouter qu'elle doit être tenue comme de pure invention.

D'autres personnages non moins considérables auraient admis Robert dans leur intimité. D'après les souvenirs de famille de M. Étienne Haro [2], l'artiste aurait donné des leçons de dessin à Mme Élisabeth, sœur de Louis XVI, et il ne serait pas impossible qu'il ait été mêlé à la création du jardin de cette princesse, à Montreuil, près de Versailles. Il aurait été aussi très protégé par Adélaïde de Penthièvre, femme de Philippe-Égalité, et on lui devrait les dessins du parc des Folies Mousseaux (Monceau), ou tout au moins il y aurait collaboré avec Carmontel.

russe au moment de la Révolution, alors qu'on se débarrassait des débris de la tyrannie ou de la superstition. Nous envoyons aujourd'hui des missions à Saint-Pétersbourg pour les étudier. Dans les autographes qui ont été publiés, ce ne sont que les plus importants il est vrai, il n'y a rien de Robert.

1. *La Vie intime de Voltaire aux Délices et à Ferney*. Perin et Maugras, in-8°, 1885, Paris.

2. Hubert Robert, après la mort de ses enfants, avait recueilli chez lui deux orphelines, les demoiselles Chatourelle, qu'il appelait ses nièces. L'une épousa le peintre Rey, élève favori de Robert ; l'autre fut la grand'mère de M. Étienne Haro, lequel, avec la meilleure grâce du monde, a bien voulu me faire part de ce qu'il savait d'Hubert Robert par sa grand'mère.

COLONADE (*sic*) ET JARDINS DU PALAIS MÉDICIS.

Gravé en couleurs par F. Janinet.

Tableau d'Hubert Robert, d'après une épreuve tirée de la collection de M. Henry Lacroix.

*
* *

L'aimable société qui avait fait à Robert un accueil si bienveillant fut emportée par l'orage révolutionnaire. Les amis ou les protecteurs du peintre émigrèrent pour la plupart ou périrent sur l'échafaud. Dès le mois d'octobre 1789, il accompagnait, jusqu'à la barrière Saint-Antoine, Mᵐᵉ Lebrun, qui, prise de peur, quittait la France, où elle ne devait rentrer que douze ans plus tard, après avoir parcouru l'Europe. Lui-même, comme on l'a vu, fut incarcéré pendant la Terreur.

Les jours d'épreuve passés, et la bête humaine, qui s'était donné carrière avec Robespierre et ses satellites, enfin domptée, on put respirer. La vie ordinaire reprit son cours, avec ses préoccupations quotidiennes, comme si, dans l'intervalle, un monde nouveau ne se fût pas élevé sur les ruines de l'ancien. Mᵐᵉ Lebrun, l'amie de Robert, a jugé la Révolution avec ses idées de femme ; elle n'y a guère vu qu'un bouleversement des relations mondaines ; Robert, plus intelligent et qui avait été mêlé aux événements, comprit que le vieux régime féodal était définitivement aboli et accepta de bonne grâce le nouvel ordre de choses. Il n'avait d'ailleurs aucune raison de tenir rigueur aux hommes du 9 Thermidor, qui, selon toute apparence, lui avaient sauvé la vie. Aussi ne tarda-t-il pas à être en bons termes avec les puissances du jour. On a vu qu'il avait été appelé au conservatoire du Muséum. Il fut de la société qui fréquenta chez Mᵐᵉ Tallien : « Robert, qui connaissait beaucoup Mᵐᵉ Tallien, me mena chez elle », dit Mᵐᵉ Lebrun, de retour à Paris en 1801. Un peu plus tard, il connut la famille Bonaparte. Il s'était trouvé à Saint-Lazare avec Guinguené, qui fut directeur général de l'Instruction publique sous le Directoire. Il était depuis très longtemps en relation avec Denon, qui avait été son collègue à l'Académie de peinture et avait collaboré avec lui au *Voyage pittoresque de Naples*, publié par Saint-Non. Il fut lié aussi avec Visconti, l'archéologue, et généralement avec tous les hommes marquants de cette époque.

Mais les mœurs avaient changé. L'exquise politesse, l'aimable galanterie envers les dames, qui faisaient comme le fond des manières sous l'ancien régime, avaient disparu. Au monde débraillé du Directoire avait succédé le monde guindé des consuls. C'est alors que s'établit, dans les salons, l'usage de parquer les hommes d'un côté et les femmes de l'autre. Mᵐᵉ Vigée-Lebrun, rentrée définitivement à Paris en 1804, après un

voyage en Angleterre, le constate douloureusement : « Je fus étonnée,
dit-elle en parlant d'une soirée chez le comte de Ségur, de voir, en
entrant, tous les hommes d'un côté, toutes les femmes de l'autre ; on eût
dit des ennemis en présence. Pas un homme ne venait de notre côté, à
l'exception du maître de la maison, le comte de Ségur, que son ancienne
coutume de galanterie engageait à venir adresser aux dames quelques
mots flatteurs... »

Pour Robert, sous la République et l'Empire, comme sous la royauté,
il s'amusait de tout son cœur. Agé de plus de soixante-dix ans, il était
encore aussi gai qu'un écolier. Sa vieille amie, ayant repris ses récep-
tions, donna quelques fêtes auxquelles on le vit apporter son entrain
d'autrefois : « Un jour, dit-elle, j'imaginai de tracer sur un paravent
plusieurs coiffures de personnages historiques, dessous lesquelles je fis
des trous où pouvait passer un visage. Les conversations qui s'établis-
saient avec ceux qui y allaient passer leur tête nous amusaient beaucoup ;
Robert, qui prenait part à toutes ces gaietés comme un écolier, alla passer la sienne (il était gros et grêlé) sous la coiffure de Ninon, ce qui nous
fit rire comme des fous. »

C'est vers cette époque qu'il faut, je crois, placer un second voyage
que Hubert Robert aurait fait en Italie. D'après les souvenirs de
M. Étienne Haro, ce second voyage aurait eu lieu sous la République,
mais je ne crois pas que Robert ait pu l'exécuter à sa sortie de prison,
comme le dit M. Charles Blanc. J'y vois plusieurs empêchements :
d'abord, en 1794, la difficulté des communications avec Rome, puis celle
de rassembler, en numéraire, une somme suffisante, et Robert, à ce
moment, comme beaucoup d'autres, était plutôt gêné. D'autre part, ce
voyage eût été bien court, puisque le peintre, sorti de prison le 17 Thermidor 1794, était nommé au conservatoire du Muséum le 10 Germinal
de l'année suivante et, à partir de ce moment, restait à Paris, où le rete-
naient ses fonctions de conservateur, jusqu'à la fin de 1802. Au contraire,
au moment de sa retraite, en 1802, Robert avait tout le temps et les
facilités nécessaires pour faire ce second voyage, sur lequel du reste on
ne sait rien, sinon que Robert partit en compagnie du peintre Rey son
élève, auquel il fit, à son retour, épouser l'une des deux jeunes filles
qu'il appelait ses nièces.

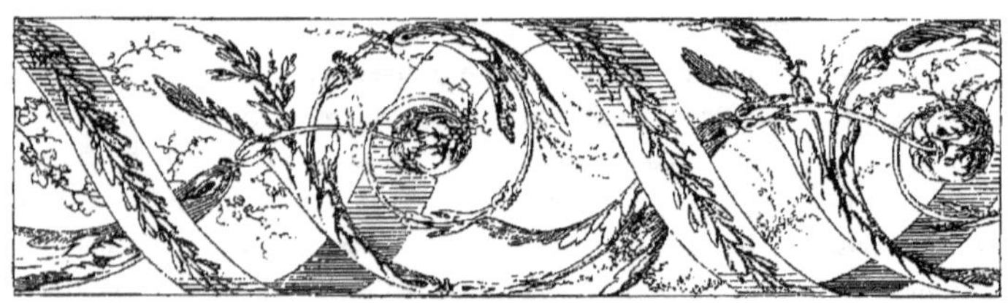

CHAPITRE XV

Les domiciles du peintre : la rue Saint-Paul. — L'Arsenal. — La maison d'Auteuil.
— Les Galeries du Louvre. — Liste des artistes pensionnés après leur expulsion
des Galeries. — Mort d'Hubert Robert.

A son retour d'Italie, Hubert Robert, s'installant à Paris, avait besoin
d'un atelier ou tout au moins d'une pièce pouvant lui en tenir lieu. Il
trouva ce qu'il lui fallait, avec un petit logement, à l'hôtel Bazin, rue
Saint-Paul, non loin de la demeure de ses parents. Joseph Vernet donne
ainsi dans son livre, entre 1764 et 1773, l'adresse de Robert : « M. Robert,
peintre, rue Saint-Paul, à l'hôtel Bazin, vis-à-vis la rue du Lion. »
Robert demeurait encore à l'hôtel Bazin lors de son mariage avec Anne-
Gabrielle Soos, le 6 juillet 1767. Son contrat de mariage du 10 mai 1767
porte : Hubert Robert, rue et paroisse Saint-Paul ; et pour son père,
Nicolas Robert : Enclos de l'Arsenal. C'est à l'hôtel Bazin que naquit
la fille aînée du peintre, Gabrielle-Charlotte.

L'accroissement de la petite famille nécessita sans doute un changement de domicile. Vers 1771, Hubert alla habiter le quartier de l'Arsenal ; selon Jal, chez son père. C'est là que vinrent au monde Adélaïde-
Catherine, le 8 juillet 1772, et Charles Hubert, le 27 juillet 1778. Une
lettre du Directeur des Bâtiments, de 1777, est encore adressée à Robert,
peintre du Roy, à l'Arsenal.

Robert ne quitta ce quartier de l'Arsenal que pour les galeries du
Louvre, où le roi lui accorda un logement, par brevet du 10 juin 1778.
L'enregistrement de ce brevet est aux Archives Nationales (O¹, 1061,
p. 293 ; voir cette pièce à la fin du volume). Notre peintre, qui venait de
donner les dessins des Bains d'Apollon à Versailles, était alors bien en

cour ; quelques jours après, il recevait un autre brevet le nommant, comme on l'a vu, garde des tableaux du Muséum royal projeté.

Il a eu la fantaisie d'indiquer le dernier ouvrage fait dans son atelier de l'Arsenal. C'est le petit tableau du Louvre intitulé *Ruines antiques*, où l'on voit à droite un homme pêchant à la ligne et à gauche une statue de l'Abondance. Sur le socle de la statue sont écrits ces mots : *L'ultimo quadro dipinto da H. Robert nello studi dell' Arcenal. M. 21 Xbre 1779.* Pour le dire en passant, ce tableau est postdaté. Le maître de Falconnet, Jean-Baptiste Lemoyne, auquel succédait Robert, était mort le 25 mai 1778 ; quinze jours après, le peintre avait son brevet ; en tenant compte des délais nécessaires pour que le logement fût libre, on conçoit que Robert pût encore être à l'Arsenal le 27 juillet, date de la naissance de son fils ; mais il n'y était assurément plus le 21 décembre de l'année suivante.

Avoir un logement au Louvre était l'objet des désirs de tous les artistes d'alors. C'était un profit et surtout une consécration du talent. Robert se retrouvait là avec presque tous ses confrères de l'Académie. Il eut le numéro 10, avec une entrée sur la rue des Orties, longeant la façade nord de la galerie. Ses voisins immédiats étaient, d'une part, son ami Pajou, le sculpteur, au numéro 9, et de l'autre, au numéro 11, le vieux maître Chardin, aimé et estimé de tout le monde. Joseph Vernet était un peu plus loin, au numéro 14.

Ces logements sous la grande Galerie [1] (on les appelait les Galeries du Louvre) étaient peu commodes au point de vue artistique. Il est facile de s'en rendre compte encore maintenant. La disposition générale était à peu près la même pour tous. Ils occupaient chacun la largeur d'une fenêtre du quai, jusqu'à la moitié des trumeaux à droite et à gauche. En profondeur, ils s'étendaient dans toute l'épaisseur de l'aile du bord de l'eau, et en hauteur comprenaient un sous-sol, un rez-de-chaussée et deux étages de chambres pratiquées dans l'entresol sous la Grande Galerie. Au rez-de-chaussée, un grand corridor, éclairé par les fenêtres du quai, desservait tous les logements, lesquels prenaient jour de l'autre côté sur une petite rue sale, qu'on appelait la rue des Orties. La rue des Orties séparait la Grande Galerie des pâtés de maisons particulières qui

1. M. Olivier Merson a publié une étude intéressante sur ces logements, d'après des renseignements qu'il tenait de l'un des occupants. *Gazette des Beaux-Arts,* année 1881, XXIIIe tome.

s'étendaient jusque-là, depuis le Vieux-Louvre jusqu'à la place du Carrousel (l'aile de la Grande Galerie s'élevait seule à cette époque, la seconde aile intérieure où sont actuellement les salles françaises du Musée n'existait pas, non plus que les ailes du Ministère des Finances).

Il y avait primitivement aux Galeries vingt-sept logements numérotés en partant du Pont-Neuf; mais depuis 1717, le vingt-septième, le plus éloigné du Pont, avait été réuni au vingt-sixième. A diverses époques, quelques privilégiés avaient joui à la fois de plusieurs de ces logements; aux approches de la Révolution, chacun de ceux-ci avait son locataire. Le nᵒ 1, le plus près du Pont, était occupé par le mathématicien Bossut, successeur de Mᵐᵉ de Pontchartrin, laquelle avait eu jusqu'à trois logements. — Au nᵒ 2 était Fragonard, le petit papa Fragonard comme on disait aux Galeries, le bon Frago d'autrefois, le vieil ami de Robert; il habitait là avec sa femme, son beau-frère François Gérard et sa belle-sœur Marguerite Gérard, qui a fait un portrait de Robert. — Le sculpteur Mouchy, qui avait succédé à son oncle Pigalle, occupait le nᵒ 3; à sa mort, en 1801, il fut remplacé par Vien fils. — Au nᵒ 4, un membre de la dynastie des Sylvestre. — Au nᵒ 5 le géographe Buache. — Le peintre Regnault, le rival de David, occupait le nᵒ 6; sa femme dirigeait un atelier de demoiselles. — Puis venaient Robin, ancien horloger du Roi, qui eut pour successeur J. Bᵗᵉ Isabey, et Pierre Pasquier, de la première commission du Muséum, celui dont Lebrun l'expert dit tant de mal. — Au nᵒ 9, le sculpteur Augustin Pajou, autre ami de Robert. — Au nᵒ 10, Hubert Robert et sa femme. — Puis successivement, Mentelle, géographe distingué, qui avait succédé à Chardin; Ménière, ancien joailler du roi, qu'on voulut un moment déposséder pour donner son logement à David, et qui eut pour successeur Denon; ce logement était le plus vaste des Galeries, il s'étendait en plus de l'ordinaire sur le guichet Saint-Thomas, aujourd'hui porte Jean Goujon. Après Ménière venaient Mᵐᵉ Coster-Vallayer, charmante personne; Carle Vernet, qui avait succédé à son père; Lagrenée le jeune; Duvivier, graveur de la Monnaie; Claude Dejoux, sculpteur; le graveur Bervick et sa fille; Greuze, bien vieilli mais toujours vaniteux, habitant avec ses deux filles, péronnelles d'un voisinage peu agréable; l'architecte Vaudoyer; son beau-frère Louis Lagrenée, l'aîné; Jean François Hue, peintre de marine; Gounod, fourbisseur du roi, grand-père, dit-on, de Charles Gounod; Dumont, peintre en miniature, qui a fait un portrait de Robert; Moitte, le

sculpteur, celui qui, étant élève, donna lieu à une sorte de petite émeute
de ses camarades, racontée par Diderot ; et enfin au n° 25, le peintre
Vincent, autre rival de David. Le vingt-sixième logement resta vide après
qu'on eut guillotiné Anisson, le directeur de l'Imprimerie royale.

Ces logements se prêtaient peu à l'établissement d'ateliers spacieux et
bien éclairés, c'est pourquoi plusieurs de ceux qui y demeuraient avaient
obtenu des ateliers dans le Vieux Louvre. Ainsi on trouve au Vieux
Louvre Fragonard et Vernet fils, au premier étage, par l'escalier des
artistes, sous la porte Saint-Germain, à gauche ; par la même porte et
d'un autre côté, M. Robert, peintre, puis encore Lagrenée, Vincent,
Mme Vallayer-Coster, Pajou, de Mouchy, Dejoux, Duvivier. (Arch. Nat.
O¹ 1914 et suivants, états des logements. *Le Provincial à Paris*, 1789,
in-24.)

Le petit monde des Galeries vivait à l'ordinaire très paisiblement.
Les ménages s'accordaient entre eux. La cité avait d'ailleurs ses usages
et ses règlements établis par la tradition. Le grand corridor qui desservait tous les logements était entretenu à frais communs ; moyennant un
impôt annuel de six livres payé par chaque titulaire, l'une des dames
était chargée de l'entretien des lanternes, de l'éclairage et de la police de
ce corridor. Mme Robert, bonne et serviable, et, comme son mari, en
excellents termes avec tout le monde, remplissait ces fonctions hono-
rifiques, qu'avaient acceptées avant elle Mme Chardin, puis Mme Desportes.

Vinrent les événements de quatre-vingt neuf ; on les accueillit sans
inquiétude, même avec enthousiasme. Le 7 septembre 1789, un certain
nombre de citoyennes, filles ou femmes d'artistes, dont plusieurs dames
des Galeries, offrirent, avec l'ostentation qui était dans le goût de
l'époque, leurs bijoux à l'Assemblée nationale, comme contribution à
l'acquittement de la dette publique [1]. Mais plus tard, les violences de la
Convention trouvèrent peu de sympathie aux Galeries. Ainsi on voit que
le peintre Regnault, très révolutionnaire, était mis, ainsi que sa femme,
au ban de la petite société. Buache n'était guère fréquenté non plus ;

---

1. On trouve à la Bibliothèque Nationale une liste de ces citoyennes, qui étaient
Mesdames : Vien, Moitte, présidente auteur du projet, de Lagrenée la Jeune, Suvée,
Berruer, Duvivier, Belle, Fragonard, Vestier, Peron, David, Vernet la Jeune, Des-
marteaux, Beauvallet, Corne de Cerf, négociante ; Mesdemoiselles : Vestier, Gérard,
Pithoud, de Viefville, Hautemps.

quant à David, il était craint et encore plus détesté, et pour cause : il faisait à ces pauvres gens l'effet d'un ogre.

Il faut dire aussi que, sous la Révolution, la plupart des artistes eurent quelques années très dures à passer. On leur avait bien conservé leurs logements, mais ils avaient perdu leurs pensions, les rentes n'étaient pas payées, et ils travaillaient fort peu. Pour beaucoup c'était la misère, pour tous la gêne, au moins une gêne momentanée. Les citoyennes Vien, Fragonard et Robert furent vues, dit-on, mêlées à la foule affamée qui assiégeait, dans un silence morne, les boutiques des boulangers et des bouchers. Je ne sais si le fait est vrai. Pour Robert et sa femme, tout au moins, ces pénibles moments durent être très courts. Ils avaient en effet une certaine fortune, non placée en rentes sur l'Etat. D'après l'inventaire fait à la mort de Mme Robert, j'évalue cette fortune à environ 15,000 livres de rentes, acquises en majeure partie avant la Révolution. Pendant sa détention même, Robert gagna quelque argent, et huit mois après sa sortie, il avait son traitement de conservateur du Muséum qui s'éleva, à la fin de 1795, jusqu'à 7,500 livres par mois... en assignats, il est vrai. Mais il s'en fallait que tous ses confrères fussent aussi bien partagés que lui. Les académies de peinture n'ont jamais enseigné la prévoyance ni les spéculations qui enrichissent.

Avec l'aisance, la joie s'envola des Galeries, ainsi que des autres parties du palais national des sciences et des arts. La vie y fut quelque temps très difficile. La Convention, il faut lui rendre cette justice, se montra touchée de cette situation ; elle vota des fonds pour les savants et artistes pauvres, et des travaux d'encouragement leur furent donnés. Sur un rapport de Grégoire, 17 vendémiaire, an III (8 octobre 1794), un secours de 300,000 livres fut voté ; la répartition en fut faite sur un rapport de Marie Joseph Chénier, séance du 14 nivose, an III (3 janvier 1795), et le 27 germinal suivant, on voit, par un rapport de Daunou, qu'une nouvelle somme de 61,500 livres est ajoutée aux 42,000 livres restant des 300,000 destinées aux savants et aux artistes. A ces distributions de secours participèrent : Bossut, Delille, Laharpe, Lebrun (Pindare), Marmontel, Saint-Lambert, etc., pour chacun 3,000 livres ; Andrieux, Barthélemy, peintre ; Mentelle, géographe ; Queverdo, graveur ; Prudhon, peintre ; Ramey, sculpteur ; Suvée, Carle Vernet, Gérard, Moitte, sculpteur ; Sedaine, Vincent, Vien, l'antiquaire Millin, etc., pour chacun 2,000 livres. Robert n'eut rien, pour cette seule raison, je

RUINES DU PORTIQUE D'OCTAVIE, A ROME.
Sanguine d'Hubert Robert.

crois, qu'il n'était pas parmi les nécessiteux, car d'autres, moins républicains que lui, comme Delille, eurent quelque chose.

De meilleurs jours revinrent. On eut quelques bons moments. C'est ainsi que, l'an VI, on célébra joyeusement l'arrivée au Louvre des antiques et des tableaux conquis en Italie. Il y eut chez les artistes banquet et bal toute la nuit. Puis quelques habitants des Galeries donnèrent des fêtes, Isabey par exemple et Sylvestre fils. La gaîté, compagne de la sécurité et du bien-être, finit par renaître. Mais le moment approchait où les pontifes des sciences et des arts allaient être chassés du temple. La Révolution avait laissé, dans le palais des rois, les artistes et les savants. Un maître, plus impérieux que les rois et les révolutionnaires, allait les en déloger, et, pour dire toute la vérité, un nettoyage du Louvre était nécessaire; certaines parties du vieux palais étaient en proie au vandalisme le plus éhonté; des documents nombreux ne laissent aucun doute sur ce point.

*
* *

On avait fêté l'arrivée au Louvre des collections apportées d'Italie, sans soupçonner qu'on introduisait le loup dans la bergerie. Il fallut leur céder la place. Afin de loger ces collections, un arrêté des Consuls, du 3 fructidor an IX (20 août 1801), congédia les artistes installés dans les baraques de la cour du Vieux-Louvre et dans le Vieux-Louvre même[1]. La plupart des expropriés eurent du reste, en compensation, des ateliers ou des logements ailleurs, soit aux Petits-Augustins, soit aux Carmes, soit au couvent des capucins (Girodet, Gros, Ingres, Granet, etc.), soit à la Sorbonne, appelée le Musée des artistes, dont la chapelle avait été divisée en plusieurs étages d'ateliers (Beauvarlet, Demarne, Prudhon, Clodion, Ramey, le sculpteur Dumont, Bernardin de Saint-Pierre, etc.), soit dans les bâtiments de l'Institut qui longent la rue Mazarine (Bosio, Houdon, Mme Servière, fille de Léthière), soit à

---

1. *Le Provincial à Paris*, 4 vol. in-24, 1789, imprimé en 1788, donne une liste des artistes ayant leurs logements ou ateliers au Vieux-Louvre. Voici cette liste :

Peintres. — Pierre. — Vien et Mme Vien. — A. Vanloo. — Brener. — De Lagrenée. — Ménageot. — Vincent. — De Machy. — Robert. — Renou. — Bellanger. — Huet. — Jollain. — Callet. — David. — De la Tour. — Vernet. — Rossin. — Duplessis. — Restout. — Vallayer-Coster. *Sculpteurs.* — Pajou. — Caffieri. — Bridan. — Gois. — Mouchy. — Berruer. — Jullien. — Le Comte. — Boizot. — Dejoux. — Monnet. *Graveurs.* — Cochin. — Gay. — Duvivier.

l'Institut même, comme Gérard. Ceux qui n'eurent pas d'ateliers obtinrent une indemnité annuelle, comme Jean-Baptiste Huet.

Les habitants des Galeries ne furent point tout d'abord inquiétés; mais leur tour allait venir. On raconte que Napoléon, accompagné d'un aide de camp, passant un soir d'hiver du commencement de 1806 dans la rue des Orties, entendit le bruit que faisait la population des Galeries : « Qu'on me les... mette à la porte, s'écria-t-il lorsqu'on lui eut dit ce que c'était, ils seraient capables de brûler mes collections ». Je ne suis si cette anecdote est vraie; en tous cas, ces intrus gênaient Napoléon, qui voulait établir, dans cette partie du Louvre, sa bibliothèque et les archives de la secrétairie d'État. Comme il savait se faire obéir, un décret parut bientôt après, fixant au 18 mai 1806 l'évacuation définitive des logements sous la grande Galerie. Il fit du reste bien les choses. Ne pouvant donner aux expulsés des logements ou des ateliers, puisque toutes les places disponibles étaient à peu près occupées, il leur accorda des pensions prises d'abord sur la cassette impériale, puis inscrites au Grand Livre.

Voici la liste des artistes ou savants pensionnés à cette occasion, avec le montant de la pension de chacun :

État des pensions viagères accordées par Sa Majesté aux savants et artistes cy après dénommés et cy devant logés au Louvre.

Émargements.	Noms et prénoms.	Date de naissance.	Dates des brevets de pension.	Époque de la jouissance.	Montant annuel.
	Moitte (Jean-Guillaume).	Paris, 11 novembre 1747.	17 Thermidor an XIII.	1er Vendém. an XIV.	900
	Dejoux (Claude). statuaire.	Vadans (Jura), 8 mai 1736.	—	—	900
	Dumont (François), peintre de portraits.	Lunéville, 7 janvier 1751.	—	—	800
	Gounot (François-Louis).	. . . .	—	—	500
	Huc (Jean-François), paysagiste.	Paris, 2 décembre 1751.	—	—	1,000
	Barvet-Bervick (J.-Guill.), graveur.	Paris, 23 mai 1756.	—	—	800
	Coulomb (Charles-Augustin).	Angoulême, 24 juin 1736.	—	—	900
	Duvivier (Pierre-Simon-Benjamin).	Paris, 6 novembre 1730.	—	—	900
	Lagrénée (J.-Jacques), peintre.	Paris, 18 septembre 1739.	—	—	900
Signé : femme Vernet, fondée de pouvoir de son mari. Vallayer–Coster.	Vernet (Antoine-Charles-Horace), peintre.	Bordeaux, 14 août 1758.	—	—	800
	Coster-Vallayer (Mme Anne), peintre.	Paris, 22 décembre 1744.	—	—	900
	Mentelle (Edme). géographe.	Paris, 13 octobre 1730,	—	—	800
Hubert Robert.	Robert (Hubert), peintre.	Paris, 22 mai 1733.	—	—	900
	Pajou (Augustin), —	Paris, 19 septembre 1730.	—	—	1,000
	Pasquier (Pierre), —	Villefranche, 26 avril 1731.	—	—	700
	Buache (Jean-Nicolas), —	La Neuville-au-Pont, 15 février 1741.	—	—	900
	Berthoud (Ferd.), mécanicien de la marine.	Plancemont, 19 mars 1727.	—	—	500
	Silvestre (Jean-Augustin), —	Paris, 1er août 1717.	—	—	1,000
Vien fils.	Vien (Joseph-Marie), peintre.	Paris, 1er août 1761.	—	—	800
	Fragonard (Jean-Honoré), peintre.	Grasse, 5 avril 1732.	—	—	1,000
	Bossut (Charles), exam. des élèves de l'École Polytechnique.	Tarare, 11 août 1730.	—	—	1,000
	Regnault (Jean-Baptiste), peintre.	. . . .		—	900

Vu, ordonné et approuvé le présent état, s'élevant à la somme de neuf mille six cents francs pour le payement des pensions viagères accordées aux savants et artistes cy-devant logés au Louvre, pour les six premiers mois de l'année 1806, à prendre sur le fond de 19,200 fr. que le budget de l'an 1806 met à notre disposition.

A Paris, le 5 juillet 1806.

L'Intendant général de la Maison de l'Empereur [1].

DARU.   (Arch. Nat., o²838. Musées.)

1. On remarquera que la jouissance de ces pensions part du commencement de l'an XIV (1er vendémiaire an XIV ou 22 septembre 1805). L'an XIV, le dernier de l'ère républicaine, n'eut, comme on le sait, que trois mois et nnit jours, l'ancien calendrier ayant été rétabli par Napoléon Ier le 1er janvier 1806. Ce fut sans doute une question de budget qui fit payer les pensions à partir du 1er janvier 1806, à moins que les états d'émargement des trois mois précédents n'aient disparu.

Vincent, qui logeait aussi aux Galeries, ne figure pas sur cette liste. Il obtint un atelier au palais de l'Institut, dans la première cour.

Robert quitta donc le nº 10 de la rue des Orties où il demeurait depuis si longtemps, et où s'étaient écoulées ses belles années d'artiste. Il vint habiter au nº 19 de la rue Neuve du Luxembourg. C'est là qu'il mourut, moins de deux ans après, à l'âge de soixante-quinze ans, le vendredi 15 avril 1808. « Le bonheur dont fut accompagnée la vie de Robert, dit Mᵐᵉ Lebrun, semble avoir présidé aussi à sa mort. Le bon, le joyeux artiste, n'a point prévu sa fin, n'a point enduré les angoisses de l'agonie; il était fort bien portant et tout habillé pour aller dîner en ville. Mᵐᵉ Robert, qui venait elle-même de terminer sa toilette, passa dans l'atelier de son mari, pour l'avertir qu'elle était prête, et le trouva mort, frappé d'un coup d'apoplexie foudroyante. »

Il n'a pas laissé de testament; lui et sa femme, après la mort de leurs enfants, par acte du 13 brumaire an VIII, s'étant fait donation de leurs biens au dernier survivant (voir cette pièce plus loin). Voici son acte de décès :

Extraits des Registres du 1ᵉʳ arrondissement. — Robert (Hubert), dit Robert des Ruines, peintre.

Du 16 avril 1808, acte de décès du sieur Hubert Robert, peintre, conseiller de la ci-devant académie de peinture et de sculpture, membre de l'administration du Musée impérial, agréé libre des Académies de St-Pétersbourg, décédé hier à midi, rue Neuve-du-Luxembourg, 19, division de la Place Vendôme, âgé de soixante quinze ans, né à Paris, mariée à dame Anne-Gabrielle Soos (sans enfants).

Constaté par nous Frédéric-Pierre Lecordier, maire du 1ᵉʳ arrondissement ... sur la déclaration à nous faite par MM. Pierre-Simon-Benjamin Duvivier, graveur en médailles, ci-devant graveur général des monnaies, conseiller de l'Académie de peinture et de sculpture, et membre de l'Institut impérial, âgé de soixante-dix-sept ans, rue des Champs-Élysées, nº 3, et Jacques-Claude Petit, attaché à la maison du défunt, trente-sept ans.

Quelque temps après son installation aux Galeries du Louvre, Hubert Robert avait fait l'acquisition d'une maison de campagne à Auteuil. Cette maison d'Auteuil n'était nullement celle de Boileau, malgré ce qu'on a dit et répété. M. Antoine Guillois, si compétent en ce qui concerne l'archéologie d'Auteuil, a pu retrouver les noms de tous les possesseurs de la maison de Boileau, depuis Nicolas jusqu'à nos jours; il les a publiés dans le bulletin de la Société d'Archéologie d'Auteuil. Or,

Hubert Robert ne figure pas dans cette liste, quoi qu'il fût propriétaire et non locataire de sa maison de campagne, puisque sa veuve la revendit 25,000 fr., comme le prouve un passage du testament d'Anne-Gabrielle Soos. Aucun doute n'est donc possible sur ce point.

Cette maison, voisine du reste de celle de Boileau, serait l'ancienne mairie d'Auteuil, aujourd'hui démolie ; elle était comprise dans l'enceinte de ce qu'on appelle le Hameau Boileau ; il ne reste plus qu'un pavillon qui en dépendait. C'est là que se trouvait la plus grande partie de l'importante collection de tableaux et de dessins de tous les maîtres, que Robert avait pu réunir dans le cours de sa longue carrière. Après sa mort, sa veuve vendit, par le ministère de Paillet, expert et marchand de tableaux, ce qu'il y avait de meilleur dans cette collection [1].

Tout ne fut pas vendu cependant. Parmi les œuvres importantes de son mari que conserva Anne-Gabrielle Soos, se trouvaient deux des quatre tableaux représentant les *Antiquités du Languedoc* que Robert avait faits en 1787 pour le roi. Ces deux tableaux, le *Pont du Gard* et la *Maison Carrée*, qui firent retour à leur auteur, probablement à cause de non paiement, se trouvaient encore en la possession de Mme veuve Robert en 1821. Dans l'inventaire fait après sa mort, ils furent évalués chacun à cinq cents francs. Par un article de son testament, Anne-Gabrielle Soos exprima le vœu qu'ils fussent placés au Musée du Louvre : « Je désire, dit-elle, que ces deux tableaux restent à Paris, et je prie mon exécuteur testamentaire (Maître Langlacé) de les faire admettre, s'il est possible, dans la collection du Museum ». Il semble bien qu'on doive entendre « à titre de don », pourtant il y eut doute sur cette question, et les choses n'allèrent pas toutes seules, à en juger par le rapport suivant :

6 Février 1822.

M. le Directeur du Musée ayant eu, dès le 24 Janvier dernier, connaissance que le testament de Mme Robert renfermait quelques dispositions en faveur du Musée, s'était, pour plus ample information, adressé à Me Langlacé, notaire, l'exécuteur testamentaire de la Dame Robert.

---

1. Paillet. — Catalogue de la vente après décès de Hubert Robert, petit in-8°, 1809, Paris. Ce catalogue est reproduit presque en entier, à la fin de ce volume, ainsi que la partie de l'inventaire fait à la mort de Mme Robert qui se rapporte aux dessins et tableaux. On aura ainsi une idée de cette collection ainsi que des tableaux, dessins et esquisses conservés par Robert et faits par lui.

Il s'est trouvé qu'il s'agit en effet, dans ce testament, de deux tableaux de feu Robert, dont il est mention en ces termes :

(Suit l'extrait du testament que nous reproduisons plus loin.)

Or, M⁰ Langlacé témoigne qu'il est douteux pour lui que cette clause constitue un leg en faveur du Musée; sur cela toutefois il déclare s'en rapporter entièrement au jugement des Conseils de la Liste Civile eux-mêmes; puis il fait remarquer que le leg, si l'on juge que c'en soit un, devra être accepté par ordonnance du Roi, et que si l'on croyait que ce leg donnât lieu à une indemnité envers la succession, cette indemnité appartiendrait en totalité à la nièce de la testatrice.

Nous partageons les doutes de M⁰ Langlacé sur la nature et les effets de la clause dont il s'agit; ce vœu de la testatrice ne nous semble rien moins qu'une disposition formelle et absolue des tableaux qui en sont l'objet...

Le Chef de la 3⁰ division

Signature.　　　(Archives du Musée du Louvre.)

Et le chef de la 3⁰ division conclut à ce que l'examen de cette question soit renvoyé au comité contentieux. Les archives du Musée ne renferment pas d'autres pièces sur cette affaire. Le Musée reçut-il en don les deux tableaux, ou remboursa-t-il aux héritiers la somme de mille francs? Je ne sais. Toujours est-il que les deux tableaux furent acceptés.

Anne-Gabrielle Soos survécut treize ans à son mari, et mourut le 4 août 1821. Dans ses dernières années, l'excellente dame, après avoir beaucoup aimé le monde, était un peu tombée dans la dévotion; c'est ce qui arrive ordinairement. Sa famille et celle de son mari avaient toujours eu, du reste, des sentiments religieux. Par son testament, du 13 juillet 1821, et par l'inventaire fait après sa mort, on voit que Robert avait acquis une petite fortune. Outre la maison d'Auteuil, vendue avec le mobilier 25.000 fr., le ménage possédait encore une maison rue de Sully n⁰ 18; mais la majeure partie de la fortune consistait en rentes viagères, et j'évalue le tout au moins à 15.000 livres de rentes. L'inventaire indique que Mᵐᵉ Robert possédait un cheval et une voiture; le testament, qu'elle lègue une rente viagère de 4.000 fr. à son frère le chanoine Soos, attaché à la chapelle royale, tous les tableaux et dessins qui lui restent, à l'une de ses nièces. Elle ne laissait pas d'héritiers directs; un notaire, ami de la famille, maître Langlacé, fut son exécuteur testamentaire.

Robert et sa femme avaient formé le plus joli ménage qui se puisse voir. Anne-Gabrielle Soos voulut que sa dépouille mortelle reposât à côté de celle du mari qu'elle avait adoré. Elle acheta donc, à la mort d'Hubert, dans le cimetière d'Auteuil, une concession de terrain pour tous les deux. Une pierre provisoire y fut placée en attendant le monument définitif, élevé après la réunion des deux époux, par les soins de maître Langlacé. Les deux monuments, très simples, sont encore aujourd'hui au cimetière d'Auteuil; seulement ils n'occupent plus les n⁰ˢ 7 et 8 qu'indiquait l'acte de concession (voir cette pièce plus loin), l'entrée du cimetière ayant été reculée. Les deux inscriptions suivantes se lisent sur la façade du monument définitif :

Ici reposent

Hubert Robert
peintre, conseiller de l'Académie royale
de peinture
associé libre des Académies
de Pétersbourg,
né à Paris le 22 mai 1733
décédé le 15 avril 1808.

Formé par la nature aux arts qu'il honora,
Le Cachet du génie a marqué ses ouvrages.
Du Temps, dont ses pinceaux ont tracé les ravages,
Jamais la faux ne l'atteindra.

Anne Gabrielle Soos
son épouse
née à Paris le 27 octobre 1745
décédée le 4 août 1821.

Le bonheur d'un époux occupa tout son cœur.
Puisse le Ciel, des vertus protecteur,
Récompenser sa tendresse fidèle
Et lui rendre autant de bonheur
Qu'elle en répandit autour d'elle.

APPENDICE

PIÈCES D'ÉTAT CIVIL ET AUTRES

TESTAMENT DE NICOLAS ROBERT, BOURGEOIS DE PARIS, PÈRE D'HUBERT
(8 JANVIER 1778)

Du même jour, mercredi, par devant les Conseillers du Roy Notaires au Chatelet soussignés, fut présent Sr Nicolas Robert bourgeois de Paris, y demeurant rue St Antoine paroisse St Paul, trouvé par les Notaires soussignés en sa chambre à coucher au 1er étage d'une maison située susdite rue St Antoine ayant vue par deux croisées sur la dite rue, de laquelle maison le Sr Danse, md bonnetier est principal locataire, au lit, malade de corps mais toutefois sain d'esprit, mémoire et jugement, ainsi qu'il est apparu aux dits Notaires par ses discours et entretien.

Lequel, dans la vue de la mort, après avoir recommandé son âme à Dieu, a fait, dicté et nommé aux dits notaires son testament ainsi qu'il suit.

Je désire être enterré dans le cimetière de la paroisse sur laquelle je décéderay, que ce soit le matin si faire se peut et qu'il soit dit un service pour le repos de mon âme, m'en rapportant pour mes funérailles à la prudence de ma chère femme.

Je veux et entends qu'il soit célébré aussitôt après mon décès et pour le repos de mon âme, un annuel dans l'église des Religieuses Ste Claire, dites de l'Ave Maria, pour lequel il sera payé ce qu'il conviendra.

Je donne et lègue à la domestique qui sera à mon service le jour de mon décès la somme de cent livres une fois payée outre les gages qui se trouveront lui être dus au dit jour pourvu toutefois qu'elle reste au service de ma dite épouse, si cette dernière le désire ainsi, pendant au moins un an accompli du jour de mon dit décès.

Je donne et lègue à titre de prélegs à Nicolas François Robert mon fils demeurant aux Molles St Nicolas isle St Domingue : 1° la moitié à moi appar-

VUE D'UN ANCIEN PALAIS BATI PAR LA REINE JEANNE, PRÈS DE NAPLES, DU CÔTÉ DE PAUSILIPPE.

(Voyage pittoresque de Naples.)

Eau-forte de Germain, terminée par Desquanvilliers, d'après Hubert Robert

tenante dans un contract de cent cinquante livres de rente, au principal de trois mille livres et sur l'ordre du St Esprit, nté 442, passé par devant maître Lardin notaire à Paris le 10 juillet dernier. 2º la moitié à moi aussi appartenante dans un contrat de quarante livres de rente ne produisant plus que vingt livres, au principal de huit cents livres et provenant de la conversion d'effets d'Alsace, nté 3576. 3º la somme de quinze cents livres à prendre sur les autres biens qui se trouveront m'appartenir à mon décès, le tout pour l'égaler à mon fils aîné à qui mon épouse et moi avons constitué une dot conjointement et par moitié lors de son mariage.

Et quant au surplus de tous les autres biens que je laisseray au jour de mon décès, je le donne et lègue à Hubert Robert mon fils aîné peintre de l'Accadémie Royalle et au dit Nicolas François Robert son frère, lesquels je fais et institue mes légataires universels conjointement et chacun pour moitié, à la charge que la portion qui reviendra au dit Nicolas François Robert mon fils dans ma succession tant comme légataire particulier que comme légataire universel sera et demeurera substituée comme je la substitue par ces présentes à ses enfants à naître en légitime mariage et à défaut d'enfants en faveur du dit Sr Hubert Robert mon fils aîné ou de ses enfants à son défaut.

Je veux et entends que dans le cas où mon dit fils cadet demanderait et obtiendrait la distraction de sa légitime dans les biens de ma succession, il soit et demeure réduit comme je le réduis par ces présentes à sa dite légitime et que dans ce cas les dispositions par moi ci-dessus faites en sa faveur demeurent sans effet et que tout ce qui excédera la dite légitime passe et appartienne à ses enfants à naître en légitime mariage et à défaut d'enfants à son frère et à ses enfants dans le cas où ce dernier serait décédé, leur en faisant au dit cas tout don et legs, pour par eux en jouir et disposer en toute propriété à compter du jour de mon décès.

Je veux et entends en outre que ma dite femme ait la faculté de lever la substitution dont j'ai cy-dessus grevé mon fils cadet, lui. donnant tous les pouvoirs à ce sujet nécessaires et m'en rapportant entièrement à cet égard à sa prudence.

Je veux et ordonne encore qu'il ne soit apposé aucuns scellés après mon décès.

Je nomme pour exécuter mon présent testament ma chère femme, que je prie de me donner cette dernière marque de son attachement, lui donnant pour conseil de la dite exécution testamentaire Me Alexandre huissier commissaire priseur, que j'engage à me donner cette dernière marque de son amitié.

Je révoque tous autres testaments, codiciles et dispositions de dernières volontés que je peux avoir faits avant le présent testament auquel seul je m'arrête comme contenant mes dernière intentions.

Ce fut ainsi fait, dicté et ordonné par le dit Sr testateur aux notaires soussignés, et ensuite à lui par l'un d'eux, l'autre étant présent, lu et relu, qu'il a dit bien entendre et y persévérer, à Paris, en la chambre sus désignée, l'an mil 778, le 8 janvier sur les dix heures et demie du matin, et a signé la minute des présentes demeurée à maître Morin l'un des notaires soussignés, qui a délivré ces présentes, ce jourd'huy dix neuf janvier mil 778.

(Arch. Nat., 61, fº 228. Voir Campardon, publications du Châtelet.)

BREVET DE DON DE LOGEMENT AUX GALLERIES DU LOUVRE
EN FAVEUR DU Sʳ ROBERT, PEINTRE DU ROY.

Du 18 juin 1778.

Aujourd'hui 10 juin 1778, le Roy étant à Versailles, voulant traiter favorablement le Sʳ Robert, l'un des maîtres de son académie de peinture et de sculpture, Sa Majesté a bien voulu, en conséquence de la survivance concédée au dit Sʳ Robert le 7 août de l'année dernière, du premier logement vacquant aux Galleries du Louvre, lui accorder la jouissance du logement qui y est devenu vacant aujourd'huy par le décès du Sʳ Le Moyne sculpteur de Sa Majesté, qui l'avait obtenu par brevet du 18 juin 1760. Pour, par le dit Sʳ Robert, jouir du dit logement tel qu'il se poursuit et comporte suivant le plan déposé à la Direction Générale des Bâtiments de Sa Majesté, aux conditions de ne le louer ni céder à personne sous quelque prétexte que ce soit.

Mande et ordonne Sa Majesté au Sʳ Charles Claude de Flahault de la Billardrie d'Angiviller, Conseiller du Roy en ses conseils, Mestre de Camp de Cavalerie, chevalier de l'ordre royal et militaire de St Louis, Commandeur de l'ordre de St Lazare, de l'Académie Royale des Sciences, Intendant du Jardin du Roy, Directeur et Ordonnateur Général des Bâtiments de Sa Majesté, Jardins, Arts, Académies et Manufactures royales, de faire jouir le dit Sʳ Robert du contenu au présent brevet, que, pour assurance de sa volonté, Sa Majesté a signé de sa main et fait contresigner par moi, conseiller secrétaire d'Etat et de ses commandements et finances.

Signé : Louis. — Et plus bas, *signé :* Amelot.

En marge est écrit : Vu par nous Charles Claude de Flahault de la Billardrie d'Angiviller..... (comme dessus), ... le présent Brevet pour, par le dit Sʳ Robert y dénommé, jouir de l'effet d'icelui conformément aux intentions de Sa Majesté.

A Versailles ce 12 juin 1778.

Signé : D'Angiviller.

(Arch. Nat., O¹, 1061, page 293.)

BREVET DE GARDE DU MUSŒUM EN FAVEUR DU Sʳ ROBERT PEINTRE DU ROY

Aujourd'hui 24 juin 1784, le Roy étant à Versailles, voulant traiter favorablement le Sʳ Robert, peintre de son Académie de peinture et de sculpture, Sa Majesté l'a retenu et le retient en qualité d'un de ses gardes des tableaux, statues, vases, etc., destinés à la formation et décoration du Musœum qu'elle ordonne d'établir en son chateau du Louvre pour par lui exercer cette place sous les ordres du Directeur et ordonnateur de ses Bâtiments etc., et sous la Direction du Premier peintre du Roy, aux gages et appointements qui seront fixés et portés sur les états de dépenses des Bâtiments.

Mande et ordonne Sa Majesté au Sʳ Charles Claude de Flahault de la Billardrie d'Angiviller..... (comme dessus).

(Visé le 4 juillet 1784.)

(Arch. Nat., O¹, 1061, page 419.)

DONATION DE BIENS ENTRE ROBERT ET SA FEMME. (13 BRUMAIRE, AN 8).

Par devant les notaires publics du Département de la Seine résident à Paris soussignés.

Furent présens le citoyen Hubert Robert, membre de l'administration du muséum des Arts et Anne Gabrielle Soos son épouse, qu'il autorise à l'effet des présentes, demeurant ensemble à Paris aux Galleries du Louvre, rue des Orties n° 10, Division des Thuileries.

Lesquels ont dit que par leur contrat de mariage passé devant Lhéritier qui en a la minute, et son collègue notaire à Paris, le 10 may mil sept cent soixante sept, ils se sont fait donnation entre vifs mutuelle et irrévocable l'un à l'autre, et au survivant d'eux, ce accepté respectivement pour le survivant, de tous les meubles et immeubles, propres, acquêts, conquêts et autre, qui, au jour du décès, du premier mourant, se trouveraient à lui appartenir en quelques lieux et endroits qu'ils soient sus et situés et à quelque somme qu'ils puissent monter, pour par ledit survivant en jouir sa vie durant seulement à compter du jour du décès du premier mourant.

Et voulant jouir du bénéfice accordé par la loi du 17 nivôse en 11, ils se sont par ces présentes fait donnation entre vifs, mutuelle, réciproque et irrévocable en la meilleure forme que donnation puisse valloir, au dernier vivant des deux, ce accepté respectivement par chacun des deux pour le dit survivant, de l'universalité des dits biens meubles propres acquêts et conquêts immeubles qui appartiendront au premier mourant d'eux au jour de son décès.

Pour par le survivant, jouir, faire et disposer du tout, en pleine propriété à compter du jour du décès du premier mourant.

Et pour faire insinuer ces présentes partout où besoin sera, les parties donnent pleins pouvoirs au porteur d'une expédition des présentes, et d'en requérir acte.

Fait et passé à Paris en la demeure des dits citoyen et citoyene Robert susditte, le 13 Brumaire en 8 de la république f⁾ᵉ et ont signé les présentes où trois mots sont rayés cᵈᵉ nuls.

Signé : A. G. SOOS, ROBERT, CHAMBETTE et BRO.

Enregistré à Paris le 14 Brumaire an 8, fᵒ 164, vol. 2, caze 7 reçu 3f,30 et averti de la pᵒⁿ dans le délai de la loi.

Signé : MAILLIER [1].

En marge : Insinué à Paris au bureau établi près le tribunal civil du département de la Seine le 14 Brumaire an 8, N° 173 du registre de forme. Vol. 1ᵉʳ, à la réquisition du porteur qui a signé et averti de la déclaration à faire dans le délai de six mois du décès du prémourant porté au registre de recette Vol. 4 N° 45 case 10, reçu 1f,10 centimes, décime compris.

Signé : BOIZARD.

---

1. La minute de cette donation est aux archives de l'étude de Mᵉ Fontana, notaire à Paris, 10, rue Royale, auquel j'adresse ici tous mes remerciements pour le bienveillant accueil qu'il a fait à mes demandes de renseignements sur H. Robert.
La donation ci-dessus montre que le peintre n'a pas fait de testament.

Mme Veuve Robert, décédée le 4 avril 1821, sans ascendants ni descendants, à son domicile n° 18 rue Neuve des Mathurins au rez-de-chaussée, a laissé un testament du 13 juillet 1821. Par un codicile du même jour « elle nomme et choisit, pour son exécuteur testamentaire Monsieur Langlacé ». (La famille Langlacé est actuellement dispersée).

La minute du testament d'Anne Gabrielle Soos est aux archives de l'étude de Maître Duplan, notaire rue des Pyramides n° 11. Cette pièce ne pouvant être communiquée ni reproduite, j'en donne ici les extraits qui peuvent intéresser le lecteur, extraits dont j'ai eu connaissance par des quittances de legs ou autre pièces.

« Je donne et lègue à ma nièce Charlotte Carbury, mariée à M. Linussio, demeurant à Talmezo, pays vénitien, mes tableaux et portefeuilles.

« Sans autres exceptions pour mes tableaux que celles cy après :

« J'excepte formellement de ce leg d'abord mes deux plus grands tableaux, l'un représentant l'Arc d'Orange, et l'autre la Maison Carrée de Nismes, faisant pendant. Je désire que ces deux tableaux restent à Paris, et je prie mon exécuteur testamentaire de les faire admettre s'il est possible dans les collections du Musœum. (Arch. du Louvre.)

« Je donne et lègue à Mr Perrin peintre un tableau à son choix à prendre dans ceux peints par Mr Robert et qui n'ont aucun pendant..... »

Un autre tableau, dans les mêmes conditions, est légué à Mr Castellan membre de l'Académie royale des Beaux Arts, et un troisième à Mr Blondel architecte.

« Je donne et lègue à ma nièce, en outre de mes tableaux et portefeuilles, une jolie bague ovale, entourée de vingt-quatre brillants tous égaux ; le portrait est celui de ma fille Adèle, mon quatrième et dernier enfant.

« Plus je lui lègue un cœur entouré de vingt diamants montés à jour, et rempli de cheveux de Caroline, ma fille ainée.

« Je donne et lègue à Madme Henry mon amie, fille de, Mr Méziéres « sculpteur, ma grande tabatière de bois, garnie de cercles d'or dedans et « dessus. Le dessus représente M. Robert, moi et mes quatre enfants, tout ce « qui me fut cher. Cette boîte me rappellera à son souvenir ; elle devinera les « larmes qu'a pu répandre celle qui alors n'existera plus, en perdant tant « d'objets chéris ; ces portraits sont peints à l'huile par Mr Taunay de la « ci-devant académie..... »

Aux demoiselles Tergat et Mme Bonnemer (Louise Marie Jeanne Tergat), cousines de Robert issues de germains, sont léguées différentes sommes, notamment une somme de 25,000 f.; « cette somme est le prix de la vente de ma maison d'Auteuil y compris le mobilier. »

En outre à Mme Bonnemer, une tabatière d'écaille noire, garnie de cercles en or, avec un médaillon, représentant le portrait de Madame Robert.....

A l'abbé Jean-B{sup}te{/sup} Soos, père de Mme Robert, ancien chapelain de la chapelle du roi, une rente viagère de 4,000 f. plus une cafetière d'argent.

Quittances de legs. — Quelques-unes de ces quittances reproduisent les passages correspondants du testament.

20 novembre 1821. M. Jean Charles Nicaise Perrin, directeur de l'École royale de dessin, demeurant à Paris rue de l'École de médecine nº 5. — M. Antoine Laurent Castellan, membre de l'académie royale des Beaux-Arts, institut de France demeurant à Paris, rue des Petits-Augustins nº 38. — Et Mr J. B^{te} Blondel, architecte, demeurant à Paris rue des Grands-Augustins nº 17.

Reconnaissent que M° Florence Nicolas Langlacé leur a présenté les tableaux dépendant de la succession de la dite dame Robert, à l'effet de procéder au choix à faire pour chacun d'eux du tableau, etc.

En conséquence Mr Perrin, désigné comme devant choisir le 1er, a fait choix du tableau compris dans l'inventaire fait après décès de M° V° Robert... sous le nº 222, représentant *Un triomphe conduisant à un Palais*.

Mr de Castellan, autorisé à choisir après Mr Perrin, a fixé son choix sur le deuxième des deux tableaux désignés dans l'inventaire sous le nº 251 représentant la *Démolition du Château de Meudon*, lequel a été pris à tort par l'expert pour un *Bâtiment formant une place de ville*.

Enfin Mr Blondel a choisi après Mrs Perrin et Castellan le tableau désigné dans l'inventaire sous le nº 221 et représentant un *Magnifique tombeau surmonté d'une pyramide*.

13 novembre 1821. — M. J.-B^{te} Romay, demeurant rue des Fossés Montmartre, nº 21, mandataire de Mr Pierre Louis Henry, colonel en retraite, demeurant commune de Vesenay, dép^t de l'Ain, agissant pour dame Marie Antoinette de Pardieu Mézière, son épouse...

Reconnaît que Mr Langlacé lui a remis une grande tabatière en buis, dont le dessus est peint par Mr Taunay.

Mme Bonnemer reconnaît que Mr Langlacé lui a remis une tabatière d'écaille noire, garnie de cercles en or, avec un médaillon représentant le portrait de Mr Robert, peint par M. Dumont, de l'ancienne Académie.

Mme Bonnemer reconnaît que le dit Mr Langlacé lui a remis le souvenir que portait Mr Robert, mari de la défunte, garni en or, sculpté avec médaillon représentant le portrait de Mme Robert.

Autres pièces indiquées par l'inventaire fait après la mort de Mme Vve Robert.

Procuration de maître Langlacé à Antoine Victor Joigny, employé au trésor pour gérer la maison rue de Sully nº 8.

Dix pièces, qui sont différents brevets, gratifications et honneurs accordés à Mr Robert et relatifs à l'art qu'il exerçait, et notices et pièces pouvant servir de renseignements de famille. (Ces dix pièces ne sont malheureusement pas décrites dans l'inventaire.)

Inscription de rentes de 3,481 fr., et des titres de rentes viagères.

Pièce relative à la concession de terrain au cimetière d'Auteuil[1].

(Voir plus loin l'inventaire des tableaux de la succession.)

---

1. L'inventaire et les quittances de legs sont aux archives de l'étude de maître Hatin, notaire, rue Saint-Honoré nº 231. Je prie maître Hatin d'accepter ici tous mes remerciements de la bonne grâce toute particulière avec laquelle il m'a donné les renseignements pouvant m'intéresser sur Hubert Robert.

Ampliation
Concession à perpétuité
de 6 mètres de terrain
en faveur
de Mad° Veuve Robert

N° 4

CONCESSION DE TERRAIN AU CIMETIÈRE D'AUTEUIL

Mairie d'Auteuil

Le Maire de la Commune d'Auteuil,

Vu : 1° Son arrêté du 15 juin 1809 portant concession provisoire d'un terrain demandé par Mad° Anne-Gabrielle Soos, veuve d'Hubert Robert peintre, et de plusieurs académies, demeurant à Paris, rue Neuve du Luxembourg, n° 19, de *six mètres quarrés* en superficie dans la partie du cimetière d'Auteuil réservée aux concessions pour sépultures particulières ; lequel terrain se trouve du côté du mur à droite en entrant, qui forme les n°s 7 et 8.

2° L'arrêté de M. le Sous-Préfet de l'arrondissement du 19 juin par lequel, conformément au décret impérial du 12 août 1807 et à l'arrêté réglementaire de M. le Conseiller d'État Préfet, du 10 juin 1808, il a autorisé le bureau de bien faisance d'Auteuil à accepter au nom des Pauvres de la Commune, la donation de la somme de soixante quinze francs une fois payée, qui leur est faite par la dite dame veuve Robert, pour le quart du prix principal revenant à la Commune.

3° Le versement fait de la somme de trois cents francs en faveur de la commune et celle de soixante quinze francs pour le Bureau de bienfaisance.

Arrête : Art. 1er

La Concession provisoire faite à Mad. veuve Robert de six mètres quarrée de terrain en superficie, dans la partie du cimetière d'Ateuil réservée pour les concessions des sépultures particulières, est rendue définitive, lequel terrain se trouve du côté du mur à droite en entrant qui forme les n°s 7 et 8.

Art. 2

Au moyen de la présente concession définitive, la dite dame V° Robert, ses hoirs ou ayans cause auront le droit de fonder et d'entraitenir toute espèce de monument funéraire tant au-dessus qu'au-dessous du sol concédé.

Art. 3

Ampliation du présent arrêté définitif sera remis à la dite dame Veuve Robert.

Fait à Auteuil le vingt cinq 9bre 1809

Signé : Benoît, maire.

Enregistré à Neuilly le 6 décembre 1809, f° 58, R° Caze 1re, Reçu seize francs 72 c. décimes compris.

Signé : DE BREUIL.
(Archives de la Seine, Série L. 2).

EXTRAITS

DE L'INVENTAIRE APRÈS DÉCÈS DE MADAME Ve ROBERT

L'an 1821, le samedi 18 août, onze heures du matin.

TABLEAUX, DESSINS ET OBJETS D'ART

Pour les tableaux : Hoize, commissaire-priseur, en présence et de l'avis de Mr Pérignon, peintre et expert des musées royaux, demeurant à Paris, rue des Martyrs n° 11. Il s'agit ici des tableaux et dessins non vendus après la mort d'Hubert et conservés par sa veuve.

181. Une paire de bracelets en perles anglaises avec deux plaques, dont l'une avec les chiffres G. H., entourée de vingt-quatre brillants; l'autre, portrait de Mad. Robert, entouré également de vingt-quatre brillants. Estimé 4.000 fr.

183. Une petite tabatière en écaille noire, entourée d'un petit cercle d'acier, avec médaille octogone; une autre boëte en écaille, avec gorge en or et médaillon de fleurs peint par Van Spaendonck. Le tout 70 fr.

186. Une tabatière en buis (dessus peint par Taunay représentant Robert, sa femme et ses quatre enfants), 50 fr.

189. Une tabatière en écaille noire, (avec portrait de Robert peint par Dumont), 50 fr.

192. Le souvenir que portait Robert, (avec portrait de Mme Robert), 100 francs.

TABLEAUX

215. Deux tableaux en hauteur : l'un offre une fontaine pratiquée dans le piédestal d'une colonne; parmi plusieurs figures, on remarque une femme qui fait boire ses enfants. Dans l'autre, on voit un pont au-dessus d'un torrent; il mène à un monument servant de fortification; en avant, on y remarque une femme et des enfants poursuivis par un chien.

Ces deux tableaux faisant pendant; haut., 25 décim. 98 cent., et une larg. de 10 décim., et peints par M. Robert[1]. Estimés 80 fr.

1. Je donne les dimensions indiquées par le commissaire-priseur. Il y a évidemment erreur de nom pour la mesure complémentaire; c'est 25 décim. 98 millim. qu'on doit lire. Il faut se rappeler qu'on n'était pas encore bien familiarisé avec les unités métriques au commencement du siècle. Des erreurs de ce genre devaient être fréquentes. La même rectification doit être faite dans les évaluations suivantes.

216. Tableau peu terminé, peint sur toile par M. Robert. Haut., 13 décim.; larg., 9 décim. 75 cent., offrant une route qui traverse un bois; parmi plusieurs figures, on remarque un bûcheron allumant un feu. Estimé 15 fr.

217. Un tableau peint sur toile par M. Robert, très en hauteur, fait en esquisse; on y voit un pont tombant en ruines et traversant un torrent; vers le milieu de la hauteur de l'arche est placé un pont de bois, figures. Haut., 23 décim.; larg , 7 décim., 30 fr.

218. Un dessin monté sous verre, légèrement teinté à l'aquarelle, représentant les ruines d'un péristile; au milieu, on remarque des figures et des animaux, 15 fr.

219. Un tableau peint par M. Robert. Haut., 12 décim. 99 cent., sur larg. 9 décim. 94 cent.; représentant l'intérieur d'une église en grande partie démolie; dans le fond, des groupes de femmes; sur le devant, dans l'ombre, des ouvriers transportent des fragments d'architecture, et' un artiste tient son portefeuille, 45 fr.

220. Un tableau peint sur toile par M. Robert, d'une hauteur pareille au précédent, le dit tableau terminé, offrant un riche palais où l'on arrive par un large pont d'une seule arche, placé sur un canal; on remarque, en avant, des ouvriers occupés à transporter la statue de Cléopâtre, 100 fr.

221. Une autre composition du même auteur. Haut., 7 décim.; larg., 9 décim. 75 cent., offrant un magnifique tombeau surmonté d'une statue; ce monument se détache sur un fond garni de peupliers, parmi lesquels on aperçoit quelques tombeaux, 100 fr.

222. Un tableau peint par le même, de la hauteur de 13 décim., sur une largeur de 9 décim. 75 cent., offrant un arc de triomphe qui mène à un palais; sous l'arc de triomphe, on remarque une statue équestre, et sur le devant, plusieurs figures groupées parmi des ruines (choisi par M. Perrin). Estimé avec son cadre, 100 fr.

223. L'intérieur de l'atelier de M. Robert, peint à la gouache par Lavrince; on y voit M. Robert à son chevalet, et auprès de lui Mᵐᵉ Robert, ses enfants, et d'autres personnes. Cette gouache est montée sous glace (réservée par M. Linussio). Prisée la somme de 60 fr.

224. Un dessin de M. Robert, légèrement teinté à l'aquarelle, offrant sous un péristile une statue équestre et colossale, et d'autres détails de sculpture et d'architecture, plusieurs figures; il est monté sous verre. Prisé 15 fr.

225. Un tableau très en hauteur et peu fait, de M. Robert, de la hauteur de 23 décim., sur une largeur de 7 décim., offrant au milieu d'arbres et de débris une colonne surmontée d'une statue; on remarque une femme et un jeune homme lisant une inscription. Estimé 30 fr.

226. Un tableau peint par J. P. Panini, de la hauteur de 9 décim. 75 cent., sur une largeur de 13 décim.; parmi nombre de détails d'architecture réunis, et sous des portiques qui entourent une piscine, on voit plusieurs groupes de figures et le sujet de Jésus-Christ guérissant les boiteux et les malades. Prisé 100 fr.

227. Deux tableaux ovales, compositions d'architecture; dans l'un, on voit des figures près d'une fontaine enrichie d'un groupe de Jupiter et de Léda, et dans l'autre, un hermite prédicateur entouré de personnages divers.

De la hauteur de 6 décim. 5o cent, sur une largeur de 9 décim.
Prisés 100 fr.

228. Un grand tableau, de la hauteur de 25 décim., sur une largeur de
10 décim. 40 cent., peint par M. Robert, offrant un jardin; en avant, un
escalier au milieu de deux fontaines; près de là, un artiste dessinant,
d'après la statue de Flore, et plus loin, une large pièce d'eau terminée
par des montagnes, on y remarque une barque. Prisé 15o fr.

229. Deux tableaux offrant l'un et l'autre des monuments de sculpture et
d'architecture en ruines. Ces deux tableaux sont riches en figures; dans
l'un est le sujet d'œuvres de miséricorde, et dans l'autre une imitation du
tableau de C. Dujardin, connu au musée sous le titre du *Charlatan*. Les
deux tableaux de hauteur de 7 décim., sur une largeur de 2 décim. 5o cent.
Estimés ensemble 120 fr.

230. Deux autres tableaux de M. Robert, peints sur toile, très terminés, de la
hauteur de 13 décim. 20 cent., sur une pareille largeur. L'un offre un
vaste portique entourant un bassin au milieu duquel s'élève un obélisque;
ce tableau est garni sur toutes ses places de nombre de figures d'hommes,
de femmes et d'enfants. L'autre tableau représente des bains placés entre
des péristiles (*sic*) et ornés de fontaines formant jet d'eau; on y voit des
laveuses et d'autres figures. Ensemble, 400 fr.

231. Un portrait de M. Robert, grand comme nature, représenté à my corps
et tenant sa palette. Prisé 6o fr.

(Sans indication de nom d'auteur; peut-être celui de l'École des
Beaux-Arts, qui est une copie du portrait par Mme Vigée-Lebrun.)

232. Deux assiettes peintes à l'huile et représentant des paysages. Estimées
ensemble, 12 fr.

233. Deux tableaux peints sur toile par Robert, de la hauteur de 4 décim., sur
une largeur de 13 décim., forme de frise servant de dessus de portes; l'un
représente une voûte sur une rivière qui se perd dans les fonds, on
remarque un pêcheur sur le devant; l'autre représente une vaste pièce
d'eau avec barque et quelques figures. Ensemble, 40 fr.

234. Un tableau sur toile, peint par Robert, de la hauteur de 25 décim., sur
une largeur de 20 décim., offrant d'un côté une masse de rochers couverts d'arbres, et de l'autre, une forteresse à laquelle on arrive par un
pont au-dessous duquel est une grande étendue d'eau qui mène à des
lointains; orné de figure. Prisé 200 fr.

235. Deux tableaux peints sur toile, l'un imité de celui de Ruysdaël connu au
musée sous le nom du *Coup de Soleil;* l'autre moins terminé représente
une forêt. Prisés ensemble, 40 fr.

236. Un autre représentant une fontaine, sous des portiques, entre deux escaliers; on y remarque des blanchisseuses. De la hauteur de 6 décim.
5o cent., sur une largeur de 7 décim., 3o fr.

237. Deux tableaux de Robert, peints sur toile, de la hauteur de 6 décim., sur
une largeur de 13 décim. L'un offre de larges portiques d'où l'on
découvre une vaste galerie formée par des colonades; sur les premiers
plans, presque entièrement dans l'ombre, on voit plusieurs figures.
L'autre présente une fontaine au milieu de laquelle est un jet d'eau sortant d'une cave soutenue par des statues. Cette fontaine est sous un dôme

ouvert dans la partie supérieure ; on y voit nombre de figures, entre
autres, des femmes qui vont puiser de l'eau et un dessinateur. Ensemble,
3oo fr.

238. Un tableau sur toile, de M. Robert, représentant une église à moitié
démolie ; entre autres figures, on y remarque un charretier conduisant
une voiture pleine de démolitions. Le dit tableau, de la hauteur de
13 décim., sur une largeur de 9 décim. 75 cent. Prisé 100 fr.

239. Un tableau du même, offrant une partie d'un bassin au milieu d'une
colonade ruinée ; on y remarque une barque et nombre de figures. De la
même hauteur que le précédent. Prisé 100 fr.

240. Un tableau du même, non terminé, de la hauteur de 7 décim., sur une
largeur de 6 décim. 5o cent., offrant la perspective d'une galerie ; on y
remarque quelques figures et deux suisses, dont un en faction à l'entrée
de la galerie. Prisé 20 fr.

241. Un tableau de même hauteur, du même, représentant un bassin au
milieu de deux escaliers circulaires qui mènent à un temple entouré
d'arbres ; ce tableau est peu terminé. Prisé 25 fr.

242. Un tableau offrant comme objet principal les ruines d'un temple et, plus
loin, une colonne s'élevant au-dessus de masses d'arbres ; ce tableau orné
de figures. Prisé 3o fr.

243. Une petite esquisse de M. Robert où l'on voit, sous une voûte de
rochers, un ermite en prières. Prisé 10 fr.

244. Deux tableaux du même, de la hauteur de 6 décim. 5o cent., sur une
largeur de 4 décim. L'un offre une colonade formant galerie ; l'autre,
l'intérieur d'un temple en démolitions ; on remarque dans l'un et dans
l'autre des artistes occupés à dessiner. Ensemble, 5o fr.

245. Deux autres tableaux du même de pareille grandeur ; l'un représente un
jardin où de jeunes filles dansent en rond ; dans l'autre, au milieu de
monuments en partie ruinés, on voit des musiciens ambulants et des
femmes à la fenêtre leur jettent de l'argent. Ensemble, 5o fr.

246. Un tableau représentant une forêt et quelques figures groupées sur des
arbres renversés. Le dit tableau de hauteur de 7 décim. sur 9 décim.
75 cent. Prisé, 25 fr.

247. Un autre tableau représentant un jardin pendant un orage ; en avant on
voit plusieurs figures. Le dit tableau de la hauteur de 13 décim. sur une
largeur de 10 décim. Prisé, 3o fr.

248. Un tableau de Robert, peint sur toile forme ovale, en travers, de la hauteur de 6 décim. 5o cent., sur une largeur de 8 décim., représentant un
escalier de jardin ; dans le fond un jet d'eau et en avant plusieurs figures.
Prisé, 3o fr.

249. Un dessin légèrement teinté, vue d'un temple circulaire en ruines, au
milieu est la statue de Pallas ; le dit dessin monté sous verre. Prisé, 9 fr.

250. Deux tableaux peints dans un ton très vigoureux de la hauteur de 12 décim.
sur une largeur de 13 décim. L'un offre un large bassin entouré de
colonnades avec fontaine et jet d'eau, au milieu dans le fond un arc de
triomphe, sur le devant, presque entièrement dans l'ombre on voit une
grande quantité de figures. L'autre offre une galerie formée par des
colonnades, en avant on voit une large cuve recevant de l'eau qui coule

du piédestal d'une statue ; diverses figures sont groupées sur tous les plans. Ensemble, 500 fr.

251. Deux autres tableaux de même taille que les précédents, ne formant pas pendant entre eux. L'un offre un arc de triomphe à quatre arcades sur une terrasse située au milieu d'un bassin où l'on voit une barque. L'autre représente des démolitions de monuments formant une place de ville; en avant on voit plusieurs ouvriers. Ensemble, 250 fr.

     (Ce dernier réservé par M. de Castellan ; ce sont les démolitions du château de Meudon.)

252. Un tableau où l'on voit au milieu d'une pièce d'eau un temple ruiné ; en avant des groupes d'arbres et le jeu de l'escarpolette. Un autre pouvant lui servir de pendant où l'on remarque une pièce d'eau couverte de barques et très riches en figures. Ensemble, 250 fr.

253. Deux grands tableaux peints sur toile représentant l'un la Maison Quarrée de Nimes, l'autre l'arc d'Orange. Ces deux tableaux des plus importants de M. Robert. Ensemble, prisés avec leurs cadres sur bois doré (ce sont les deux légués au Louvre) : 1,000 fr.

254. Une petite esquisse terminée où l'on voit un temple ruiné, une chaumière; on y remarque aussi quelques figures. Estimé, 12 fr.

255. Un petit tableau, goût de Natoire, sujet d'Amphitrite sur les eaux. Prisé, 12 fr.

256. Un dessin au pointillé par M. Isabey, portrait de M. Robert (probablement le portrait gravé par Miger). Estimé avec son cadre, 100 fr.

257. Un autre portrait de M. Robert par Mlle Gérard ; il est peint en pied dans un paysage. Prisé, 100 fr.

258. Un tableau de petites dimensions représentant une terrasse élevée terminée par un kiosque et dominant une rivière. Prisé 20 fr.

259. Trois esquisses terminées de la même dimension. L'une offre un temple où l'on arrive par un escalier et par un pont. La seconde offre un escalier intérieur et circulaire. La troisième un escalier ajusté dans un paysage où l'on voit d'autres détails d'architecture. Ensemble, 30 fr.

260. Un petit tableau où l'on voit une servante près d'un enfant couché dans son berceau. 20 fr.

261. Une aquarelle montée sous verre représentant un jardin et une maison de campagne. 12 fr.

262. Deux tableaux ovales et faisant pendant; l'un est le portrait d'un enfant de M. Robert peint par lui. L'autre une vierge dans le goût de Mignard. Ensemble, 30 fr.

263. Deux autres tableaux ovales faisant pendant. Dans l'un on voit une chaumière au milieu d'un jardin; et dans l'autre une fontaine et des blanchisseuses. Ensemble, 40 fr.

264. Deux tableaux : dans l'un on voit au bord d'un bassin une arcade sous laquelle est un escalier; on y remarque aussi des blanchisseuses. L'autre représente un portique et en avant des personnages examinant un monument. Ensemble, 60 fr.

265. Une esquisse terminée offrant une galerie voûtée et en partie encombrée; en avant on aperçoit un trou par lequel on fait des fouilles. Prisée, 10 fr.

266. Une autre où l'on voit dans un paysage un voyageur et son chien, près des débris d'une statue colossale. Prisée, 6 fr.

267. Deux esquisses. L'une offre une arcade en partie ruinée et en dessous un escalier d'où l'on descend vers un canal où sont diverses barques. L'autre offre un bassin près d'un escalier où l'on monte à un jardin, Prisées ensemble, 30 fr.

268. Une autre esquisse représentant le bas de l'ancien escalier du Louvre par lequel montaient les artistes. Prisée, 15 fr.

269. Une aquarelle où l'on voit près d'un escalier couvert d'une arcade le groupe du Laocoon. Prisée, 10 fr.

270. Un portrait au pastel monté sous verre. Prisé, 2 fr.

271. Une aquarelle offrant une rivière et dans le fond un palais. Prisée, 9 fr.

272. Une autre où l'on voit une chaumière au bout d'une allée d'arbres élevés. Prisée, 9 fr.

273. Une autre aquarelle exécutée et composée dans la manière de J. P. Panini, offrant des ruines. Prisée, 25 fr.

274. Une autre offrant des ruines, mais moins riche. Prisée, 6 fr.

TABLEAUX NON ACCROCHÉS

275. Deux très riches compositions par J. P. Panini, représentant l'une l'intérieur de l'église de Saint-Pierre, l'autre l'entrée de M. de Choiseuil à Rome. Ces deux tableaux sont de la plus belle manière du maître, sans cadres. Prisés ensemble, 2,500 fr.

276. Un autre tableau, par J. P. Panini, représentant en dehors d'un temple d'une riche architecture le sujet de Jésus-Christ chassant les vendeurs du temple; on voit dans le fond quelques ruines. Prisé, 160 fr.

Ce tableau est le pendant du même maître ci-dessus décrit n° 226.

277. Deux tableaux, par J. P. Panini, faisant pendant. L'un offre, parmi des monuments d'architecture ruinés, des soldats et des philosophes considérant des bas-reliefs et des figures antiques; ces objets se détachent sur un fond de paysage. L'autre est absolument composé dans le même goût; on y remarque en avant la statue de l'Hercule Farnèse. Ensemble, 300 fr.

278. Trois tableaux de même dimension. Dans l'un on voit un obélisque et un arc de triomphe, on y remarque aussi un aveugle s'adressant à des perroquets pour leur demander l'aumône. Le second offre une voûte de rochers qui laisse voir un lointain, en avant sont quelques figures. Le troisième représente un paysage où l'on voit un meunier ambulant près d'une cheminée. Ensemble, 60 fr.

279. Un tableau très en hauteur, peu fait, offrant une vue de jardin. Estimé, 20 fr.

280. Un autre plus étroit où l'on voit une pyramide. Prisé, 20 fr.

281. Deux tableaux terminés de forme ovale, représentant des monuments d'architecture et de sculpture. Dans l'un on voit un sujet de prédication et dans l'autre un philosophe considérant des débris de monuments. 100 fr.

282. Un petit tableau offrant une vue de salle des antiques. Prisé, 25 fr.

283. Un autre où l'on voit un puits placé sous quatre colonnes. Prisé, 30 fr.

284. Un tableau offrant un point de vue de jardin, peu terminé. 6 fr.
285. Un autre représentant aussi un jardin; on y remarque un bassin. 12 fr.
286. Un autre petit tableau représentant un puits pittoresque au milieu d'un paysage. 15 fr.
287. Un autre représentant des monuments en partie encombrés. 9 fr.
288. Un autre où l'on voit M. Robert occupé à dessiner. 20 fr.

DESSINS ENCADRÉS NON ACCROCHÉS

289. Un dessin au crayon rouge, intérieur de temple avec mausolée. Prisé, 9 fr.
290. Un autre dessin aussi au crayon rouge étant une vue d'un escalier. Prisé, 9 fr.
291. Un dessin au crayon noir et blanc, sujet d'histoire. 12 fr.
292. Un dessin à l'aquarelle peu fait représentant une vue de jardin. 9 fr.
293. Un autre étant une vue d'un aqueduc. 9 fr.
294. Un dessin au crayon rouge, vue de l'entrée d'un jardin. 9 fr.
294. Une aquarelle, vue extérieure d'un palais. 12 fr.
295. Deux dessins au crayon noir représentant des trophées. 10 fr.
296. Une aquarelle d'après un tableau du Dominiquin. 12 fr.
297. Une composition au crayon noir sur papier bleu. 5 fr.
298. Un dessin représentant l'intérieur d'une prison. 10 fr.
299. Une aquarelle, vue d'une maison de campagne. 20 fr.
300. Un dessin légèrement teinté, de forme ovale, vue de monuments ruinés. 15 fr.
301. Deux dessins coloriés par M. Van Spandonck, représentant des parties d'une grappe de raisin. Ensemble, 12 fr.
302. Trois dessins, un par Bouchardon, Jeune Fille en prière; les deux autres représentant des têtes d'enfants. Ensemble, 6 fr.
303. Une aquarelle représentant des débris de monuments; on voit un dessinateur sur le premier plan. 12 fr.
304. Une autre du même genre; on y remarque un sculpteur travaillant au-dessous de la porte d'une maison. 18 fr.
305. Une autre offrant les débris d'un aqueduc. 15 fr.
306. Une autre représentant l'intérieur d'un cimetière. Estimée, 12 fr.
307. Une autre très capitale, où l'on voit un arc de triomphe et une pièce d'eau. 25 fr.
308. Une autre légèrement teintée où l'on voit une jeune femme et son enfant près d'une cheminée. 6 fr.
309. Un pastel représentant des oiseaux. 3 fr.

DESSINS EN FEUILLES RENFERMÉS DANS DES PORTEFEUILLES

310. Treize aquarelles étant dans un carton. Ensemble, 42 fr.
311. Vingt-cinq dessins au crayon rouge contenus dans un autre carton. Ensemble, 38 fr.
312. Quarante dessins au crayon rouge dans leur carton. 32 fr.
314. Trente-sept dessins au crayon rouge dans leur carton. 30 fr.
315. Vingt-cinq dessins au crayon rouge, aussi dans leur carton. 30 fr.
316. Soixante dessins au crayon noir estimés avec leur carton. 88 fr.

3r7. Trente-quatre dessins au crayon rouge. Prisés, 5o fr.
318. Dix dessins divers. Prisés, 5 fr.
319. Quatre estampes prisées avec leur carton. Ensemble, 5 fr.
320. Vingt épreuves du portrait de M. Robert avec la planche gravée. Le tout, 5o fr.
322. Plusieurs croquades imparfaites, et deux têtes peintes à l'huile, et un petit mauvais livre de croquis. Le tout, 6 fr.

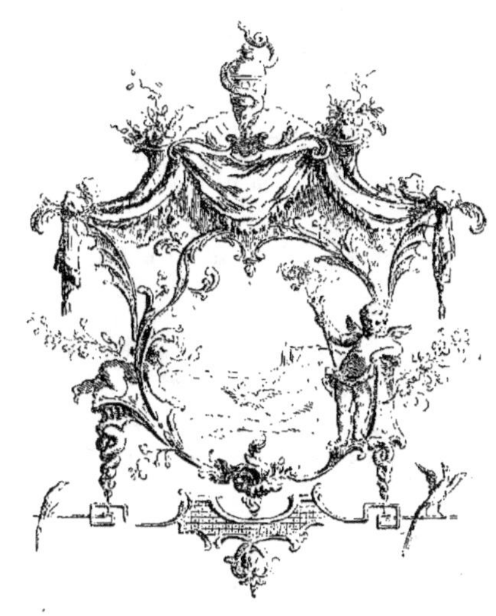

CATALOGUE

DES TABLEAUX, DESSINS, GOUACHES, ESTAMPES, MARBRES, BRONZES
ET AUTRES OBJETS D'ART

de la vente après décès du Cabinet d'Hubert Robert
faite le mercredi 5 avril 1809[1]

M. Olivier, commissaire-priseur. Expert, Alexandre Paillet, appréciateur de tous objets d'art, rue Vivienne, n° 18.

Cette vente ne comprend que la meilleure partie des tableaux et dessins du Cabinet d'Hubert Robert. Anne-Gabrielle Soos conserva un grand nombre de tableaux, dessins et études de son mari et les légua à sa nièce. (Voir l'inventaire qui précède.)

1. *François Mola.* Très belle étude offrant une partie de la composition de ce grand maître pour un sujet de prédication qu'il a traité plus en grand. On en trouve la description dans le catalogue du cabinet de Charles Natoire. 74 livres.

2. *J. F. Lucatelli.* Deux riches points de vue de paysage, dans la belle grandeur des morceaux de chevalet. Ils sont enrichis de fabriques pittoresques et diverses figures de pêcheurs et de villageois qui conduisent leurs troupeaux. Périnion, 560 livres.

3. *J. F. Lucatelli.* Deux autres beaux tableaux de paysage mêlés de rochers et de fabriques. Dans l'un on voit un pâtre qui garde des bestiaux, vers la partie gauche ; dans l'autre plusieurs belles figures sur le premier plan. Constantin, 360 livres.

4. *Par le même.* Précieuse étude de paysage enrichie de figures de pêcheurs sur le bord d'un lac et un pâtre qui conduit son troupeau. 275 livres.

5. *Par le même.* Une autre belle étude même genre, avec fabriques, chutes d'eau et trois figures sur le premier plan. 67 livres.

1. En marge de l'exemplaire de ce catalogue que j'ai eu entre les mains, sont des chiffres et des noms manuscrits ; les noms sont probablement ceux des acquéreurs, les chiffres les prix de vente ou d'estimation. Je crois devoir les reproduire comme indication. Les prix sont évalués en livres, sous, et je crois même en centimes quelquefois.

6. *François Solimène.* Belle esquisse terminée représentant un sujet de bataille. 16 livres.

7. *Par le même.* Une autre belle étude, sujet d'un groupe de guerriers. Plus une esquisse : Chute des Titans, par Michel Corneille.

8. *Le Chevalier Volaire.* Ce tableau, de la plus parfaite harmonie de clair-obscur, représente l'événement désastreux d'un incendie dans un port. 181 livres.

9. *J. P. Panini.* Deux tableaux de grande distinction parmi les nombreux ouvrages de cet habile peintre dans le genre des ruines et de l'architecture pittoresque, et auxquels il a donné la désignation de *Rome antique* et *Rome moderne.* Ils représentent des intérieurs de riches galeries dans lesquelles sont rassemblés les plus fameux monuments de l'antiquité, divisés dans l'un par autant de petits tableaux qui se détachent entre eux; et dans l'autre par une réunion des plus belles statues. Nombre de figures analogues à la Magnificence des Beaux-Arts ajoutent encore à la richesse des sujets et contribuent à présenter des ouvrages dignes de la renommée de leur auteur, qui n'a pas pu se défendre de répéter une troisième fois ces mêmes compositions pour le duc de Choiseul pendant son ambassade à Rome. Il fut généreusement récompensé de sa complaisance par cet amateur et il leur portait une telle considération, qu'ils furent exceptés de la vente totale du magnifique et considérable cabinet qu'il avait formé. Ils portent 72 pouces de large sur 64 de haut. Paillet, 2,801 livres.

10. *J. P. Panini.* Quatre tableaux qu'on pourrait croire avoir été composés dans une belle forme en hauteur pour décorer un salon. Ils offrent chacun le plus beau choix de monuments ruinés enrichis de statues, vases et nombre de figures historiques, dans la proportion de 10 à 12 pouces. On remarque dans le premier la statue de Marc-Aurèle, qui se détache sur un ciel brillant; dans le deuxième le fragment d'une colonnade surmontée d'un riche entablement; le troisième offre pour principal objet le monument du Panthéon; et le quatrième tableau de cet article majeur représente les ruines d'un temple circulaire.

Jamais Panini n'a été plus grand dans le choix de son architecture, plus large dans sa touche et plus chaud dans son coloris. Nous ne doutons point que les connaisseurs y voient, comme nous, toutes les parties de l'Art qui caractérisent le grand-maître. Vendus en deux lots. Paillet, 401 et 351 livres.

11. *Par le même.* Deux tableaux de chevalet, encore d'une grande distinction, dans lesquels l'artiste a employé une touche aussi savante que précieuse. Ils représentent des intérieurs de monuments en ruines, où le peintre a placé dans l'un le *Miracle de la Piscine;* dans l'autre les *Vendeurs chassés du Temple.* Ces deux sujets lui ont fourni le motif de déployer son génie dans un nombre de figures heureusement variées d'attitudes et de style dans les draperies. Des ouvrages aussi parfaits ne peuvent échapper à l'œil du connaisseur ou de l'artiste habile. Paillet, 1,200 livres.

12. *Par le même.* Deux autres tableaux, même forme en largeur des précédents, et également précieux, offrant un choix des plus beaux monuments de Rome, dans de riches points de vue de paysage. Ils sont ornés de

plusieurs belles figures, parmi lesquelles on distingue, dans l'un, des hommes qui se baignent au pied d'une source ; dans l'autre, un groupe de personnages qui raisonnent sur la statue du Dieu des jardins. Cet article est aussi parfait que l'on puisse le désirer du maître. 263 livres.

13. *J. P. Panini.* Ce charmant tableau, de la touche la plus spirituelle et la plus délicate, représente le développement de la *Place* et de *l'Église de Saint-Pierre*, les *Loges du Vatican* et autres monuments tracés avec autant de justice que d'art dans les règles sévères de l'architecture, de la perspective et du clair-obscur. Ce morceau curieux est enrichi de nombre de petites figures et d'un cortège de voitures croquées avec un esprit digne de l'artiste exercé qui est sûr de sa touche. Laneuville, 301 livres.

14. *Par le même.* Un moyen tableau, sujet de Ruines d'anciens Monuments. Les premiers plans sont enrichis d'un nombre de dix-sept figures, parmi lesquelles on distingue un personnage qui semble faire une harangue. Paillet, 490 livres.

15. *Par le même.* Deux tableaux encore de première ligne par J. P. Panini, offrant toujours les plus riches monuments d'architecture, diverses figures et statues antiques. Dans l'un on remarque un magnifique tombeau de porphyre ; dans l'autre le *Gladiateur combattant*, l'*Apollon*, etc., etc. 1,250 livres.

16. *Par le même.* Deux autres tableaux de moyenne proportion, offrant des ruines de monuments et enrichies de diverses figures. Dans l'une elles paraissent retouchées par Hubert Robert. 130 livres.

17. *Par le même.* Un tableau moins terminé, Fragment d'un Palais et les Ruines d'une colonnade. Morceau enrichi de figures, dont plusieurs sur une terrasse, au dernier plan à droite. Paillet, 74 livres.

18. *Par le même.* Deux moyens tableaux de forme en hauteur, sujets de Monuments. Dans l'un on remarque le Colisée, dans l'autre les Ruines d'un arc de triomphe. 190 livres.

19. *J. P. Panini.* Ce tableau de chevalet offre une réunion de différentes ruines de monuments, statues et fontaines, et dans le milieu un groupe de six figures qui se détachent sur un ciel brillant. Paillet, 460 livres.

20. *Par le même.* Une belle esquisse terminée, sujet d'un philosophe au pied d'une colonnade de ruines, qui parle devant deux personnages. Plessie. 120 livres.

21. *Par le même.* Une autre esquisse offrant différents personnages qui raisonnent sur un bas-relief antique. 32 livres.

22. *Par le même.* Deux esquisses d'un excellent goût de touche et de couleur. Dans l'un des sujets, on remarque une pyramide; dans l'autre, un temple et statue antique. Paillet. 45.

23. *Par le même.* Moyenne esquisse, sujet de ruines avec figure d'ancien soldat qui porte une lance. Robert Lefaivre. 68.

24. *Par le même.* Cette dernière esquisse représente une pyramide, et sur les premiers plans des pêcheurs qui causent avec un soldat. 60.

Cette suite de 25 tableaux de la main de Panini, qui offre la plus belle variété de ses compositions et ses différentes manières, était considérée par Hubert Robert comme le trésor de ses études; répétant journellement qu'il leur devait, après la Nature, la plus grande partie de ses succès.

Déjà maître de son goût en arrivant à Rome, il fut naturellement
très empressé d'aller voir le premier peintre du genre qu'il avait adopté.
De l'admiration il passa au désir de l'atteindre et de le rivaliser, ce qu'il
a complètement justifié par un nombre incalculable de morceaux
répandus dans la France et chez l'étranger. Il ne suffirait pour appuyer
cette vérité que citer le riche salon de sa campagne, et s'arrêter sur le
magnifique monument de la Maison Carrée de Nîmes, et son pendant,
morceaux de la plus riche couleur et du goût le plus exquis.

25. *Sébastien Bourdon.* Précieuse esquisse terminée, d'un sujet de *Luban*,
qui a été traité en grand par ce maître. Berthelemy. 32 l. 50.

26. *Antoine Watteau.* Ce tableau, dans une proportion de figures peu
ordinaire à ce maître, représente un sujet de quatre personnages sous
les déguisements de Mezetin, Scapin, Pierrot, etc. Morceau d'une grande
finesse de touche et de couleur. 70.

27. *J. B. Pater.* Une composition la plus aimable et nombreuse en figures,
offrant le sujet d'un bal dans un vaste salon d'architecture, avec fond de
paysage dans la partie droite. Ce tableau précieux dans ses détails et
d'une grande finesse d'exécution a été gravé sous le titre de son
sujet. 160 livres.

28. *Par le même.* Un petit tableau en ovale et très fin de touche, offrant un
groupe de deux figures. 50.

29. *Par le même.* Un moyen tableau très agréable par son sujet et son
exécution soignée ; il représente une compagnie dans un paysage et au
bord d'un lac, dont deux jeunes femmes qui s'y baignent. Berthelemy. 36.

30. *Subleyras.* Ce petit tableau très fin représente un sujet tiré des contes
de La Fontaine, connu sous le titre de *Frère Luce.* Paillet. 242.

31. *Chardin.* Un sujet de deux. figures, pris dans les scènes familières. On
voit dans un appartement une dame assise devant une table, se disposant
à cacheter une lettre et attendant que son valet ait allumé une bougie.
Le costume qui tient à celui de feue Madame Joffrin rend ce morceau
vraiment curieux et original. Chevalier. 33 fr.

32. *François Boucher.* Un tableau qui fait honneur à cet aimable peintre,
dans sa première manière en sortant de l'école de Lemoine. Il représente
avec autant de goût que de vérité une famille de villageois autour d'un
feu pour disposer leur repas, dans un charmant site de paysage. On y
distingue une jeune femme vue de dos, une autre qui coupe un chou et
un garçon qui tient un fagot. Nombre d'accessoires sont répandus sur
tout le premier plan et sur la gauche est encore un puits pittoresque. 140.

33. *François Boucher.* Un autre petit tableau encore très distingué par le
ton de couleur et l'esprit de la touche ; il représente un peintre devant
son chevalet et occupé à tracer un paysage. Laneuville. 43.

34. *Par le même.* Deux paysages de forme en ovale. Dans l'un, un jeune
garçon qui pêche à la ligne ; dans l'autre, des villageois qui conduisent un
bateau. 25.

35. *Par le même.* Quatre grands tableaux de place, sujets de fables, qui
conviendraient à la décoration d'un salon. Menier. 180.

36. *J. B. Deshays.* Deux tableaux dignes de tenir un rang distingué dans
l'école moderne, par la hardiesse de leur exécution et la belle marche de

leur composition; ils représentent des caravanes de villageois et leurs nombreux troupeaux dans des paysages pittoresques. Morceaux de place, qu'il s'est plu à traiter dans le style de Castiglione et qui lui ont fait honneur dans les expositions publiques de son temps. Nicolas. 202.

37. *Par le même.* Deux esquisses composées et exécutées avec beaucoup de feu, aussi dans le genre des caravanes. 27 l. 50.

38. *Jean Loutherbourg.* Un tableau de la précieuse touche de cet artiste, offrant le sujet de *l'Annonce aux bergers.* Joli morceau de chevalet. 101.

39. *Peyron.* Première pensée du sujet de la mort de Socrate. Composition sage, qui justifie la renommée de son auteur. 270.

40. *Lefèvre.* Deux tableaux de forme en ovale. L'un représente une femme endormie ayant une lettre à la main; l'autre une femme se baignant. 33.

41. *Madame Lebrun.* Le Portrait de Madame Dubarry, en habillement du matin et coiffée d'un chapeau de paille orné de plumes. 302.

42. *Demarne.* Un moyen tableau de paysage avec figures et quelques animaux. 30.

43. *Jacques Ruysdaël.* Un site de paysage dont toute la partie à gauche est occupée par une masse d'arbres indiquant l'entrée d'un bois. Sur la droite du premier plan, on voit quelques parties de roches d'où sortent des eaux qui s'étendent en bouillonnant. Ce tableau, du plus beau faire du maître, ne peut échapper aux connaisseurs et aux artistes, qui y trouveront cet admirable et précieux feuillé que le peintre savait détacher, avec le plus grand art, sur un ciel brillant et des plus heureusement nuagé. Sa proportion est de la plus belle grandeur de chevalet. Lebrun. 1,250.

44. *Jean Asselyn.* Le sujet de l'Annonce aux bergers. Composition d'un riche détail, qui présente le temps où ce peintre à séjourné à Lyon. Estiene. 102.

45. *Jean Van Goyen.* Un petit tableau, Marine et paysage, touché avec la facilité et le goût ordinaire à ce peintre. 73.

46. *Style de Ruydaël.* Un moyen tableau de paysage pouvant servir de pendant au précédent. 43.

47. *Inconnu.* Un tableau de forme en hauteur, offrant le sujet d'un peintre entouré de tous les accessoires de son art, et devant une statue d'Apollon. Morceau soigné, éclairé à la lueur d'un flambeau. Laneuville. 50 l. 50.

48. *Inconnu.* L'intérieur d'une grange, avec groupe de paysans dans le milieu du premier plan. 82,

49. *Van Bloemen.* Deux études de chevaux. Plus, un sujet de genre : chaudron, légumes. 13-10.

50. *Van Artois.* Un grand tableau de paysage, facilement touché. 23.

51. *Jean Glaubert.* Précieux tableau de paysage, enrichi de deux figures de bergers par G. de Lairesse. 58.

52. *De Witt.* Un petit tableau en ovale, projet terminé pour un plafond. Plus, deux jolies esquisses par *Marie Pierre :* sujet d'une villageoise qui conduit son âne, etc. 14 l. 15.

53. *Jean de Roy.* Un joli tableau de forme en ovale. Étude d'animaux dans un fond de paysage. 63.

54. *Par le même.* Un autre petit tableau, même genre et sujet. Rabas, 36.

55. Deux grands tableaux en ovale, sujets de fleurs, pae *Fontenay*. Constantin, 3o.
56. *Trois études*. Figures d'Académie et deux têtes de chevaux. Cornilion, 20.
57. Deux esquisses. Paysages par *Fragonard* et *Boucher ;* plus une esquisse grisaille, sujet de sacrifice, par ce dernier. Constantin, 5o l. 10.
58. Un grand tableau. Portrait de Madame de Montespan, Médaillon entouré d'une guirlande de fleurs et de fruits. De Valère, 90.
59. Deux esquisses de forme en ovale. Différents sujets dont un jeune pâtre qui joue de la mandoline. Cornilion, 20-5.
60. Deux études de Têtes, dont une femme dans le costume espagnol par *Van Loo*.
61. Deux autres moyennes études de têtes. Jeune femme coiffée d'un chapeau. 6-5.
62. Un tableau de style français représentant le sujet d'une Basse-cour et Maison rustique où se voit un homme à la croisée qui présente du raisin à un perroquet. Marte, 18.
63. Huit petits et moyens tableaux qui seront détaillés s'il y a lieu. Cornilion, 31.
64. Deux jolies esquisses, sujet de la Fable, par *Tremolière*, plus une troisième, Triomphe d'Amphitrite. 22.
65. Trois petits tableaux, par *Vleugels*, Pastiche de *Teniers*, etc. Estiene, 14.
66. Trois autres petits tableaux par *Gillot*, *Pater*, etc., plus un croquis de bataille, dit de *Casanova*.

TABLEAUX, ESQUISSES ET COMPOSITIONS DE TOUT GENRE, PAR HUBERT ROBERT

67. Deux tableaux d'une grande force de couleur, et pleins d'intérêt dans le détail des figures. L'un représente les Ruines d'une immense galerie percée dans la voûte ; l'autre un monument indiquant des Bains avec jet d'eau au milieu, gondoles, etc. Ces morceaux font partie des brillantes études en Italie par cet artiste. Paillet, 400 livres.
68. Un grand tableau de place de forme en travers. Point de vue de paysage avec une masse de roches sur la gauche, et baigné par un lac où l'on voit un pâtre qui conduit trois bœufs. Castelle, 85 livres.
69. Une autre grande étude. Décintrement d'une des arches du pont de Neuilly. Daval, 45.
70. Ce charmant tableau représente les ruines d'un temple circulaire où se voient la statue de Vénus et plusieurs personnages qui viennent y offrir des sacrifices. Divers autres détails, dont Marc-Aurèle, ajoutent encore à l'intérêt de cette production. Laneuville, 251.
71. Une belle étude de paysage faite d'après nature à Saint-Cloud, où se voit le grand jet dans toute sa hauteur. 42.
72. Joli tableau de forme ronde, offrant un point de vue très étendu, avec cascades sur le premier plan, qui se brisent dans des roches. On y remarque entre autres figures un dessinateur occupé à tracer ce point de vue. Souzy, 91.
73. Trois différents points de vue du Parc de Méréville, exécuté en grand pour M. de Laborde. 147.
74. Joli tableau, étude d'après nature, offrant un point de vue des Cascatelles

de Tivoli. Morceau touché avec infiniment de goût, et d'un aspect agréable. 91.

75. Un autre tableau fait au premier coup, sujet de ruines et fontaine où l'on voit deux jeunes filles qui viennent puiser de l'eau, et qui sont aperçues par un personnage vêtu en solitaire. 160.

76. Le point de vue d'une riche galerie d'architecture dont la principale arcade laisse voir un fond de paysage et un ciel brillant sur lequel se détache la statue de Marc-Aurèle. Sur les degrés et tout le premier plan, l'artiste a répandu diverses figures d'une admirable variété de mouvements. 550 livres.

77. Un autre tableau de forme en hauteur, représentant un beau Monument d'architecture, servant de lavoir, où sont établies des blanchisseuses occupées à étendre leur linge, tandis que d'autres, sur le premier plan à droite, sont autour d'un feu. 550.

78. Un *idem*, même forme du précédent, offrant les ruines d'un palais où se trouve encore la statue d'Apollon. Le milieu du premier plan est enrichi d'un groupe de neuf figures, dont des soldats qui jouent aux cartes. Constantin, 120.

79. Un monument composé, offrant un obélisque brisé, autour duquel dansent des jeunes filles. Castelli, 193.

80. Une étude du plus grand effet, d'après l'incendie de l'Hôtel-Dieu. Caillard, 144.

81. Un autre tableau, sujet d'un incendie. Morceau en hauteur. 23.

82. Un *idem*, qui paraît encore pris de l'Hôtel-Dieu. 23.

83. Étude faite en Italie, d'après Lucas Jordane, représentant les Vendeurs chassés du Temple. Renaut pour M. Moitte, 143.

84. Une autre belle étude de Ruines avec Fontaine, où sont des femmes qui viennent puiser de l'eau, et d'autres autour d'un feu. La partie de l'architecture paraît être de Panini, et les autres détails par Hubert Robert Cornilion, 185.

85. Deux tableaux, Études d'après Panini. Dans l'un un beau vase avec fragment d'entablement ; dans l'autre, une pyramide. Dubus, 150.

86. Une charmante esquisse : point de vue d'un parc, avec sujet de balançoire. 45.

87. Deux autres esquisses ovales. L'une offre un ancien édifice servant d'écurie ; l'autre une grande arche de pont, avec gondole et lointain de paysage.

88. Deux autres même forme, point de vue de mer et de jardin. Dans l'une des hommes tirent un bateau, dans l'autre un artiste dessine un tombeau. 47.

89. Deux esquisses, différents effets de nuit, offrant des monuments de Rome, plus un troisième, sujet d'une pyramide que des ouvriers sont occupés à démolir. 56.

90. Trois autres aussi de forme en travers. L'une un point de vue de mer et rochers ; les deux autres, effet de nuit et souterrain. Un des personnages priant devant un tombeau, d'autres sont autour d'un feu. 95.

91. Une petite esquisse en ovale, point de vue de mer à l'effet d'un brouillard, avec monument de ruines sur la droite, plus deux autres de même forme

en hauteur. Dans l'une des peupliers, dans l'autre une pyramide. 40-5.

92. Belle esquisse ovale en hauteur, offrant l'escalier d'un palais avec pyramide et diverses figures. 38.

93. Un paysage de forme en ovale, avec chaumière pittoresque et personnage qui tire de l'eau d'un puits.

94. Deux esquisses, études de Rome. L'une représente une masse de fabriques avec chute d'eau dans le milieu ; l'autre une procession du pape. Plus une troisième esquisse perspective de galerie éclairée par l'effet d'un embrasement. Dubus, 41.

95. Deux autres esquisses, sujet de démolition dans les caveaux de Saint-Denis. 60.

96. Quatre jolies esquisses, intérieur de Temple et autres sujets d'architecture. Constantin. 295.

97. Une autre d'un immense détail, offrant le sujet d'un repas de militaire aux Champs-Élysées. 96.

98. Une autre esquisse du plus grand goût de touche, perspective d'une colonnade, avec fontaine et figure d'un dessinateur.

99. Une idem, aussi d'un excellent goût de touche, composition d'une fabrique pittoresque et d'un lavoir sur le premier plan. Robert Lefaivre. 130.

100. Une autre, paysages et ruines avec figures de jeunes filles qui lisent une inscription. 80.

101. Deux, encore très intéressantes par le motif des sujets. L'une représente les Catacombes de Rome ; l'autre le repas des Cinq-Cents dans la Galerie du Muséum.

102. Ce tableau, fait au premier coup, représente un point de vue d'un bois, et le sujet historique d'un chien qui ne quitte pas les habits de son maître.

103. Deux esquisses de forme en travers. L'une représente l'Intérieur d'une Salle antique ; l'autre, un paysage, style de Lucatelli. Plus deux autres points de vue d'un parc et d'un orage. Paillet. 110.

104. Un autre sujet d'une école de dessin dans une galerie composée. Laneuville. 50.

105. Deux moyennes esquisses. Différents points de vue de paysages. Dans l'une un pont pittoresque ; dans l'autre une chapelle. Laneuville. 180.

106. Un petit tableau de paysage mêlé de roches, avec figures et quelques animaux sur le premier plan. Rivier. 96.

107. Deux esquisses de différentes dimensions et vigoureuses de couleur. L'une offrant un souterrain et l'autre une lavanderie. 46.

108. Quatre autres charmants projets de composition, dont un sujet de la Crèche. 125.

109. Deux idem, dont le point de vue d'un pont pittoresque. 56.

110. Quatre autres, de forme étroite en hauteur, projets de tableaux de place, qui ont été exécutés pour le château de Champlatreux. Laneuville. 111.

111. Autre jolie esquisse, représentant la Salle du Laocoon. 24.

112. Six esquisses de composition variée, dont une des illuminations des Tuileries. 54.

113. Deux esquisses touchées avec infiniment de goût. L'une offrant un palais au bord de la mer avec gondoles ; l'autre un arc de triomphe aussi au bord d'un fleuve. 35.

114. Deux autres de forme en hauteur. L'une offrant une rotonde ou lavoir de blanchisseuses ; l'autre, un monument et cascade. Rotour. 95.

115. Trois différentes compositions, esquisses de goût, dans l'une desquelles on remarque une pyramide, débris de monument, figures, etc. Rivier, 251.

116. Six esquisses diverses, qui seront divisées en deux articles. Brunot. 42.

117. Deux autres. Intérieur d'une riche galerie et une arche de pont, avec figures de blanchisseuses. Brunot. 72.

118. Six esquisses, compositions diverses, dont un sujet de Suzanne au bain, qui forment deux articles. Renaut pour M. Berthelemy. 105.

119. Deux petits tableaux faits au premier coup : l'atelier du peintre et celui du sculpteur. 60 fr.

120. Deux petits sujets en hauteur, architecture, fontaines et figures de blanchisseuses. Cornilion. 80 fr.

121. Trois autres compositions de goût, dont un intérieur de caverne éclairée par un flambeau. 99.

122. Deux charmantes esquisses. Intérieur de galerie et ruines de monuments, servant d'atelier à un sculpteur. Cornilion. 63.

123. Un paysage en hauteur, avec monument servant de lavoir.

124. Deux esquisses de forme en travers. L'une une fontaine de riche architecture ; l'autre une galerie de tableaux. Pere. 70.

125. Quatre autres compositions diverses et études d'animaux. 102.

126. Quatre autres, dont un intérieur de boucherie. Brunot. 35.

127. Six idem, différents sujets et études d'après nature. 37.

128. Deux études de Rome, qui paraissent faites d'après le Calabrèse : Descente et élévation de croix. Cornilion. 40.

129. Belle esquisse terminée de la démolition du château de Meudon. Coseus. 50.

130. Une autre esquisse de caractère, offrant le sujet de la Cène, représenté dans un beau temple qui rappelle la belle manière de Panini. 81.

131. Une autre charmante composition offrant le sujet de la Sérénade italienne, au bas d'un pavillon. Cornilion. 50.

132. Une autre, projet de fontaine dans une place publique.

133. Charmante esquisse faite de souvenir, des illuminations qui ont eu lieu en l'honneur de Jean Jacques, le jour que son tombeau fut placé aux Tuileries [1]. 30.

134. Esquisse heurtée, mais pleine d'effet, de la démolition du Pont au Change. 72.

135. Une autre, même genre, faite aux Grands-Augustins. 50.

136. Deux belles esquisses en hauteur, de différentes ruines de monuments, l'une à l'effet du clair de lune. 73.

---

1. Hubert Robert a représenté, comme on a pu le voir, plusieurs des scènes de la Révolution. On cite encore de lui *la Fédération Nationale au Champ de Mars, 14 juillet 1790.*

137. Deux études de forme en ovale d'après Panini. Paillet. 100.
138. Environ trente tableaux et esquisses, sujets de tout genre, qui seront divisés sous ce N° qui termine les ouvrages en peinture de cet intarissable et ingénieux artiste.

PEINTURES A LA GOUACHE PAR DIVERS.

139. Très beau morceau, ruines d'architecture, par Clérisseau. Naudet. 91.
140. Un autre moyen sujet par le même artiste. Plus deux autres petites gouaches par un artiste allemand. Constantin. 16.
141. Charmant sujet de trois personnages dans un intérieur d'appartement, par Mallet-Joffret. 22.
142. Deux compositions plaisantes, sujets critiques, par Perotte. Laneuville. 38.
143. Précieuse étude de paysage, coloriée par Cassas. Roland. 107.
144. Cinq études coloriées à la gouache par Agricole : oiseaux, fruits, insectes et plantes. Laurence. 20.

DESSINS SOUS VERRE, PAR DIFFÉRENTS ARTISTES FRANÇAIS ET AUTRES.

145. Beau dessin à la pierre d'Italie, par M. Pajou. 52.
146. Deux jolis croquis, sujets d'architecture, avec figures, par Panini. Paillet. 79.
147. Un autre, même genre, par le même, plus terminé. Paillet. 42.
148. Précieux dessin, aussi par J. Paul, représentant l'intérieur d'une galerie dans une partie de rotonde. Périnion. 25.
149. Un autre, idem, esquisse à l'aquarelle avec sujet de Jésus-Christ au milieu des docteurs. 24.
150. Deux dessins très précieux à la sanguine, par Bouchardon. L'un, sujet d'une jeune fille qui fait courir un solitaire après sa béquille; l'autre, contre-épreuve pour le titre d'un livre. Naudet. 32.
151. Quatre autres dessins du même. Compositions pour des médailles. Ménageot. 31.
152. Trois études d'enfant à la sanguine et une tête de vieillard. Ménageot. 31.
153. Grand dessin à la plume et à l'encre de la Chine, par de Wailly, représentant le point de vue et les immenses détails du Temple de Salomon. 25.
154. Trois académies à la sanguine par Suvée, Carle van Loo et Bouchardon. Cette dernière est contre-épreuve. Rivière. 36.
155. Deux grands dessins de paysage à la pierre noire, par F. Boucher. Constantin. 13.
156. Deux académies de femme, par le même, pour des sujets de Vénus. 19.
157. Une esquisse, marche d'animaux, par le même, et deux dessins par *Robert*, dont la Famille indigente. 25.
158. Deux grands dessins, groupes d'animaux avec figures, par J. Louterbourg. De Monvilles. 30.
159. Deux idem, genre des précédents.
160. Huit autres études du même et autres. 25.
161. Six dessins, dont trois études de tête, par F. Boucher. 6-5.

162. Six idem, croquis de figures et animaux.
163. Quatre dessins, études par Bouchardon, Vernet et Fragonard. Raye. 56.
164. Deux dessins, études de Rome, d'après les grands maîtres, par Fragonard. 3o.
165. Un dessin au bistre par le même, sujet du lever des marchandes de modes. Plus un dessin à la pierre noire, style de Lantara. 6o.
166. Deux précieux dessins à la plume, par Palmérius, d'après différents grands maîtres. Estiene. 231.
167. Deux études de fleurs coloriées, par Pérignon. Plus une étude d'oiseaux, par Oudry. 13-5.
168. Six dessins divers dont cinq par Fragonard. Bertier. 13.
169. Six autres par Boucher, Jouvenet, Bouchardon, etc. 12.
170. Deux études par Le Prince et J. B. Huet. 25.
171. Quatre autres par le même et Moreau.
172. Trois dessins légèrement lavés de bistre, par Fragonard, dont la Leçon de danse. Constantin. 40.
173. Six autres dessins par le même et divers. 19.
174. Six idem, différents sujets et études. 9-5.
175. Quatre dessins par Fragonard et deux par Robert.
176. Quatre idem, par Moreau et Lépicier. Constantin. 76.
177. Trois dessins, dont un d'après le Carrache, projet d'architecture et un paysage colorié. Roland. 15-10.
178. Six dessins à la plume et au bistre, dont un projet de Fontaine par Bouchardon; deux sujets d'enfants par Boucher, etc.
179. Quatre petits dessins à la pierre d'Italie, par Angot, d'après les bas-reliefs antiques. Plus un croquis d'architecture, par Hubert Robert.
180. Un grand dessin de forme en longueur, au trait de sanguine, fragment des Noces aldobrandines. Nyons. 40-5.
181. Un autre grand et précieux dessin fait à la pierre d'Italie, par Vicar, d'après le fameux tableau de Léonard de Vinci, sujet de la Cène. Constantin. 3oo.
182. Deux grands dessins à la pierre noire, rehaussés de blanc, par Châtelet, études de la cascade de Terny et celle de Tivoli. L'un est monté, l'autre en feuilles. Naudet. 3o.
183. Deux jolis dessins forme de frise coloriée et composés dans le genre arabesque par Lagrenée jeune. 7.
184. Divers dessins, aussi sous verre, qui auraient été omis, seront détaillés sous ce numéro.

DESSINS EN FEUILLES PAR DIFFÉRENTS MAÎTRES ANCIENS ET MODERNES

Cette suite de dessins va du n° 185 du catalogue au n° 223 inclusivement. Chaque numéro comprend : cinq, dix, douze et jusqu'à dix-neuf pièces. L'énumération en serait peu intéressante, le sujet n'étant pas indiqué.

SUITE DES DESSINS EN FEUILLES PAR F. BOUCHER

Cette suite va du n° 224 au n° 236 inclus. A citer le n° 227, composé de 10 dessins détaillés, études de tous genres, dont un sujet de corps de garde, à la plume et au bistre, vendus 24 livres et le n° 236 comprenant soixante-dix dessins, études de tout genre par F. Boucher, lequel réuni au n° 202 comprenant neuf dessins à la sanguine, de Bouchardon, forma un lot vendu 17 livres 5 sols.

SUITE DES DESSINS EN FEUILLES PAR HONORÉ FRAGONARD

Va du n° 237 au n° 244 inclus, à citer :

237. Dix dessins, compositions, études de figures, têtes de paysages dont plusieurs lavés au bistre sur papier blanc. Saint-Martin. 25.

242. Une suite de dix-neuf moyens dessins à la pierre d'Italie, d'après les tableaux des grands maîtres. 5o.

244. Huit dessins au bistre, mêlé de sanguine, études de figures groupées d'enfants et têtes. 36-95.

DESSINS SOUS VERRE PAR HUBERT ROBERT

245. Deux grands et précieux dessins à la plume et lavés à l'aquarelle. L'un représente l'intérieur d'une galerie où sont réunies diverses statues antiques et autres dont Marc-Aurèle. L'autre, d'une admirable harmonie. offre les ruines d'un temple enrichi dans le milieu d'un groupe de figures et d'animaux. Paillet. 26o.

246. Deux autres dessins aussi coloriés. L'un représente les ruines d'un temple, débris antiques et figures de laveuses à une fontaine décorée d'un fleuve. L'autre une grande arcade d'architecture avec escalier et sphinx ; sur la droite, le groupe du Laocoon. Paillet. 221.

247. Un dessin très fin, même genre des précédents, offrant une partie du Capitole et une réunion des plus belles statues antiques. Paillet. 5o.

248. Deux précieux dessins à la sanguine. Différents points de vue de Rome, avec temple et fabriques. 46.

249. Suite de six dessins à la pierre noire. Études d'après différents édifices et monuments.

25o. Un dessin à l'aquarelle, forme en hauteur, ruines de monuments, servant de lavoir à des blanchisseuses qui font une agréable richesse sur le premier plan. 24.

251. Un autre dessin aussi à l'aquarelle et croqué dans un style pittoresque. Projet d'une fontaine de la Liberté, où un nombre de personnages viennent puiser de l'eau. Naudet. 24.

252. Un idem, offrant une réunion de débris antiques qui se détachent sur une grande pyramide. 24.

253. Un autre même genre représentant les ruines d'un temple, et dans le milieu du premier plan, l'Amour, de Bouchardon, brisant son arc. 34.

254. Deux grands et magnifiques dessins de forme en ovale et coloriés : ruines d'un temple, aqueduc, etc. 22o.

255. Un joli croquis à la plume et légèrement colorié, sujets de ruines avec figure d'un solitaire en prière, tandis que trois jeunes filles viennent enlever des fleurs qui sont dans un vase. 27.

256. Un grand dessin à l'aquarelle, point de vue des édifices et jardins pris à la Villa Madame. Paillet. 12o.

257. Un autre beau dessin fait comme le précédent. Ruines de monuments servant d'écuries, où l'on voit diverses figures et chevaux. Renaut, 33.

258. Deux dessins. L'un à la sanguine, point de vue de paysage avec fontaine pittoresque ; l'autre à la plume et lavé au bistre. Gounot, 15.

259. Deux autres dessins à la pierre noire et au bistre. L'un un point de vue du pont d'Avignon ; l'autre une étude faite à Saint-Rémy. Laneuville, 24.

260. Deux autres à l'aquarelle. L'un un projet de monument à la mémoire de Lamoignon-Malesherbes ; l'autre les ruines d'un temple égyptien, avec sujet de la Balançoire. 36.

261. Quatre dessins à la sanguine, forme en longueur, études de différents monuments. 18.

262. Trois moyens dessins à l'aquarelle, dont un d'après Panini.

263. Trois autres croquis de monuments, dont un arc de triomphe à Orange. Renaut, 29-95.

264. Deux précieux dessins à la plume, lavés à l'aquarelle. L'un, une vue de la cascade du Belvédère, à Frascati ; l'autre pris à Caprarole. 78.

265. Trois autres dessins légèrement coloriés, dont un fait dans la prison de Sainte-Pélagie. 35-5.

266. Trois *idem*, différentes formes et sujets. Constantin, 30.

267. Cinq autres, dont un colorié : Tombeau et inscription. Naudet, 40.

268. Quatre croquis, dont un sujet de l'Adoration des Bergers, fait à l'encre de Chine.

269. Un joli dessin au bistre, Fontaine pittoresque. Plus un sujet de plafond forme ronde, par Fragonard.

SUITE DES DESSINS EN FEUILLES PAR HUBERT ROBERT

formant un nombre de plus de douze cents études, pour la plupart
de son voyage de Rome, et par conséquent exécutées avec autant d'art
que de goût ; et l'on peut dire avec vérité
que ce n'est encore qu'une faible partie de ce qu'a produit cet artiste
qui n'a jamais su voir un site pittoresque, ni aucun monument de l'antique,
sans éprouver le désir d'en enrichir ses portefeuilles.

270. Deux précieux dessins légèrement coloriés à l'aquarelle. L'un un arc de triomphe ; l'autre, des ruines de monuments enrichis d'un groupe de personnages qui jouent aux dés.

271. Deux autres charmants dessins aussi à l'aquarelle, offrant des points de vue d'architecture, cascades, lavoirs, etc. 41.

272. Trois dessins de différentes formes et genre, dont le pont du Gard.

273. Trois autres, partie coloriés, même point de vue, par Paul Grégoire. 22-50.

274. Onze moyens dessins, la plus grande partie terminés à la plume et lavés de bistre.

275. Sept beaux dessins, études de monuments de Rome, faits à la sanguine.

276. Six autres aussi intéressants.

277. Six *idem*, dont quatre en hauteur. 20.

278. Six *idem*, la tour de Metel et autres monuments.

279. Six autres dessins de choix, partie de forme en hauteur. Rivier, 16.

280. Sept *idem*, points de vue variés, monuments, statues, dont Marc-Aurèle.

281 à 290. Études dont le sujet n'est pas indiqué.

291. Deux moyens dessins au bistre, dont un fragment du temple de Diane.

292. Quatre charmants dessins sur deux feuilles, études d'après nature.

293. Quatre *idem*, études faites à Orange et à Lille.

294. Huit dessins de choix, études de Rome, à la sanguine.

295. Huit autres, galerie de statues antiques, cascades, plantes, etc. 25.

296. Quatre charmants petits dessins au bistre, Fontaine de Vaucluse, arcs de triomphe, Intérieur du temple de Diane, etc. 80.

297 à 321. Études dont le sujet n'est pas indiqué.

322. Neuf dessins, compositions, monuments et marche d'animaux. Renaut. 31-1.

323. Neuf autres à la plume et à la sanguine, dont un sujet d'Agar.

324. Dix idem, dont un colorié, sujet de l'Académie du modèle éclairé à la lampe. Renaut. 101-1.

325. Huit autres, monuments en ruine.

326. Six idem, dont une Assemblée du clergé, salle de statues, etc.

327 à 332. Sujets non indiqués.

333. Huit autres dessins à la sanguine, Projets de Fontaine, Académies, Figures dans le genre pastoral, etc. 6-50.

334. Cinq différentes épreuves de Rome, à la sanguine.

335. Huit autres, Paysages et études de figures, dont un joueur de mandoline. 6-1.

336. Six belles études de paysage, à la pierre noire et à la sanguine. 5-50.

337 à 339. Sujets non indiqués.

340. Un portefeuille contenant quarante-huit dessins, études de choix, d'après les grands maîtres, qui seront divisés en sept articles.

341. Cinq volumes brochés, contenant plus de 200 contre-épreuves des Études d'Hubert Robert, dont la plus grande partie a passé chez l'étranger. Cette suite est curieuse, offrant un choix des plus beaux monuments et points de vue de Rome.

342. Un autre volume broché contenant quarante-trois études de figures drapées.

343. Recueil de 46 études d'après nature et différents tableaux.

344. Autre recueil de 447 dessins, études et croquis d'après nature par Robert et Vernet; plus 27 croquis par Fragonard : total des pièces, 514. Constantin. 400.

345. Suite de 94 dessins, croquis et contre-épreuves, compositions, paysages, études de figures, par Robert, Bouchardon, Lucatelli et autres. Casiens. 59-95.

346. Petit volume broché contenant 41 dessins croquis, pour la plupart à la plume et au bistre.

347. Plus de 240 dessins, croquis de tout genre, qui seront divisés en 12 articles. Vendu avec le nº 348. 43-1.

348. Environ 120 dessins du même genre.

349 à 352. Études, dessins et croquis.

353. Cinquante volumes et livrets remplis de croquis, que Robert appelait ses

promenades, offrant les idées les plus ingénieuses et les plus utiles pour la composition, qui seront divisés en plusieurs lots.

A ce numéro se terminent les dessins en feuilles et en volumes, par Hubert Robert.

354 à 357. Dessins d'architecture, d'ornement, académies par différents maîtres.

ESTAMPES EN FEUILLES ET EN VOLUMES

358. La suite des huit grands paysages, d'après le Poussin.

359. Neuf des ports de France, d'après Joseph Vernet.

360. Cinq pièces d'après le même, dont le point de vue de la ville d'Avignon. 15.

361. Six pièces d'architecture, par Piranesi. 12-50.

362. Onze autres, d'après le Carrache, Rubens, Ph. Wouvermans, etc. 24.

363. Quatorze pièces. Œuvres de Miséricorde, du Bourdon, et les Sacrements, du Poussin, de Benoît Audran. 36.

364. Le portrait de P. de Champagne; les Lions, par Vivant Denon; la Vierge, dite la Belle Jardinière, par Desnoyers, et la Peste de Saint-Roch, d'après Rubens. 25.

365. Trente-deux pièces diverses, d'après Ann. Carrache, N. Poussin, etc. 16.

366. Vingt-six petits paysages à l'eau-forte, par Dietrici. Plus soixante-cinq pièces faisant suite à l'œuvre de ce maître.

367 à 369. Lots d'estampes.

370. Voyage pittoresque de Naples et de Sicile, cinq volumes brochés. 540.

371. Monuments antiques, la plupart dessinés par Barbaut, ouvrage qui contient deux cents planches.

372. Un volume. Différents mélanges, savoir: animaux de Dujardin, Berghem; monuments de Rome, etc. 36.

373. Partie de la galerie du Palais-Royal.

374. Monument de Chalgrin et description de la place Louis XV, 2 vol.

375. Voyage de la Suisse, par La Borde, deux volumes, discours et figures. 36.

376. Architecture de Ledoux, deux volumes brochés.

377. Le cabinet de Choiseul, un volume broché. 17.

MARBRES ET BRONZES

378. Deux jolis bustes en marbre statuaire, proportion de nature, qui seront divisés étant de différents caractère et proportion. Paillet. 63.

379. Un trépied de style égyptien aussi en marbre blanc. Le Brun. 156.

380. Très beau plâtre du Pluton de Pajou, placé sur un fort piédestal en chêne, formant une armoire dans toute sa hauteur. Daval. 47.

381. Plusieurs groupes et figures en plâtre, dont celles mutilées seront distinguées.

382. Le groupe du Laocoon et ses enfants, magnifique bronze de grand modèle et de la plus belle fonte, placé sur un socle de bois noir décoré de fonte dorée.

Cet article est des plus distingués dans son genre.

383. Statue équestre de Marc-Aurèle, bronze d'une belle proportion. Dufoure. 200.
384. Deux charmantes girandoles à figures d'enfants, satyre et jeune fille, d'après les modèles de l'ingénieux artiste Clodion. 271.
385. Deux autres absolument semblables. 272.
386. Les ustensiles de peinture en tous genres seront détaillés sous ce numéro.
387. Une jarre composée dans un style antique, par Hubert Robert, pour avoir sous les yeux, dans son atelier, une fontaine de caractère. Cette pièce est accompagnée de sa cuvette du même genre. Ménageot. 54.
388. Une belle et grande armoire en marqueterie, par Boulle, richement décorée de fonte dorée. Elle est à deux venteaux maillés en fil de laiton, et est garnie de rideaux de taffetas vert dans l'intérieur, ainsi que de tablettes pour servir de bibliothèque. Sa hauteur est d'environ 70 pouces. Roland. 85.
389. Les articles de tout genre qui auraient été omis seront vendus sous ce numéro.

LES SALONS D'HUBERT ROBERT

D'APRÈS LA COLLECTION DES LIVRETS DES ANCIENNES EXPOSITIONS
RÉÉDITÉES PAR J. GUIFFREY (1785 EXCEPTÉ)

SALON DE 1767.

101. *Le Port de Rome*, orné de différents monuments d'architecture antique et moderne. Ce tableau, de 4 pieds 7 pouces sur 3 pieds 2 pouces, est le morceau de réception de l'auteur.

102. *Ruines d'un arc de triomphe et autres monuments.* Ce tableau cintré, de 4 pieds 2 pouces de haut sur 4 pieds 3 pouces de large, doit être placé dans les appartements de Bellevue.

103. *Grand paysage dans le goût des campagnes d'Italie.* 8 pieds 9 pouces de large sur 7 pieds 7 pouces de haut.

104. *Cuisine italienne.* Tableau de 2 pieds 1 pouce de large sur 15 pouces de haut.

105. *Écurie et Magasin à foin*, peints d'après nature à Rome. Tableau de 2 pieds 2 pouces de haut sur 1 pied 3 pouces.

106. *Grande Galerie antique éclairée du fond.*

107. *La Cour du palais romain* qu'on inonde dans les grandes chaleurs pour donner de la fraîcheur aux galeries qui l'environnent.

   Ces deux tableaux de même grandeur ont 4 pieds 3 pouces de large sur 3 pieds 1 pouce de haut.

108. *Grand Escalier qui conduit à un ancien portique.* Tableau de 4 pieds de haut sur 2 pieds 9 pouces de large.

109. *Intérieur d'une galerie ruinée.* Petit ovale.

110. Deux tableaux de même grandeur : l'un représentant une *Cascade tombant entre deux terrasses*, au milieu d'une colonnade ; l'autre une *Vue de la Vigne-Madame* à Rome.

111. Deux autres tableaux : l'un un *Pont sous lequel on voit les campagnes de*

Sabine à quarante lieues de Rome ; l'autre les *Ruines du fameux portique du temple de Bolbec à Héliopolis.*

Ces quatre tableaux ont environ 1 pied 10 pouces de large sur 1 pied 5 pouces de haut.

112. Plusieurs petites esquisses et plusieurs dessins coloriés d'après nature, à Rome.

SALON DE 1769

84. *Un Port orné d'architecture.* Ce tableau, du cabinet de M. le Duc de Choiseul, a 4 pieds de large sur 3 de haut.

85. Un tableau représentant des portiques, galeries et jardins, tels qu'on en voit aux environs de Rome. Ce tableau appartient à M. le comte de Saint-Florentin. Il a 7 pieds 6 pouces de large sur 5 pieds 6 pouces de haut.

86. *La Cascade du Belvédère Pamphile* à Frescati.

87. *Les restes d'un escalier antique.*

Ces deux tableaux de 15 pouces de haut sur 1 pied de large appartiennent à M. le marquis de Séran.

88. *Une ruine du vestibule d'un temple.*

89. *Une pièce d'eau environnée de galeries.*

Ces deux tableaux appartiennent à M. Hennin, résident de France à Genève. Ils ont 20 pouces de haut sur 16 de large.

90. *L'intérieur d'un édifice circulaire* orné de colonnes et de statues, avec une pièce d'eau au milieu.

91. *Les cascatelles de Tivoli.*

Ces deux tableaux appartiennent à Mme la marquise de Langeac. Ils ont 3 pieds de large sur 2 pieds 4 pouces de haut.

92. *La maison de campagne du prince Mattei* près de Rome.

93. *Un paysage avec monuments antiques.*

Ces deux tableaux ont 2 pieds 3 pouces de large sur 18 pouces de haut.

94. *Le dessous du quai de Gesvres à Paris*, vu du bas du quai Pelletier au bord de la rivière. Ce tableau de 2 pieds 3 pouces de large sur 19 pouces de haut appartient à M. Le Carpentier, architecte du Roi.

95. *L'Intérieur de la Colonnade de Saint-Pierre*, dans le temps du Conclave.

96. *La Grotte de Pausilippe ornée d'architecture.*

Ces deux tableaux ovales de 14 pouces de haut sur 10 de large appartiennent à M. de la Ferté.

97. Plusieurs autres tableaux d'architecture et monuments antiques de Rome et des environs sous le même n°.

98. Plusieurs dessins coloriés faits en Italie ; paysages, jardins, temples et édifices antiques et modernes de Rome.

SALON DE 1771

80. Deux tableaux représentant des monuments et édifices de Rome antique et moderne. Ils ont chacun 9 pieds 6 pouces de haut sur 4 pieds 6 pouces de large.

81. Deux tableaux, l'un est une *Vue de la forêt de Caprarole*, l'autre le *Pont de Tivoli*. De 5 pieds de haut sur 3 pieds de large.

82. *Une fontaine antique au milieu des campagnes de Rome.* Tableau de 5 pieds 6 pouces de haut sur 3 pieds de large.

83. Deux tableaux : l'un un *Incendie dans les principaux édifices de Rome ;* l'autre des *Ruines d'architecture*, chacun de 3 pieds de large sur 2 pieds 6 pouces de haut. Ces deux tableaux appartiennent à Mme la marquise de Langeac.

84. *Vue des jardins du prince Borghèse à Rome.* Tableau de 1 pied 10 pouces de haut sur 1 pied 5 pouces de large.

85. Deux tableaux : l'un une *Vue des jardins Barberini;* l'autre des *Montagnes de Sora* entre Rome et Naples, chacun de 2 pieds 6 pouces de large sur 1 pied 8 pouces de haut.

86. *La fontaine des jardins Pamphile à Frescati.* Tableau ovale de 1 pied 2 pouces de haut sur 10 pouces de large.

87. *Une partie des portiques de l'ancien palais du pape Jules à Rome.* Tableau ovale de 15 pouces de haut sur 11 de large.

88. Deux dessins faits d'après nature au château d'Amboise.

89. Plusieurs autres dessins coloriés, de différentes vues et monuments d'Italie sous le même n°.

SALON DE 1773

90. *Vue d'une partie de l'ancien Palais des ducs de Toscane à Florence.* Tableau de 4 pieds 6 pouces de haut sur 3 pieds 3 pouces de large, du cabinet de M. le baron de Bezenval.

91. *Vue levée sur l'ancien plan du Palais de Titus à Rome.* Tableau de 3 pieds de large sur 2 pieds 6 pouces de haut, du cabinet de M. Watelet.

92. *Vue du casin Mattei près de Rome.* Tableau de 4 pieds 6 pouces de haut sur 3 pieds de large.

93. *La grande pièce d'eau et les bosquets des jardins Conti à Frescati.* Tableau de 3 pieds de large sur 2 pieds 6 pouces de haut.

94. *Vue des environs de Tivoli.* Tableau de 18 pouces de large sur 13 de haut, appartenant à M. le comte de Strogonoff.

95. *Ruines du Campo Vaccino à Rome.*

96. *Un escalier du Casin Albani.*

    Ces deux tableaux ovales ont 18 pouces de large sur 13 de haut ; ils font partie du cabinet de M. le comte de Strogonoff.

97. *Un temple grec avec la colonnade de Saint-Pierre.*

98. *Une partie des jardins Borghèse à Rome.*

    Ces deux tableaux de 18 pouces de large sur 13 de haut font partie du cabinet de M. le comte de Strogonoff.

99. *Une petite fille récitant sa leçon devant sa mère.*

100. *Un enfant que sa bonne fait déjeuner.* Tableau ovale de 12 pouces de large sur 8 de haut.

101. Plusieurs tableaux de diverses grandeurs représentant des vues et monuments des environs de Rome.

102. Plusieurs dessins coloriés, de différents édifices antiques de France et d'Italie.

SALON DE 1775

70. *Le décintrement du pont de Neuilly*. Ce tableau, de 7 pieds de largeur, appartient à M. de Trudaine.

71. Deux tableaux : l'un le *Retour des bestiaux sous les ruines* au soleil couchant ; l'autre le *Portique d'une maison de campagne près de Florence*.
    Ces deux morceaux ont chacun 7 pieds de haut sur 3 pieds 6 pouces de large ; ils appartiennent à M. de Frouville.

72. Trois tableaux : *les Restes d'un temple de Jupiter. Le temple de la Concorde avec la pyramide de Cestius. Les ruines du Palais des Césars.*
    Ces tableaux de 9 pieds 6 pouces de haut sur 3 pieds de large appartiennent à M. le duc de Nivernois.

73. *Vue du château de Gaillon en Normandie*. Tableau de 15 pieds de large sur 10 de haut. Il appartient à M. l'archevêque de Rouen.

74. *L'extérieur d'une colonnade d'ordre dorique* au haut d'un escalier, et, dans le fond, une partie des jardins Albani. De 9 pieds de haut sur 8 de large. Ils appartiennent à M. le marquis de Chavigny.

75. *Le petit Palais placé dans le haut des jardins du Caprarole*. De 27 pouces de large sur 20 de haut.

76. Plusieurs dessins coloriés sous le même numéro. Ils représentent des ruines de Rome et des vues des environs de Paris.

SALON DE 1777

76. *Deux vues des jardins de Versailles*, dans le temps qu'on en abattait les arbres.
    Ces deux tableaux ordonnés pour le Roi ont 7 pieds de large sur 4 pieds et demi de haut.

77. *Intérieur d'une galerie circulaire ornée de statues*. Tiré du cabinet de M. le marquis de Séran.

78. *Ruines d'un ancien palais de Rome*. Tirées du cabinet de M. le marquis de Ségur.
    Ces deux tableaux ont 4 pieds et demi de haut sur 3 pieds de large.

79. Deux tableaux : l'un *Une partie des plus beaux monuments de Rome* ; l'autre *Une grande arche de pont sous laquelle on aperçoit une cascade et un vieux château*.
    Ces deux tableaux de 5 pieds et demi de large sur 3 pieds et demi de haut appartiennent à M. l'abbé Terray.

80. *Vue des environs de Tivoli près de Rome*. Ce tableau appartient à M. le marquis de Bouthillier. Il a 8 pieds de haut sur 7 de large.

81. Deux tableaux : l'un *Une vue des environs de Marly* ; l'autre *Une vue de Normandie*. Ces deux tableaux de 3 pieds et demi de large sur 2 pieds 10 pouces de haut appartiennent à M. le marquis de Poyanne.

82. Deux tableaux faits d'après nature à Ermenonville : l'un *la Cascade vue dans la grotte qui en est voisine* ; l'autre *Un escalier près du billard*. Ces deux tableaux de 21 pouces de haut sur 18 de large appartiennent à M. Boullongne de Prénainville.

83. *Arc de triomphe et autres monuments de Rome*. Tableau de 3 pieds et demi de large sur 2 pieds 6 pouces de haut.

84. *Vestibule d'un palais romain, du côté des jardins.* Tableau de 3 pieds et demi de large sur 2 pieds 10 pouces de haut.

85. Plusieurs dessins coloriés de vues et monuments romains et d'autres sujets composés, sous le même numéro.

SALON DE 1779

89. Deux tableaux : l'un *Une pêche sur un canal couvert d'un brouillard ;* et l'autre *Un grand jet d'eau dans des jardins d'Italie ;* on voit sur le devant du tableau des femmes qui jouent à la main chaude. De 5 pieds de haut sur 3 de large.

90. *Une partie de la cour du Capitole,* ornée de musiciens ambulants, près d'une fontaine. De 5 pieds de haut sur 4 de large.

Ces trois tableaux appartiennent à Monseigneur le comte d'Artois.

91. Deux tableaux : l'un est *L'entrée d'un temple ;* et l'autre *Des portiques et des colonnades au milieu de jardins entourés d'eau.* De 12 pieds de haut sur 7 de large.

92. Deux autres tableaux : l'un *Une fontaine antique ;* et l'autre *Un palais ruiné sous l'arcade duquel on aperçoit la coupole de Saint-Pierre de Rome dans l'éloignement.* De 12 pieds de haut sur 6 de large.

Ces quatre tableaux appartiennent à M. le comte de Brionne.

93. Deux tableaux faisant pendant : l'un *Une vue de cascade d'Italie ;* et l'autre *Une vue de Normandie.* Ces tableaux de 7 pieds et demi de large sur 5 de haut appartiennent à M. de Thésigny.

94. *Des arcades sur un plan circulaire, une pièce d'eau au milieu et le Colisée de Rome dans le fond.*

Ce tableau, de 5 pieds de large sur 3 de haut, appartient à M. le marquis de Véri.

95. *Ruines d'architecture avec une statue équestre sur le devant.* Tableau de même grandeur que le précédent.

96. Différents dessins coloriés représentant des vues de monuments antiques et modernes, tant d'après nature que de composition, sous le même numéro.

SALON DE 1781

94. Deux tableaux : l'un représentant *L'incendie de l'Opéra,* vu d'une croisée de l'Académie de peinture, place du Louvre ; et l'autre *L'intérieur de la salle* le lendemain de l'incendie.

Ces morceaux de 6 pieds de large sur 4 et demi de haut appartiennent à M. Girardot de Marigny.

95. Deux tableaux : l'un *Une partie des ruines du Colisée de Rome ;* l'autre *Une fontaine antique avec un vaste paysage dans le fond.* Ils ont 6 pieds de large sur 4 et demi de haut.

96. Deux tableaux : l'un *Un lavoir au milieu d'un jardin* et l'autre *Un casin italien.* De 3 pieds de haut sur 2 pieds et demi de large.

97. *Neuf dessins coloriés* des plus célèbres monuments d'architecture et de sculpture de l'ancienne Rome, de 36 pouces de haut sur 24 pouces de large. Cette suite appartient à M. le Chevalier de Coigny.

SALON DE 1783

59. Deux tableaux : l'un *Un canal bordé de colonnades et de grands escaliers;* il est traversé sur le devant par un arc de triomphe, et dans le fond par un pont triomphal. L'autre *Les ruines d'un temple bâti à Athènes.*

Ces deux tableaux de 6 pieds 8 pouces de large sur 5 pieds de haut sont tirés du cabinet de M. le comte de Choiseul-Gouffier.

60. *Un pont antique à trois milles de Rome, sur le Tibre.* 5 pieds 9 pouces de large sur 4 pieds 6 pouces de haut.

61. *Intérieur d'un atelier de Rome,* dans lequel on restaure des statues antiques. Cet atelier est pratiqué et construit dans les débris d'un ancien temple. 5 pieds de large sur 3 pieds 9 pouces de haut.

62. *L'arc de Titus à Rome,* éclairé par le soleil couchant. Ce tableau, de 2 pieds 11 pouces de haut sur 2 pieds 7 pouces de long, est tiré du cabinet de M. le comte de Vaudreuil.

63. *Intérieur de l'habitation d'un paysan.* Ce tableau, de 2 pieds de large sur 20 pouces de haut, appartient à Mᵐᵉ la marquise de Béringham.

64. *Un capucin prêchant au peuple dans les ruines de Rome.* Ce tableau, de 1 pied 10 pouces de haut sur 1 pied 7 pouces de large, appartient à M. le comte de Coffé.

65. *Marius assis sur les ruines de Carthage.* Ce tableau ovale, de 22 pouces de large sur 19 de haut, appartient à M. le comte de Toulongeon.

66. *Deux tableaux peints d'après nature dans les jardins de Marly.* De 14 pouces de haut sur 9 de large ; ils appartiennent à M. de Courmont.

67. Différents dessins coloriés de ruines et de vues d'après nature, tous sous le même numéro.

SALON DE 1785 (restitué d'après les feuilles du temps)

49. *Incendie dans la ville de Rome. — Réunion des plus célèbres monuments antiques de la France* (Arènes, Maison Quarrée de Nîmes, Pont du Gard, etc.).

De 11 pieds de long sur 8 de haut ; ces deux tableaux appartiennent au comte du Nord.

50. Deux pendants : *La fontaine de Vaucluse* et les *Roches d'Olion en Provence* Ces deux tableaux appartiennent à M. l'archevêque de Narbonne.

51. *Temple de Diane à Nîmes.*

52. *Ruines d'une longue galerie éclairée par un trou dans la voûte.*

53. Deux tableaux : *L'ancien portique de Marc-Aurèle* et le *Portique d'Octavie à Rome servant de marché au poisson.* Ces deux tableaux, de 4 pieds 11 pouces de haut sur 3 pieds 6 pouces de large, appartiennent à M. le marquis de Montesquiou.

54. Plusieurs dessins sous le même numéro.

SALON DE 1787

M. Robert, l'un des gardes du Muséum du Roy, et dessinateur des jardins de Sa Majesté, conseiller.

46. *L'intérieur du Temple de Diane à Nîmes.*

47. *La Maison quarrée, les Arènes et la Tour Magne de Nîmes.*

48. *L'Arc de Triomphe et l'amphithéâtre de la Ville d'Orange*; on voit sur le devant le monument et le petit arc de Saint-Remy.

49. *Le Pont du Gare*, qui servait autrefois d'aqueduc pour porter les eaux à Nîmes.

Ces quatre tableaux représentant les principaux monuments de France, de 8 pieds 6 pouces de large sur 8 pieds 2 pouces de haut, appartiennent au Roi.

50. *Le Temple de Jupiter*, au pied duquel on voit une excavation où l'on trouve différents fragments antiques.

Ce tableau, de 5 pieds 3 pouces de large sur 4 pieds de haut, appartient à M. le comte d'Artois.

51. *L'intérieur de l'Eglise des SS. Innocents, dans le commencement de sa destruction.* 4 pieds 7 pouces de large sur 4 pieds de haut.

52. Un dessin colorié : *Deux jeunes femmes qui dessinent dans les ruines de Rome.* Il appartient à Mme la comtesse d'Angiviller.

53. *Un jeune homme, voulant cueillir des fleurs en haut d'un monument ruiné, se précipite dans un tombeau antique.*

54. *Une marchande de bouquets vendant ses fleurs sur le tombeau de Titus, au pied de la statue de Marc-Aurèle.*

55. *Les ruines du temple circulaire de Vénus servant de colombier.*

Ces trois dessins, de 3 pieds sur 2, appartiennent à M. Le Pelletier, prévôt des marchands.

SALON DE 1789

M. Robert, peintre du Roi, conseiller de l'Académie.

32. Deux tableaux : l'un représentant *Les monuments antiques de la France ;* et l'autre *Une partie des principaux édifices de Paris.* De 6 pieds de long sur 4 et demi de haut.

33. *Destruction d'un temple près duquel est placée la statue de Marc-Aurèle.* Tableau de 9 pieds de long sur 6 et demi de haut.

34. Deux tableaux, dont l'un représente *Les restes d'une ancienne galerie dans laquelle on a construit une buanderie publique*; et l'autre *Une suite d'anciens portiques ornés de statues et de fontaines.* 5 pieds de long sur 4 de haut.

35. *Temple circulaire, jadis dédié à Vénus, et que l'on a restauré pour servir d'asyle aux pigeons qui désertent les colombiers.* 3 pieds et demi de haut sur 2 pieds et demi de large.

36. Deux esquisses faites d'après nature: l'une est *Une vue prise sur la rivière,* sous l'une des arches du Pont-Royal, dans le temps de la grande gelée de l'hiver dernier ; et l'autre représente *La Bastille dons les premiers jours de sa démolition.* Elles ont 4 pieds de long sur 3 de haut.

37. Deux dessins : l'un représente *Les restes d'un temple d'Athènes,* et l'autre un *Pont triomphal sur un port de mer.*

38. Plusieurs tableaux sous le même numéro.

SALON DE 1791

M. Robert aux Galeries du Louvre.

9. *Un aveugle demandant l'aumône à deux perroquets*, par M. Robert, académicien.

55. *Un lavoir public près du Mont-Cassin*, par M. Robert, etc.

186 *Un lavoir public dans un jardin, près du Mont-Cassin*, route de Naples, par... etc.

191. *Tombeaux et autres fragments de l'antiquité.*

196. *Muséum.*

204. *Ruines et colonnades anciennes.* Tableau faisant pendant au n° 186.

208. *Un prédicateur au milieu des ruines anciennes, après avoir endormi son auditoire, profite du moment pour cueillir et manger des cerises.*

512. *Ruines anciennes avec figures.*

223. *Restes du Palais, de l'Aqueduc, du Tombeau et de la Statue de Néron.*

229. *Les ruines du Palais de Carcalla, près desquelles se fait une partie de ballon.*

375. *Vue du marché à poissons à Rome.*

712. *Paysage* avec des pêcheurs, figures et animaux.

SALON DE 1793

Robert aux Galeries du Louvre.

158. *Un jeune homme ayant grimpé au haut d'un monument antique, pour cueillir des fleurs et les jetter à des jeunes femmes, tombe dans un tombeau qui, parmi d'autres débris d'antiquité, se trouve au pied du monument.*

164. *L'intérieur de la Galerie d'un Palais de Rome*, ornée de statues, vases et colonnes antiques. 4 pieds 3 pouces de haut sur 3 pieds 6 pouces de large.

360. *Ruines d'architecture.*

SALON DE 1795 (Vendémiaire an 4).

Par le citoyen Robert aux Galleries du Louvre.

432. *Vue générale du Colisée de Rome*, du côté de la destruction la plus pittoresque. 9 pieds de haut sur 8 de large.

433. *Une Chute d'eau.* 6 pieds de large sur 4 et demi de haut.

434. *Restes de la Gallerie du Palais des Empereurs.* 6 pieds de large sur 4 et demi de haut.

435. *Un Incendie.* 5 pieds et demi sur 4.

436. *Ruines d'un ancien palais romain.*

437. *Fragments de Rome antique et autres tableaux* dont quatre de 11 pieds sur 6.

SALON DE 1796 (15 Vendémiaire an 5).

Robert (Hubert), Gallerie du Louvre.

392. *Projet pour éclairer la Gallerie du Musée par la voûte* et pour la diviser sans ôter la vue de la prolongation du local.

393. *Ruines d'après le tableau précédent.*
394. *Restes d'un Pont triomphal.*
395. Plusieurs autres tableaux et dessins coloriés sous le même numéro.

SALON DE 1798 (1er Thermidor an 6).

346. Tableau représentant *Un ancien édifice servant de bain public.*
347. Tableau représentant *l'Entrée d'un Palais antique.*

EAUX-FORTES PAR HUBERT ROBERT

On ne connaît que dix-huit pièces gravées à l'eau-forte par Hubert Robert, savoir :

Une suite de dix planches intitulées : *Les Soirées de Rome*, dédiées à Mᵐᵉ Le Comte des académies de St-Luc de Rome, des sciences et arts de Bologne, Florence. Hauteur de 133 à 136 millim., largeur de 84 à 90. On trouve cette suite en trois états : 1º avec l'adresse de Wille au titre ; 2º à Paris, chez Prévost, graveur, rue St-Thomas, porte St-Jacques, près le jeu de Paulme ; 3º à Paris, chez Basan. Quelques-unes sont datées 1763. Ces dix pièces sont :

1º *Le Titre.* — 2º *Le Buste.* — 3º *La Statue en avant des ruines.* — 4º *L'Escalier avec quatre bornes.* — 5º *Le Temple antique.* — 6º *Le Sarcophage.* — 7º *Le Puits.* — 8º *L'Arc de triomphe.* — 10º *Le Poteau.*

Le Blanc indique deux autres pièces faisant partie de la même suite, mais très rares ; elles se trouveraient dans un ouvrage intitulé : *Nella Venuta in Roma di Madama Le Comte, 1764.* Ce sont :

11º *Les Monuments antiques de Rome.* Hauteur, 135 millim., sur 88 de largeur.

12º *Vue de l'église et de la Place St-Pierre, à Rome.* Hauteur, 133 millim., largeur, 90.

Les autres pièces gravées par Robert sont :

13º *La Galerie à la fumée.* Hauteur, 96 millim. ; largeur, 75.

14º *Paysage avec un arbre cassé*, 1764. Hauteur, 192 millim. ; largeur, 138.

15º *Tombeau de M. Joseph Lavalette de Buchelai.* Élevé par les soins de ses amis, dont Watelet. Hauteur, 197 millim. ; largeur, 122. — 1764, au bas les mots : H. Roberti inv. incid. et in eccles. montis Trinit ex marmore exequendum curavit defuncti Q parentibus et amicis obsequiosissimus dicat.

16º *La Carte de visite d'Hubert Robert.* Hauteur, 54 millim. ; longueur, 76.

17º *Bas-reliefs antiques.* Hauteur, 136 millim. ; largeur 159.

18º *Combat de cavalerie, d'après Van der Meulen.* Hauteur, 146 millim. ; largeur, 176. — Dédié à M. le Comte Ondedei, gravé au château de Cisterne, d'après l'original appartenant à M. le Bailly de Breteuil. Signé H. Robert, scul. 1764. — V. Meulen pinx.

QUELQUES ESTAMPES D'APRÈS HUBERT ROBERT

PAR DIVERS GRAVEURS

L'ABBÉ DE SAINT-NON

EAUX-FORTES

Vue dessinée dans les jardins de la Villa Borghèse à Rome. 1762. In-fol. en travers.

Vue de l'entrée du temple de Sérapis, à Puzzuolo, près de Naples. In-fol. en travers, 1762.

Élévation d'un temple antique que l'on croit être celui de Jupiter Sérapis, à Puzzuolo. 1762. Grand in-fol. en travers.

Suite de dix-neuf feuilles d'après l'antique, consistant en figures, médaillons, bas-reliefs, autels, trépieds, vases et quantité d'instruments à l'usage des anciens, dont plusieurs sujets sont de l'invention de Robert. 1763. Grand in-fol.

Vue de la Villa Madame, près de Rome. 1765. In-fol. en travers.

Vue d'un édifice dégradé; sur le devant, cinq hommes roulant avec des machines une grosse masse de pierre. 1765. Petit in-fol. en travers.

Vue prise dans les jardins de la Villa Mattei, aux environs de Rome en 1761. Petit in-fol. en travers. 1767.

GRAVURES AU LAVIS

Puits pratiqué dans les ruines d'un arc de triomphe. Sur le devant, un paysan avec trois chevaux. 1766. In-fol.

Vue d'une partie de la Villa Borghèse. Sur le devant, un jardinier et des jeunes filles jouant avec des enfants. 1766. In-fol. en travers.

Première pensée du tableau de réception de Robert à l'académie de peinture. 1766. Grand in-fol. en rond. Au bas : *Il primo pensiere del quadro sopra il quale il signor Roberti e stata gradito e ricevuto à l'academie reale di pittura in Parigi.*

Entrée du temple de Sérapis. Sur une pierre, contre un mur, la formule romaine S. P. Q. R. — Robert del Napoli 1760. In-fol. en travers. 1767. (Déjà faite à l'eau-forte.)

Vue d'une belle fontaine antique. Sur le devant, des laveuses. 1767.

Vue de jardins, ornée de belles et jolies figures. 1767. Grand in-fol. en travers.

Vue de l'arc de Constantin, prise de dessous une des arcades du Colisée. 1768.

Vue prise dans les jardins de la villa Albani. In-fol. en travers. 1768.

Vue prise dans les jardins de la villa Barberini à Rome. Petit in-fol. en travers. 1770.

Contrée de Tivoli ; dans le lointain, la coupole de St-Pierre de Rome. Grand in-4°.

Intérieur du temple de la Sybille à Tivoli. Sur le devant, quelques figures. In-fol. ovale.

Puits pratiqué dans les ruines d'un édifice antique. Sur le devant se voit un paysan qui fait boire deux chevaux; sur le côté, trois villageois. Grand in-4°.

DANS LES FRAGMENTS CHOISIS DES PEINTURES ET DES TABLEAUX D'ITALIE
GRAVÉS AU LAVIS PAR ST-NON

2e suite, Rome : *Titre,* d'après un dessin de Robert. 1771.

4e suite, Naples : *Titre,* d'après un dessin de Robert. 1773.

Deux fragments des Vendeurs chassés du Temple, de Luca Giordano,
à St-Philippe de Néri à Naples.

Naples, 2e suite, peintures antiques d'Herculanum : *Deux personnages* en berger et bergère.

5e suite, Venise : *Titre,* d'après un dessin de Robert. 1774.

DANS LE VOYAGE PITTORESQUE DE NAPLES

Nos 4 et 5. *Deux vues du Temple de Sérapis.*

No 6. *L'élevation du même temple.*

No 8. *Vue de Naples : partie de la côte de Pausilippe au-dessus de la grotte de Pouzzoles.* Eau-forte de Weisbrodt; terminée au burin par Le Roy.

No 9. *Vendeurs chassés du Temple,* de Luca Giordano, qui occupe toute la façade intérieure de l'église St-Néri, à Naples. Gravé par Martini.

Nos 11 et 12. *Vues intérieure et extérieure du Temple de Pæstum* à 20 lieues de Naples, sur le bord de la mer. Gravés par Germain, terminés par Dupuy.

No 14. Deux sujets : *Bains de Néron. Ruines du Temple de Mercure.* Gravé par Guttemberg.

No 15. Deux sujets : *Vue du Temple de Vénus, près Pouzzoles. Tombeau de Virgile.* Eaux-fortes de Weisbrodt, terminées au burin par de Ghendt.

Ruines d'un ancien palais bâti par la Reine Jeanne, près de Naples, du côté de Pausilippe. Eau-forte de Germain, terminée par Desquauvilliers.

Vue de l'entrée de la grotte du Pausilippe, près de Naples. Eau-forte de Marillier, terminée par de Ghendt.

Vue de la sommité et du cratère du Vésuve, au moment de la dernière éruption du 8 août 1779.

Cul-de-lampe. Gravé par Guttemberg, composé par Robert.

Fouilles d'Herculanum. Composé par Robert, gravé par Guttemberg.

Cicéron découvre le tombeau d'Archimède, près des portes de Syracuse. Composé par Robert, gravé par de Ghendt.

F. JANINET

Les Restes du Palais du Pape Jules. 11 pouces sur 9 de large, d'après le tableau d'Hubert Robert, peintre du roi. Prix, 6 livres. 1775. A Paris, chez l'auteur, rue St-Jacques à la Providence. Pièce en couleurs.

Colonade et jardins du Palais de Médicis. D'après le tableau de H. Robert. Pièce en couleurs. Pendant de la précédente.

Villa Madama. Au bas les mots : Villa cui nomen Madama Temporis injuriâ pene diruta. 1778. D'après le dessin de Robert. Pièce en couleurs; existe aussi à l'aquatinte.

Villa Sachetta. Pendant de la précédente.

ADÉLAIDE ALLOU

Le Tombeau de Virgile. Eau-forte. In-fol. en travers. 1771.

Vue du Temple de Diane entre Bayes et Puzzuole. In-fol. en travers.

Restes des bains de Néron entre Bayes et Puzzuole. In-fol. en travers.

Vue d'un ancien château. In-fol. en travers. 1774.

Frontispice des Vues d'Italie par Mrs Robert et Fragonard. Chez Basan. In-fol. 1771. Eau-forte.

BASAN

Vue d'un palais romain. Eau-forte en long. In-fol.

MARTINI

Vue du Pont du Sphinx. Grande pièce. Vers 1785.

J. B. MORRET

Pendant que l'Ermite du Colisée est en prières, deux jeunes filles viennent lui dérober les fleurs qui sont devant sa Madone. Pièce en couleurs. In-fol.

Le Cloître.

Le Couvent.

DESCOURTIS

La Prière interrompue. Pendant de l'Ermite du Colisée.

LEGRAND

L'Ecurie de Jules. In-fol. A Paris, chez Naudet.

CHATELAIN

La Dévideuse italienne.

La Cuisinière italienne.

LIÉNARD

Vue des principaux monuments de Rome. Eau-forte en longueur.

MAUGEIN

L'Escalier des laveuses de Charenton.

Cascade dans les roches de Roncilione, près de Rome. Deux pièces en hauteur.

LE VEAU

Paysage : Pont sur un torrent, d'après un tableau de Robert. Eau-forte.

HELMAN

Paysage : Cascade, d'après un tableau de Robert. Eau-forte.

L. CHANCOURTOIS

Une fontaine. Petite pièce en rond.

GUYOT

Ruines d'une basilique à Rome.

R. DE BIZEMONT

Ruines d'un monument en forme de rotonde. 1784.

SKELTON

Paris vers 1788. Tour de l'Horloge du Palais, d'après le tableau d'Hubert Robert.

REGINE CARREY

Monuments de Paris. Gravure au lavis. In-fol., d'après le tableau de Robert. Dédiée au Prince Louis.

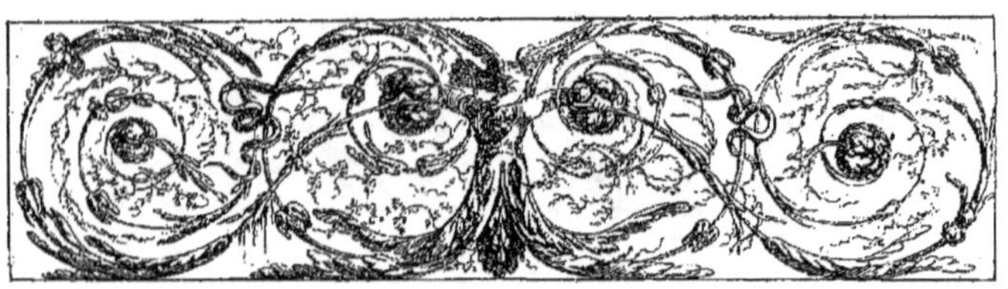

BIBLIOGRAPHIE

Il n'a été fait sur Hubert Robert que quelques notices très courtes, comme celles de Vigée, Charles Blanc, Jal. J'ai indiqué dans les diverses parties de cet ouvrage les sources imprimées ou manuscrites où j'ai puisé, soit à la Bibliothèque Nationale, soit aux Archives Nationales et au Musée du Louvre, soit aux archives de quelques études de notaires.

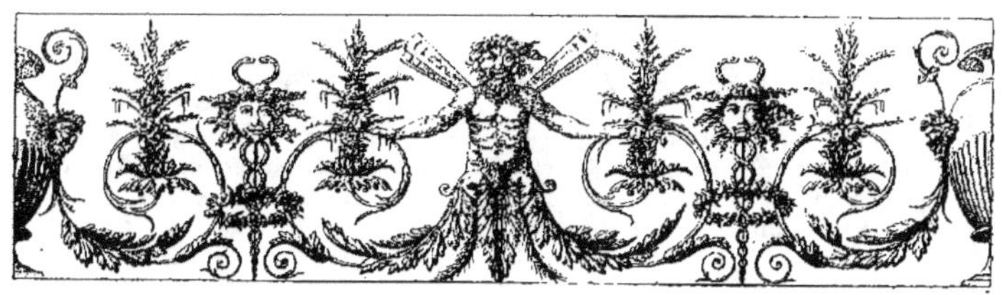

LES PORTRAITS D'HUBERT ROBERT

1º Portrait par Hall, agréé à l'académie, Salon de 1775, pastel de 2 pieds sur 1 pied 8 pouces.

2º Portrait par Mme Vigée-Lebrun, Salon de 1789, peinture, 3 pieds 4 pouces de hauteur sur 2 pieds 7 pouces de largeur. Est au Musée du Louvre.

3º Buste en terre cuite par Augustin Pajou, Salon de 1789. Est à l'École des Beaux-Arts.

4º Portrait gravé par Miger, salon de l'an VII (1er fructidor); nº 621 du livret avec la mention : Portrait du citoyen Robert, peintre, par Miger, élève de feu Cochin. Robert est vu de trois quarts, tenant un carton à dessin, mi-corps. On trouve ce portrait en trois états au Cabinet des Estampes. 2e état : Dessiné par Isabey; gravé par Miger l'an VIIe de la R. F. 3e état, comme le 2e et, en outre, le titre : Hubert Robert, peintre, et les vers suivants :

> Isabey, tes crayons ont sçu donner la vie
> Au portrait que Miger retrace sur l'airain.
> Robert, tes traits, ton art, ton âme, ton génie,
> Tout respire sous ce burin.

Ce portrait de Miger est gravé à l'eau-forte d'après un dessin d'Isabey, probablement le dessin au pointillé resté en la possession de Mme Veuve Robert, inscrit à l'inventaire fait après son décès sous le nº 257, et estimé 100 fr. avec son cadre.

5º Portrait peint en miniature par Dumont, médaillon sur une tabatière en écaille noire, nº 189 de l'inventaire fait après la mort de Mme Robert.

6º Portrait de Robert, de sa femme et de ses quatre enfants, peints à l'huile par Taunay, sur le dessus d'une tabatière en buis, nº 186 de l'inventaire.

7º Portrait de Robert, par Marguerite Gérard, belle-sœur de Fragonard; Robert est peint en pied dans un paysage, nº 257 de l'inventaire.

8º L'intérieur de l'atelier de Robert, peint à la gouache par Lavrince. On y voit M. Robert à son chevalet et, auprès de lui, Mme Robert, ses enfants et d'autres personnes. Cette gouache est montée sous glace, nº 223 de l'inventaire.

9º Copie du portrait fait par Mᵐᵉ Vigée-Lebrun. Cette copie figure à l'inventaire de Mᵐᵉ Robert sous le nº 231. Elle est sans nom d'auteur. C'est très probablement la copie qui est actuellement à l'Ecole des Beaux-Arts, et qui aurait été faite, dit-on, par Robert lui-même.

TABLE DES GRAVURES

SANGUINES HORS TEXTE

FIN DE LA TABLE DES GRAVURES

TABLE DES MATIÈRES

CHAPITRE XI

CHAPITRE XII

CHAPITRE XIII

CHAPITRE XIV

CHAPITRE XV

APPENDICE

FIN DE LA TABLE DES MATIÈRES

Paris. — Imp. de l'Art. E. Moreau et Cⁱᵉ, rue de la Victoire, 41.

LES ARTISTES CÉLÈBRES

BIOGRAPHIES, NOTICES, CRITIQUES ET CATALOGUES

PUBLIÉS SOUS LA DIRECTION DE M. PAUL LEROI

OUVRAGES PUBLIÉS :

Donatello, par M. Eugène MÜNTZ, 48 gravures. 5 fr.; relié, 8 fr.; 100 ex. Japon, 15 fr.

Fortuny, par M. Charles YRIARTE, 17 gravures. 2 fr.; relié, 4 fr. 50; 100 ex. Japon, 7 fr.

Bernard Palissy, par M. Philippe BURTY, 20 gravures. 2 fr. 50; relié, 5 fr.; 100 ex. Japon, 7 fr.

Jacques Callot, par M. Marius Vachon, 51 gravures. 3 fr.; relié, 6 fr.; 100 ex. Japon, 9 fr.

Pierre-Paul Prud'hon, par M. Pierre GAUTHIEZ, 34 grav. 2 fr. 50; relié, 5 fr.; 100 ex. Japon, 7 fr.

Rembrandt, par M. Émile Michel, 41 gravures. 5 fr.; relié, 8 fr.; 100 ex. Japon, 15 fr.

François Boucher, par M. André Michel, 44 gravures. 5 fr.; relié, 8 fr.; 100 ex. Japon, 15 fr.

Édelinck, par M. le Vicomte Henri DELABORDE, 34 gr. 8 fr. 50; relié, 6 fr. 50; 100 ex. Japon, 10 fr.

Lecamps, par M. Charles CLÉMENT, 57 gravures. 3 fr. 50; relié, 6 fr. 50; 100 ex. Japon, 10 fr.

Phidias, par M. Maxime COLLIGNON, 45 gravures. 4 fr. 50; relié, 7 fr. 50; 100 ex. Japon, 12 fr.

Henri Regnault, par M. Roger MARX, 40 gravures. 4 fr.; relié, 7 fr.; 100 ex. Japon, 12 fr.

Jean Lamour, par M. Charles COURNAULT, 26 gravures. 1 fr. 50; relié, 4 fr.; 100 ex. Japon, 4 fr.

Fra Bartolommeo della Porta et Mariotto Albertinelli, par M. Gustave GRUYER, 21 gravures. 4 fr.; relié, 7 fr.; 100 ex. Japon, 12 fr.

La Tour, par M. CHAMPFLEURY, 15 gravures. 4 fr.; relié, 7 fr.; 100 ex. Japon, 12 fr.

Le Baron Gros, par M. G. DARGENTY, 25 gravures. 3 fr. 50; relié, 6 fr. 50; 100 ex. Japon, 10 fr.

Philibert de L'Orme, par M. Marius VACHON, 34 grav. 2 fr. 50; relié, 5 fr.; 100 ex. Japon, 7 fr.

Joshua Reynolds, par M. Ernest CHESNEAU, 18 gravures. 3 fr.; relié, 6 fr.; 100 ex. Japon, 9 fr.

Ligier Richier, par M. Charles COURNAULT, 22 gravures. 2 fr. 50; relié, 5 fr.; 100 ex. Japon, 7 fr.

Eugène Delacroix, par M. Eugène VÉRON, 40 gravures. 5 fr.; relié, 8 fr.; 100 ex. Japon, 15 fr.

Gérard Terburg, par M. Émile Michel, 34 gravures. 3 fr.; relié, 6 fr.; 100 ex. Japon, 9 fr.

Gavarni, par M. Eugène Forgues, 23 gravures. 3 fr.; relié, 6 fr.; 100 ex. Japon, 9 fr.

Velazquez, par M. Paul LEFORT, 34 gravures. 5 fr. 50; relié, 8 fr. 50; 100 ex. Japon, 15 fr.

Paul Véronèse, par M. Charles YRIARTE, 33 gravures. 3 fr. 50; relié, 6 fr. 50; 100 ex. Japon, 12 fr.

Van der Meer, par M. Henry HAVARD, 9 gravures. 1 fr. 50; relié, 4 fr.; 100 ex. Japon, 4 fr.

François Rude, par M. Alexis BERTRAND, 29 gravures. 4 fr. 50; relié, 7 fr. 50; 100 ex. Japon, 12 fr.

Turner, par M. Philip Gilbert HAMERTON, 20 gravures. 3 fr. 50; relié, 6 fr. 50; 100 ex. Japon, 10 fr.

Hobbema et les paysagistes de son temps en Hollande, par M. Émile MICHEL, 12 gravures. 2 fr. 50; relié, 5 fr.; 100 ex. Japon, 7 fr.

Barye, par M. Arsène ALEXANDRE, 32 gravures. 4 fr.; relié, 7 fr.; 100 ex. Japon, 12 fr.

Jacob Van Ruysdael et les paysagistes de l'École de Harlem, par M. Émile MICHEL, 21 gr. 3 fr. 50; relié, 6 fr. 50; 100 ex. Japon, 10 fr.

Fragonard, par M. Félix NAQUET, 20 gravures. 3 fr.; relié, 6 fr.; 100 ex. Japon, 9 fr.

Madame Vigée-Le Brun, par M. Charles PILLET, 20 gr. 2 fr. 50; rel., 5 fr.; 100 ex. Japon, 7 fr. 50.

Corot, par M. L. Roger MILES, 36 gravures. 3 fr. 50; relié, 6 fr. 50; 100 ex. Japon, 10 fr.

Antoine Watteau, par M. G. DARGENTY, 75 gravures. 6 fr.; relié, 8 fr.; 100 ex. Japon, 15 fr.

Abraham Bosse, par M. Antony VALABRÈGUE, 41 gravures. 4 fr.; relié, 7 fr.; 100 ex. Japon, 12 fr.

Les Brueghel, par M. Émile MICHEL, 54 gravures. 4 fr.; relié, 7 fr.; 100 ex. Japon, 12 fr.

Les Audran, par M. Georges DUPLESSIS, 41 gravures. 3 fr. 50; relié, 6 fr. 50; 100 ex. Japon, 10 fr.

Raffet, par M. F. LHOMME, 155 gravures. 8 fr.; relié, 11 fr.; 100 ex. Japon, 20 fr.

Les Clouet, par M. Henri BOUCHOT, 37 gravures. 3 fr.; relié, 6 fr.; 100 ex. Japon, 9 fr.

Les Van de Velde, par M. Émile MICHEL, 73 grav. 4 fr. 50; relié, 7 fr. 50; 100 ex. Japon, 12 fr.

Charlet, par M. F. LHOMME, 78 gravures, 4 fr.; relié, 7 fr.; 100 ex. Japon, 12 fr.

J. B. Greuze, par M. Ch. NORMAND, 69 gravures. 4 fr. 50; relié, 7 fr. 50; 100 ex. Japon, 12 fr.

Les Hüet, par M. E. GABILLOT, 177 gravures, 10 fr.; relié, 13 fr.; 100 ex. Japon, 25 fr.

Les Boilly, par M. Henry HAVARD, 40 gravures. 4 fr.; relié, 7 fr.; 100 ex. Japon, 12 fr.

Philippe et Jean-Baptiste de Champaigne, par M. A. GAZIER, 55 gravures, 3 fr. 50; relié, 6 fr. 50; 100 ex. Japon, 12 fr.

Les Frères Van Ostade, par Mlle Marguerite Van de WIELE, 65 gr. 3 f. 50 rel.; 6 f. 50; 100 ex. Japon, 12 fr.

Les Moreau, par M. A. MOUREAU, 107 grav. 4 fr. 50; relié, 7 fr. 50; 100 ex. Japon, 12 fr.

Les Cochin, par M. S. ROCHEBLAVE, 142 grav. 7 fr.; relié, 10 fr.; 100 ex. Japon, 20 fr.

Troyon, par M. A. HUSTIN, 43 gravures, 4 fr.; relié, 7 fr.; 100 ex. Japon, 12 fr.

Bernard Van Orley, par M. Alphonse WAUTERS, 42 grav. 4 fr.; relié, 7 fr.; 100 ex. Japon, 12 fr.

Mierevelt et son gendre, par M. Henry HAVARD, 40 gr. 4 fr. 50; relié, 7 fr. 50; 100 ex. Japon, 12 fr.

Antonio Canal dit le Canaletto, par Adrien Moureau, 40 grav. 4 f.; rel., 7 f.; 100 ex. Japon, 12 f.

Les Saint-Aubin, par Adrien MOUREAU, 122 grav. 4 fr. 50; relié, 7 fr. 50; 100 ex. Japon, 12 fr.

Benvenuto Cellini, par M. Émile MOLINIER, 27 grav. 3 fr. 50; relié, 6 fr. 50; 100 ex. Japon, 10 fr.

Hubert Robert et son temps, par M. C. GABILLOT, 69 grav. 8 fr.; relié, 11 fr.; 100 ex. Japon, 20 fr.

EN PRÉPARATION :

Polyclète, par M. PARIS.

P.-J. Heim, par M. Paul LAFOND.

Les Tiepolo, par M. Henry de CHENNEVIÈRES.

Carpeaux, par M. Paul FOUCART.

Ferdinand Gaillard — Robert Nanteuil, par M. Georges DUPLESSIS

Debucourt, par M. Henri BOUCHOT.

John Constable, par M. Robert HOBART.

Hogarth — Wilkie, par M. F. RABBE.

Praxitèle, par M. Maxime COLLIGNON.

Gainsborough, par M. Walter ARMSTRONG

Falconnet — Charles Méryon, par M. Maurice TOURNEUX.

Claude Lefèvre, par M. Charles PONSONAILHE.

J. J. Grandville, par M. Félix RIBEYRE.

Les Palamèdes, par M. Henry HAVARD.

Benozzo Gozzoli, par M. Adrien MOUREAU.

Lancret — Pater, par M. G. DARGENTY.

Le Bernin, par M. L. BOSSEBŒUF.

Jules Dupré — Diaz — Daubigny, par M. A. HUSTIN.

J. F. Millet — Th. Rousseau — Aimé Lemud et l'École de Metz, par M. Émile MICHEL.

Jean Bologne et son École, par M. Émile MOLINIER.

Germain Pilon — Jean Goujon, par M. A. FONT

Le Pinturicchio — Sandro Botticelli, par M. A. PÉRATÉ.

Luca Signorelli — Le Guerchin Raphael, par M. H. MEREU.

Pigalle — Puget — Lesueur — Le Brun, par M. S. ROCHEBLAVE.

Les Vernet — Les Mansard — Les Mignard, par M. Albert MAIRE.

Ingres, par M. Jules MOMMÉJA.

Miron — Scopas — Lysippe, par M. PARIS.

Goya, par M. Paul LAFOND.

Le Corrège, par M. André MICHEL.

Memling — Albert Dürer — Les Holbein — Les Cranach par M. Paul LEPRIEUR.

Gustave Courbet, par M. Abel PATOUX.

Les Lenain — Cornelis de Vos, par M. Antony VALABRÈGUE.

Roger Van der Weyden — A. Vander Meulen par M. Alphonse WAUTERS.

Töpffer — Daumier — P. P. Rubens, par M. F. LHOMME.

Les Nattier — Chardin — Les Gendres de Boucher: P. A. Baudouin et J. B. Deshays — Oudry et Desportes — David, par M. Ch. NORMAND.

Paris — Imp. de l'ART, E. MOREAU ET Cie, 41, rue de la Victoire.